Maria Luise Prean-Bruni
mit Constanze Nolting

Lola Gola
Loslassen – Gott lassen

INHALT

*Ich widme dieses Buch meinen drei von
Gott gegebenen Kindern in Uganda:
Richard, Patrick und Angel.
Durch ihr Kommen in mein Leben habe ich die Liebe, die
Gegenwart und das Wirken Gottes wieder ganz neu erfahren.*

Einleitung

Als ich vor einigen Jahren in einer Stadt ein Seminar hielt, wurde ich zu einer Familie gerufen, deren Mutter sehr gestresst war und die mit ihrem Leben nicht mehr richtig zurechtkam. Die Kinder hofften, dass sie ihr Leben Jesus übergeben würde. Als ich dann mit ihr sprach und ihr erklärte, was es bedeutet, sein Leben Gott zu geben, meinte sie nur: »Maria, es tut mir leid, aber ich habe ohne Jesus schon genug Probleme.« Daraufhin antwortete ich ihr: »Du hast mich missverstanden. Wenn du Jesus in dein Leben aufnimmst, dann kommt *er* mit seinem Auferstehungsleben in dich hinein und wird *in* dir, *mit* dir und *durch* dich sein Leben leben und deine Probleme lösen.« Das leuchtete ihr ein und sie übergab ihr Leben Jesus. Sie betete ganz einfach: »Herr Jesus, ich erkenne, dass du der Sohn Gottes bist. Ich glaube, dass du stellvertretend für mich am Kreuz gestorben bist; ich öffne dir mein Herz und bitte dich, dass du als mein Erlöser, mein einziger Herr und Meister, als meine Gerechtigkeit und als meine Hoffnung auf Herrlichkeit in mein Leben kommst.«

Ich musste diese Stadt am nächsten Tag verlassen. Nach zwei Jahren begegnete mir die Frau bei einer Konferenz und rief nur: »Maria, es funktioniert!« Ich hätte die Frau kaum wiedererkannt. Sie sah so sprühend und voll des Lebens aus. Und dann erzählte sie mir, dass Jesus wirklich ihr Leben geworden sei und er *in* ihr, *mit* ihr und *durch* sie das Leben meistere.

Diese Frau hat die ganze Last ihres Lebens auf Gott abgewälzt und durfte erleben, dass das Wort aus Matthäus 11,28 die Wahrheit ist: *Kommt alle her zu mir, die ihr müde seid und schwere Lasten tragt, ich will euch Ruhe schenken.*

Mir begegnen immer wieder Christen, die am Ende sind, die verzweifelt sind. Ich vertraue, dass dieses Buch in dein Herz spricht und dir den Weg in das Licht, in die Freiheit und in die Freude weist. Je mehr und je öfter du das Alte *los*lässt, Gott in dein Leben *hinein*lässt und du dich auf ihn *ver*lässt, desto mehr wird dein Leben ein starkes Fundament bekommen.

Wer sich auf ein Leben mit Gott eingelassen hat oder einlassen will, der wird bald erkennen, dass vieles im Reich Gottes anders funktioniert als in der Welt. Im Reich Gottes werden die Letzten die Ersten sein. Hier gilt: Gib und du wirst empfangen! Sieg kommt aus der Niederlage und Leben aus dem Tod.

Die einzelnen Kapitel in diesem Buch orientieren sich jeweils an einer Eigenschaft Gottes. Nach einigen einführenden Bibelversen werde ich dir aufzeigen, welches Geschenk und welche Chance hinter dem jeweiligen Wesenszug Gottes stehen, wenn wir ihm in unserem Leben Raum geben. Doch dazu müssen wir anderes – falsche Glaubensüberzeugungen, Gewohnheiten, Einstellungen etc. – aufgeben und loslassen. Nur so sind unsere Hände leer, um zu empfangen. Daher findest du im Anschluss einige Fragen, die dir helfen sollen, das Gelesene auf dein eigenes Leben anzuwenden, und ein Gebet, das du so oder so ähnlich sprechen kannst. Schließlich habe ich mir für jedes Kapitel eine praktische Übung überlegt, damit du aktiv werden kannst und dir das Loslassen leichter fällt.

Natürlich kannst du die einzelnen Kapitel auch mit einem guten Freund oder einer Kleingruppe durchlesen und dich mit ihnen über die Fragen austauschen. Es hilft, wenn ihr euch gegenseitig unterstützt und an das erinnert, was ihr euch vorgenommen habt.

An dieser Stelle möchte ich ganz besonders den Menschen danken, die mir geholfen haben, dieses Buch zu schreiben, vor allem meiner Sekretärin und »Managerin« Margrit Schulze, die viele Botschaften getippt hat und mir auch in ihrer Freizeit zur Verfügung stand, meiner Koautorin Constanze Nolting und allen Mitarbeitern beim R. Brockhaus Verlag, die die Kapitel überarbeitet haben und gemeinsam dieses Buch entstehen ließen.

Ich wünsche jedem Leser die Offenbarung der Erkenntnis, dass die Wahrheit, die frei macht, die Liebe, die heilt, und das Leben, das erfüllt, die Person Jesus Christus ist.

In der Freude am Herrn,
Maria Luise Prean-Bruni

1. Der Gott, der mich will

*Wenn selbst Vater und Mutter mich verlassen, wird doch der Herr mich auf-
nehmen.*

PSALM 27,10

*Du hast alles in mir geschaffen und hast mich im Leib meiner Mutter geformt.
Ich danke dir, dass du mich so herrlich und ausgezeichnet gemacht hast! Wunderbar sind deine Werke, das weiß ich wohl. Du hast zugesehen, wie ich im
Verborgenen gestaltet wurde, wie ich gebildet wurde im Dunkel des Mutter-
leibes. Du hast mich gesehen, bevor ich geboren war. Jeder Tag meines Lebens
war in deinem Buch geschrieben. Jeder Augenblick stand fest, noch bevor der
erste Tag begann.*

PSALM 139,13-16

*So spricht der Herr, der dich geschaffen und gebildet hat und dir vom Mutter-
leib an beisteht: »Hab keine Angst, Jakob, mein Diener, den ich erwählt habe.«*

JESAJA 44,2

*Der Herr hat mich von meiner Geburt an berufen; im Mutterleib hat er mich
beim Namen gerufen.*

JESAJA 49,1B

Für einen Augenblick war es still im Himmel und Gott lächelte,
denn er hatte gerade einen wunderbaren Gedanken gehabt. Eben
noch hatte der Lobpreis der Engel und himmlischen Heerscharen
die unendlichen Weiten der Ewigkeit durchdrungen und Gottes
Herz mit Freude und Wohlgefallen erfüllt. Doch dieser eine Moment
der Stille hatte ausgereicht, um den Schöpfer noch viel glücklicher
werden zu lassen, als er es ohnehin schon war. Plötzlich wusste er,
dass er heute etwas erschaffen würde, das unvergleichlich schön und
besonders war. Gewiss, er hatte schon viele Menschen gemacht, aber
nun hatte er eine ganz einzigartige Idee. Voller Vorfreude schloss
er die Augen und stellte sich das geplante Menschenkind vor. Alles

11

an ihm sollte ganz neu und gut sein – eben so, wie es dem Allmächtigen am besten gefiel. Ein perfekter Körper, das Gesicht ähnlich vielen anderen Menschengesichtern, aber doch einzigartig. Seine Familie, seine Begabungen und Fähigkeiten – in einer ganz neuen Zusammenstellung, dazu genau der Schuss an Intelligenz, den das Menschenkind brauchen würde. Gott jubelte innerlich über seinen genialen Einfall. Und der Schöpfer hatte auch schon darüber nachgedacht, was der neue Mensch mit eben dieser Kombination an Aussehen, Gaben und Herkunft am sinnvollsten mit seinem Leben anfangen könnte. Es war der perfekte Plan. Zufrieden und glückserfüllt beugte Gott sich vor und hauchte seinen Atem auf die Erde.

Das war exakt der Moment, in dem dein Leben entstanden ist. In all den Jahren, während derer du bereits auf dieser Erde lebst, ist seitdem viel passiert. Ohne Zweifel gab es schon viele Menschen, die dir das ausreden wollten, was du eben gelesen hast. Vielleicht hast du trotz all der Meckerer, der Umstände und Widrigkeiten in deinem Leben diese Einstellung behalten und weißt genau: »Ja! Ich bin ein wunderbarer Gedanke Gottes! Mein Leben hat ein Ziel und Gott liebt mich so sehr, dass ich gar keine Worte dafür finden kann ...« Vielleicht aber hast du mehr das Gefühl, ein Zufallsprodukt – oder noch schlimmer, ein Fehler oder Versehen deiner Eltern – gewesen zu sein, und es kommt dir vor, als leuchte der dicke Stempel »unerwünscht« direkt auf deiner Stirn.

Tatsache ist, dass Gott jeden Menschen so liebt, als wäre er der einzige Mensch der Welt.

Vielleicht bist du auch mit einer Behinderung oder einem anderen Handicap geboren und das Schönheitsideal der heutigen Zeit gaukelt dir vor, du wärest hässlich und störend. Besondere Gaben und Fähigkeiten? Die haben vielleicht die großen und berühmten Leute, die Vorzeige-Menschen, denen scheinbar alles gelingt. Aber du? Du kannst doch kein geliebtes Kind Gottes sein, oder? So oder so ähnlich denkst du vielleicht manchmal. Tatsache ist, dass Gott, unser Vater im Himmel, wirklich jeden Menschen so liebt, als wäre er der einzige Mensch der Welt.

Ich persönlich habe auch sehr lange in meinem Leben geglaubt, dass ich ein Problem bin: Mit meinem Kommen habe ich eine unglückliche Ehe gestiftet, ich war unerwünscht und hatte oft das Gefühl, dass es besser gewesen wäre, wenn ich nie auf die Welt gekommen wäre. Deshalb habe ich während meiner Kindheit und Jugendzeit immer versucht, ganz brav zu sein und alles richtig zu machen. Schon früh habe ich begonnen, meiner Mutter kleine Briefe zu schreiben, in denen ich ihr gedankt habe, dass sie mich geboren hat und sich gegen eine Abtreibung entschieden hat. Diese Briefe wurden schweigend von ihr angenommen, was mich in meiner Meinung über mich noch bestätigt hat.

Ich bin ein gewolltes und geliebtes Kind des Vaters im Himmel – ganz egal was ich leiste oder erbringe.

Als ich dann Christin wurde, war meine Beziehung zu Gott zunächst ganz ähnlich: Ich wollte eine gute Katholikin sein, besuchte jede nur mögliche Messe und strengte mich besonders an, um Gott zu gefallen. Trotzdem fand ich mich niemals gut genug, ich dachte nicht, dass Gott je mit mir zufrieden sein könnte. Erst im Erwachsenenalter, viele Jahre später, drangen die Bibelworte in mein Herz, die mir versicherten, dass ich ein gewolltes und geliebtes Kind des Vaters im Himmel bin – ganz egal was ich leiste oder erbringe. Als eine Seelsorgerin sagte, ich solle jeden Tag damit beginnen, in den Spiegel zu schauen und laut zu sagen: »Herr, du musst einen wunderbaren Tag gehabt haben, als du mich geschaffen hast!«, konnte ich diese Worte zuerst noch nicht einmal über die Lippen bringen, so gelogen kamen sie mir vor. Aber ich habe mir diese Wahrheit immer wieder und wieder laut vorgesagt, bis sie schließlich die lebenslangen Lügen verdrängten, die ich bis dahin geglaubt hatte.

Lola Gola – Was musst du loslassen?

Es ist die Wahrheit, dass du ein kostbares und geliebtes Geschöpf Gottes bist. Du bist von ihm geplant und gewollt, er hat dich erschaffen und möchte, dass du auf dieser Erde dein Leben gestaltest.

Überlege, welche falschen Gedanken du über dich hast – z. B. dass du nicht gewollt bist und dass dein Leben keinen Sinn hat. In den nächsten Zeilen stehen einige Sätze, die sich vielleicht als Lügen in deinen Gedanken festgesetzt haben. Lies sie laut vor und sage dich von diesen Lügen in deinem Leben los. Wiederhole sie nicht nur einmal, sondern mache eine tägliche Übung daraus, bis die Wahrheit Gottes dein Leben und deinen Selbstwert bestimmt.

Es ist eine Lüge, dass ich ein Zufall bin.

Es ist die Wahrheit, dass Gott mein Leben geplant und gewollt hat.

Es ist eine Lüge, dass ich hässlich bin.

Es ist die Wahrheit, dass Gott mich wunderbar und schön gemacht hat.

Es ist eine Lüge, dass ich zu nichts tauge und mein Leben sinnlos ist.

Es ist die Wahrheit, dass Gott mir gute Gaben gibt und meinem Leben Sinn gibt.

Es ist eine Lüge, dass ...

Es ist die Wahrheit, dass ...

Gebet

Vater im Himmel, ich danke dir dafür, dass ich wunderbar gemacht bin, dass du einen Plan für mein Leben hast und mich von Anfang an kennst und liebst. Du hast mich gewollt und ins Leben gerufen, das glaube ich ganz fest. Ich lasse jetzt alle Lügen los, die ich bisher über mich geglaubt habe. Es stimmt nicht, dass ich ein Zufall bin, es ist gelogen, dass ich wertlos und nutzlos bin und dass mich keiner haben will. Ich weise alle anklagenden Gedanken zurück, die mich glauben machen wollen, ich wäre falsch oder hässlich, das ist nicht die Wahrheit.

Du bist mein Schöpfer, lieber Vater, du kennst mein Leben, meine Gedanken und Taten, meine Gaben, mein Aussehen und alles, was mich ausmacht. Ich darf immer so zu dir kommen, wie ich bin, dafür danke ich dir von Herzen. Danke, dass du meinem Leben Sinn gibst und dass ich dir vertrauen darf. Amen.

Übung

Stelle dich vor einen Spiegel und schau dich ganz genau an. Dann sage laut: »Ich bin wunderbar gemacht! Gott hat mich gewollt! Ich bin ein guter Gedanke Gottes! Gott hat einen wunderbaren Tag gehabt, als er mich gemacht hat! Ich bin kostbar und unvergleichlich schön!« Das kostet möglicherweise ein wenig Überwindung, aber versuche es einfach einmal. Vielleicht möchtest du sogar deine Lieblingsmusik anmachen und dazu tanzen. Du bist wunderbar gemacht!

Wiederhole diese Übung jeden Tag, bis die Wahrheit Gottes dein Herz ganz erfüllt.

19/01/22
Christfried
→ Stille Tage

2. Der Gott, der zu mir spricht

Ruf mich, dann will ich dir antworten und will dir gewaltige und unglaub-
liche Dinge zeigen, von denen du noch nie gehört hast.

JEREMIA 33,3

Da umringten ihn die Juden und fragten: »Wie lange willst du uns noch
hinhalten? Wenn du der Christus bist, dann sag es uns offen.« Jesus erwiderte:
»Ich habe es euch bereits gesagt, aber ihr glaubt mir nicht. Alles, was ich im
Namen meines Vaters tue, beweist, wer ich bin. Aber ihr glaubt mir nicht, weil
ihr nicht zu meiner Herde gehört. **Meine Schafe hören auf meine Stimme;**
ich kenne sie, und sie folgen mir.«

JOHANNES 10,24-27

Doch wenn der Vater den Ratgeber als meinen Stellvertreter schickt – und
damit meine ich den Heiligen Geist –, wird er euch alles lehren und euch an
alles erinnern, was ich euch gesagt habe.

JOHANNES 14,26

Himmel und Erde werden vergehen, aber meine Worte werden ewig bleiben.

MARKUS 13,31

In der Bibel heißt es Hunderte Male: »Und Gott sprach …«, denn
unser Gott ist ein sprechender Gott! An den Schriftstellen erkennen
wir, dass er gerne wie ein Vater mit seinen Kindern redet. Aber oft
beklagen sich die Menschen, dass sie ihn noch nie haben reden hören. Welche Voraussetzungen müssen wir also erfüllen, damit wir
das Reden Gottes auch tatsächlich als solches erkennen?

Zuerst einmal sollten wir Gott kennenlernen und in Beziehung
mit ihm leben. Es heißt ja: »*Meine* Schafe hören auf meine
Stimme …« Dann sollen wir bewusst Gott annehmen, demütig
werden, bereit sein, uns etwas sagen zu lassen, und dann auch

Die meisten Menschen wollen
Gott dienen – aber mehr in einer
beratenden Funktion, wo sie ihm
vorschreiben, was er zu tun hat.

16

tatsächlich gehorchen. Die meisten Menschen wollen Gott dienen – aber mehr in einer beratenden Funktion, wo sie ihm vorschreiben, was er zu tun hat. Meistens wollen wir deshalb nur hören, was uns interessiert. Aber wollen wir auch hören, was Gott interessiert? Darf Gott uns auch unangenehme oder überraschende Dinge sagen, die vielleicht ganz anders sind, als wir selber es wollen? Wir müssen lernen, uns auf Gott einzulassen – ohne Angst davor zu haben, was er vielleicht sagen wird. Es ist ein Prozess der inneren Hingabe an ihn, in dem wir bereit sind, etwas zu empfangen und von Gott anzunehmen.

Bei vielen von uns liegt es aber auch daran, dass uns die Zeit zum Hören fehlt. Unzählige Dinge sind wichtig für uns, Menschen und Situationen, dabei kommt Gott oft zu kurz. Eine Grundlage des Hörens ist aber, dass wir uns zum Lesen der Bibel und zum Gebet Zeit nehmen. Auch das Auswendiglernen von Bibelversen hilft dabei, dass uns die richtigen Worte zur rechten Zeit einfallen und Gott so zu uns sprechen kann – die Bibel ist schließlich Gottes Stimme!

In Johannes 6,63 lesen wir: *Es ist der Geist, der lebendig macht. Das Fleisch hat keine Macht. Die Worte aber, die ich euch gesagt habe, sind Geist und Leben.* Und in Johannes 6,68 sagt Petrus zu Jesus: *»Herr, zu wem sollten wir gehen? Nur du hast Worte, die ewiges Leben schenken.«* Gottes Worte sind mächtig und haben Kraft (vgl. dazu auch Hebräer 4,12)!

Keiner von uns kann sagen, dass er in seinem Leben mit Gott bereits am Ziel angelangt ist. Jeder von uns ist in der Schule Gottes, und je sensibler wir für seine Stimme werden und je bereiter wir das, was wir hören, auch glauben, annehmen und umsetzen, umso schneller wachsen wir in unserem Leben mit Gott.

Es ist eine bewiesene Tatsache, dass man sein ganzes Leben in der Kirche verbringen kann und unter Umständen trotzdem nichts dazulernt. Vielleicht kennt man Bibelverse auswendig und kann bestimmte Dinge aufsagen, dennoch fehlt das Wichtigste – Gott selbst kennengelernt zu haben! Wir können ihn nur durch eine persönliche Beziehung erkennen und nicht durch das Sammeln von Fakten.

Gott sucht Gemeinschaft, Verliebte, Vertraute. Er möchte, dass wir ihn kennenlernen und uns mit ihm austauschen, uns vertraut mit ihm unterhalten. Gott spricht mit einer leisen sanften Stimme, selten akustisch hörbar, aber fest, bestimmt und hartnäckig. Er wiederholt sich, spricht ruhig und warm, mit wenigen Worten. Die Worte sind lebensspendend, aufbauend, hoffnungsvoll, ermutigend, aber auch überführend. Satan dagegen schreit laut, ist hektisch, unruhig, bedrängt, ist fordernd und lullt mit vielen Worten ein. Oft spricht er barsch und Furcht einflößend, er verurteilt und beschuldigt, er zerrt und er treibt. Wenn du Zweifel hast, wen du gerade hörst, dann ist es am besten, erst einmal zu warten. Bitte den Heiligen Geist, dass er zu dir spricht, und du wirst sehen, dass du Gottes Stimme hören wirst.

Gott spricht mit einer leisen sanften Stimme, selten akustisch hörbar, aber fest, bestimmt und hartnäckig.

Mehr und mehr wirst du erkennen, dass du ihn hören kannst, denn Gottes Wille ist es, dass wir uns seiner Führung anvertrauen und ihm folgen. Es ist unser gottgegebenes Recht, zu hören. Wir dürfen ihm nur nicht vorschreiben, wie er zu uns spricht, denn er hat viele Möglichkeiten.

1. Gott spricht durch die Natur

In Psalm 19,2-4 heißt es: *Der Himmel verkündet die Herrlichkeit Gottes und das Firmament bezeugt seine wunderbaren Werke. Ein Tag erzählt es dem anderen, und eine Nacht teilt es der anderen mit. Ohne Sprache und ohne Worte, lautlos ist ihre Stimme.*

Ich bin überzeugt, dass die Sterne die erste Bibel waren, die Abraham und Mose gelesen haben. Zu mir hat Gott schon oft durch Tiere und Dinge in der Natur gesprochen und mir dadurch seine Liebe offenbart. Als mein Mann starb, saß ich einige Wochen später sehr traurig auf meiner Zimmercoach und weinte. Mein Colliehund saß vor mir und schaute mich an. Bald sah ich eine Träne über das Gesicht des Hundes rollen. Es war mir, als hörte ich Gott sagen: »Ich kenne deinen Schmerz, ich weine mit dir!«

2. Gott spricht durch sein Wort, die Bibel

Wenn wir die Heilige Schrift lesen, studieren und meditieren, gibt uns das Richtung und Wegweisung im Leben. Wenn wir jedoch nicht in der Bibel lesen, öffnen wir uns allen möglichen anderen Stimmen. Das Wort Gottes schult unser Hören und unseren Glauben, sodass wir unterscheiden können, was von Gott kommt und was nicht.

Für viele Situationen ist der Wille Gottes bereits so klar in der Bibel dargelegt, dass es Unsinn wäre, noch auf eine weitere Wegweisung von Gott zu warten. In anderen Momenten ruft uns Gott aber auch eine bestimmte Bibelstelle ins Gedächtnis, die dann für uns ganz persönlich passt.

Als es in unserer Familie um das Erben ging, spürte ich, wie unter meinen Geschwistern starke Spannungen entstanden, weil es um ein sehr schönes Haus ging, das meine Eltern mit uns Kindern gebaut hatten. Ich betete und fragte Gott: »Herr, was willst du? Hast du dieses Haus für das Reich Gottes vorgesehen

Wenn wir jedoch nicht in der Bibel lesen, öffnen wir uns allen möglichen anderen Stimmen.

oder soll ich es loslassen?« Er antwortete mir, indem er mir Psalm 45,11 (ELB) in Erinnerung rief: *Höre, Tochter, und sieh, und neige dein Ohr; und vergiss dein Volk und deines Vaters Haus!*

Da war mir klar: Gott will, dass ich voll und ganz loslasse, und so war es auch. Meine Familie war sehr überrascht über meine ruhige Einstellung zu der ganzen Situation. Doch wenn Gott spricht und wir gehorchen, haben wir immer den besseren Teil gewählt. Inzwischen hat Gott mir mehr Häuser gegeben, als all meinen Geschwistern zusammen.

3. Gott spricht durch unseren Verstand

Denn Gott hat uns nicht einen Geist der Furcht gegeben, sondern einen Geist der Kraft, der Liebe und der Besonnenheit (2. Timotheus 1,7). Weil Jesus in mir lebt und der Heilige Geist mein Leben bestimmt, muss ich mich nicht davor fürchten, Entscheidungen mit dem »gesunden Menschenverstand« zu treffen. Gott hat ihn mir gegeben, damit ich selbstständig, als sein Kind, auf dieser Erde leben kann. Darum wird es auch oft Situationen geben, in denen ich nicht ausdrücklich Gottes Stimme zu einer Frage höre. Aber sein Geist der Kraft und der Liebe wird mir die Besonnenheit geben, das Richtige zu tun.

Gott kann auch auf krummen Linien noch gerade schreiben.

Wenn du nichts Gegenteiliges von Gott hörst, benutze ganz normal deinen Verstand und deine Weisheit. Selbst wenn wir einen Fehler machen, ist Gott größer als unser Fehler, und er lässt uns wieder auf den richtigen Weg und zu den richtigen Entscheidungen kommen. Gott kann auch auf krummen Linien noch gerade schreiben.

4. Gott spricht durch Träume und Visionen zu uns

In den letzten Tagen, spricht Gott, werde ich meinen Geist über alle Menschen ausgießen. Eure Söhne und Töchter werden weissagen, eure jungen Männer werden Visionen haben und eure alten Männer prophetische Träume. In diesen Tagen werde ich meinen Geist sogar über alle meine Diener, ob Mann oder Frau, ausgießen, und sie werden weissagen (Apostelgeschichte 2,17-18).

Wenn ein Traum von Gott kommt, vergisst man ihn nicht, und oft weiß man am Morgen, was er bedeutet, manchmal auch ein wenig später. Gott spricht außerdem durch Visionen, in denen du mit offenen Augen etwas ganz anderes siehst als das, was vor dir liegt, oder mit geschlossenen Augen ein Bild wie im Traum erblickst. Es ist mehr wie eine innere Schau, die du mit deinen geistlichen Augen siehst.

5. Gott spricht durch prophetische Worte

Dem einem Menschen verleiht er Kräfte, dass er Wunder tun kann, einem anderen die Fähigkeit zur Prophetie (1. Korinther 12,10). Ein prophetisches Wort wird von einer anderen Person im Auftrag Gottes ausgesprochen. Diese Prophetie bestätigt oft, was Gott schon in das eigene Herz gegeben hat. Manchmal ist es allerdings auch ein Gedanke, der ganz neu ist. Dann sollte man ihn so lange im Herzen bewegen und darüber nachdenken, bis Gott klarer zu einem selbst spricht. Man sollte keine voreiligen Entscheidungen aufgrund einer Prophetie treffen, solange man Gottes Plan nicht klar erkennt! Denn Menschen benutzen leider manchmal scheinbar prophetische Worte dazu, selbst Macht auszuüben und andere zu beeinflussen.

Einmal kam eine Frau zu mir, die mir unglücklich erzählte, ein Mann habe ihr einen Heiratsantrag gemacht. Er war ein entschiedener Christ und aktives Gemeindemitglied. Sie war etwas erstaunt, denn noch nie zuvor war sie auf ihn aufmerksam geworden. Aber er meinte, dass Gott ihm gesagt habe: »Das ist die Frau, die du heiraten wirst!« Nun war die Frau sehr erschüttert, denn längst gehörte ihr Herz einem anderen. Sollte sie ihn heiraten, weil Gott es angeblich befohlen hatte? Die Frage, ob Gott ihr dasselbe gesagt hatte, war nach ihrem Bericht längst überflüssig. Auch nach langem Gebet fühlte sie sich von dem Antrag nur bedrängt und war bei dem Gedanken, diesen Mann heiraten zu müssen, ganz unglücklich. Vielleicht hatte der Mann sich von dem Wunsch leiten lassen, diese Frau zu seiner zu machen? Gott konnte es jedenfalls nicht gewesen sein, denn dann hätte auch sie Frieden über dieser Entscheidung gehabt.

6. Gott spricht durch unseren eigenen Mund

Wir können unsere Gedanken sammeln, die rechte Antwort aber schenkt der Herr (Sprüche 16,1). Durch unser eigenes Denken und das, was wir sagen, schickt Gott manchmal die Lösung. Vielleicht redest du gerade über etwas ganz anderes und plötzlich kommt dir die Eingebung: »Genau das ist es!« Du hast eine Antwort gefunden. Wenn dein Verstand keine Lösung findet, dann kann die Weisheit Gottes durch deinen inneren Menschen fließen und dir selbst die Antwort geben.

7. Gott spricht durch unsere Wünsche

Wer von seiner menschlichen Natur beherrscht wird, ist von ihren selbstsüchtigen Wünschen bestimmt, doch wer vom Heiligen Geist geleitet wird, richtet sich nach dem, was der Geist will (Römer 8,5). Oft schon hat Gott mir Wünsche ins Herz gelegt für Dinge und Situationen, die er mir geben wollte. Solange ich gewiss bin, dass ich meine Lust am Herrn habe, dass meine erste Liebe Jesus ist, darf ich diese Wünsche annehmen, ernst nehmen und ihm vertrauen, dass er sie realisiert.

8. Gott spricht durch unser inneres Zeugnis und durch Frieden

Ich lasse euch ein Geschenk zurück – meinen Frieden. Und der Friede, den ich schenke, ist nicht wie der Friede, den die Welt gibt. Deshalb sorgt euch nicht und habt keine Angst (Johannes 7,27). Friede ist der Zeiger, der sagt: Das ist »in« und das ist »out«. Höre auf diese innere Stimme und schaffe Ruhe in deinem Herzen und um dich herum. Hab regelmäßige Gemeinschaft mit Gott durch das Gebet und das Lesen der Bibel. Gott wird dir seinen Willen nie ganz und gar offenbaren, sondern Schritt für Schritt. Wenn du mit dem ersten Schritt gehorsam bist, wird er dir den zweiten Schritt zeigen. Manchmal verspürst du die Stimme Gottes auch wie ein inneres Drängen oder du hast eine plötzliche Idee oder einen Gedanken.

Einmal hatte ich während des Bibellesens plötzlich den Einfall, eine Frau zu besuchen, die ich schon sehr lange nicht mehr gesehen hatte. Ich versuchte mich weiter auf den Bibeltext zu konzentrieren, aber immer stärker wurde das innere Drängen, jetzt sofort zu ihr zu fahren. Fünf Minuten später saß ich im Auto und traf sie tatsächlich zu Hause an. Sie war gerade sehr traurig und freute sich, dass ich kam, um mit ihr zu sprechen und zu beten. Was sie zu sagen hatte, war in meiner damaligen Situation auch wich-

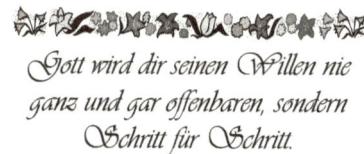

Gott wird dir seinen Willen nie ganz und gar offenbaren, sondern Schritt für Schritt.

tig für mich, und am Ende wussten wir beide nicht, wer mehr von unserem Treffen profitiert hatte – sie oder ich.

An diesem Tag habe ich gelernt, dieses gewisse Drängen und die sanfte innere Stimme, die mir zuerst wie mein eigener Einfall vor-kam, als das Reden Gottes zu verstehen. Seitdem fällt es mir leich-ter, auch in anderen Situationen sicher zu sein, dass Gott zu mir spricht.

Wenn du immer mehr lernst, auf die Stimme Gottes zu hören, wird sich die Sensibilität für sein Reden schärfen. Er wird zu dir spre-chen. Es gibt aber etwas, das uns von Gott trennt und uns somit auch daran hindert, seine Stimme zu hören. Davon erfahren wir in Jesaja 59,1-2: *Hört zu! Die Hand des Herrn ist nicht zu kurz, um euch zu helfen und er ist nicht taub, dass er euch nicht hören würde. Nein, eure Sünden sind eine Schranke, die euch von Gott trennt. Wegen eurer Sünden verbirgt er sein Antlitz vor euch und will euch nicht mehr hören.*

Es ist wichtig, dass wir uns vom Heiligen Geist durchforschen lassen und die Sünde ans Licht bringen, bekennen und umkehren. Ändere dein Denken! Mach deine Gedanken eins mit Gottes Ge-danken und komme zurück in seine Gegenwart. Dann wirst du auch seine Stimme wieder hören können.

Lola Gola – Was musst du loslassen?

Bist du bereit, dich ganz neu vom Wort Gottes herausfordern zu lassen? Triff eine Entscheidung und bete: »Vater im Him-mel, alles, was dein Heiliger Geist mir offenbart, will ich aufnehmen, annehmen und umsetzen!« Nimm dir vor, Gott allezeit zu vertrauen und ihm sofort zu gehorchen. Denn Gehorsam, der nicht sofort erfolgt, ist kein Gehorsam. Gott hat es nicht so gedacht, dass er uns etwas sagt und wir dann weggehen und darüber nachdenken, ob wir es tun sollen. Er macht keine Vorschläge, sondern gibt Anweisungen, von denen er erwartet, dass wir ihnen sofort gehorchen und, wenn es nicht möglich ist, sie sofort umzusetzen, uns zumindest zu entscheiden, es zu tun.

Hat dein irdischer Vater nie oder kaum mit dir gesprochen? Dann vergib ihm, bekenne deine Bitterkeit und lass diese bittere Wurzel (oder die Lüge »Väter kommunizieren nicht!«) los.

Gebet

Lieber Vater im Himmel, ich danke dir dafür, dass du ein sprechender Gott bist. Ich danke dir dafür, dass du mich liebst und mit mir redest. Bitte hilf mir dabei, deine Worte auch zu verstehen. Ich will alles loslassen, was mich davon abhält, dein Reden zu hören, alles Misstrauen, alle Angst, alle Zweifel, allen Unglauben, alle Bitterkeit. Bitte hilf mir, dir ganz zu vertrauen und mich auf deine Weisungen für mein Leben einzulassen. Bitte zeige mir auch, wo Sünde mich noch daran hindert, deine Worte zu verstehen. Und dann mach mich ganz aufmerksam auf dein Reden und lehre mich mehr und mehr, deinen Worten gehorsam zu sein. Ich will dich hören, lieber Vater, weil du Worte des ewigen Lebens hast und ich nirgendwo sonst hingehen will als zu dir. Danke für deine Geduld mit mir und dein wiederholtes Sprechen, wenn ich es nicht verstehe. Du bist gut und gerecht und gnädig, danke, dass ich zu dir kommen darf. Amen.

Übung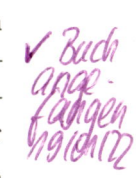

Hab keine Angst davor, Gott zu bitten, noch heute mit dir zu sprechen. Manchmal gibt er dir vielleicht eine Idee oder einen Gedanken, der dir zuerst etwas komisch erscheint. Wenn es etwas Gutes ist, was dir und anderen keine Angst macht und dich und andere nicht in Bedrängnis führt, probier doch einfach aus, deiner »Eingebung« gehorsam zu sein. Bitte Gott darum, dass er mit etwas Kleinem anfängt, an dem du wirklich sehen kannst, dass er zu dir gesprochen hat.

Um Gottes Stimme besser hören zu lernen, solltest du auch heute noch anfangen, Bibelverse auswendig zu lernen. Schreibe einige der Verse aus diesem Buch, die dich besonders angesprochen haben, auf kleine Karten (vielleicht auch in deiner Lieblingsbibelübersetzung) und stecke sie in deine Taschen, verteile sie an den Spiegeln im Haus und auf dem »Stillen Örtchen«. Dann lerne das Wort Gottes auswendig, auf Spaziergängen (beim Bewegen können wir besonders gut auswendig lernen!), beim Frühstück und mit deiner Familie.

Unterbrich mich nicht, Herr, ich bete! (von Clyde Lee Herring)[1]

»Vater unser, der du bist im Himmel ...«

   »Ja?«

»Unterbrich mich nicht! Ich bete.«

   »Aber du hast mich doch angesprochen!«

»Dich angesprochen? Äh ... nein, eigentlich nicht. Das beten wir eben so: Vater unser, der du bist im Himmel.«

   »Da, schon wieder! Du rufst mich an, um ein Gespräch zu beginnen, oder? Also, worum geht's?«

»Geheiligt werde dein Name ...«

   »Meinst du das ernst?«

---

1 If God Should Speak or Prayer Is a Dangerous Thing © 1977 Clyde Lee Herring; Übersetzer/in unbekannt

»Was soll ich ernst meinen?«

»Ob du meinen Namen wirklich heiligen willst. Was bedeutet das denn?«

»Es bedeutet ... es bedeutet ... meine Güte, ich weiß nicht, was es bedeutet! Woher soll ich das wissen?!«

»Es heißt, dass du mich ehren willst, dass ich dir einzigartig wichtig bin, dass dir mein Name wertvoll ist.«

»Aha, hm. Ja, das verstehe ich. Dein Reich komme, dein Wille geschehe wie im Himmel also auch auf Erden ...«

»Tust du was dafür?«

»Dass dein Wille geschieht? Natürlich! Ich gehe regelmäßig zum Gottesdienst, ich zahle Gemeindebeiträge und Missionsopfer.«

»Ich will mehr: dass dein Leben in Ordnung kommt; dass deine Angewohnheiten, mit denen du anderen auf die Nerven gehst, verschwinden; dass du von anderen her und für andere denken lernst; dass allen Menschen geholfen werde und sie zur Erkenntnis der Wahrheit kommen, auch dein Vermieter und dein Chef. Ich will, dass Kranke geheilt, Hungernde gespeist, Trauernde getröstet und Gefangene befreit werden; denn alles, was du diesen Leuten tust, tust du doch für mich.«

»Warum hältst du das ausgerechnet mir vor? Was meinst du, wie viele steinreiche Heuchler in den Kirchen sitzen. Schau die doch an!«

»Entschuldige! Ich dachte, du betest wirklich darum, dass mein Herrschaftsbereich kommt und mein Wille geschieht. Das fängt nämlich ganz persönlich bei dem an, der darum bittet. Erst, wenn du dasselbe willst wie ich, kannst du ein Botschafter meines Reiches sein.«

»Das leuchtet mir ein. Dann darf ich jetzt mal weiterbeten? Unser tägliches Brot gib uns heute ...«

»Du hast Übergewicht, Mann! Deine Bitte beinhaltet die Verpflichtung, etwas dafür zu tun, dass die Millionen Hungernden dieser Welt ihr tägliches Brot bekommen.«

»Und vergib uns unsere Schuld, wie auch wir vergeben unseren Schuldigern ...«

»Und Heinz?«

»Heinz? Jetzt fang auch noch von dem an! Du weißt doch, dass er mich öffentlich blamiert, dass er mir jedes Mal dermaßen arrogant gegenübertritt, dass ich schon wütend bin, bevor er seine herablassenden Bemerkungen äußert. Und das weiß er auch! Er nimmt mich als Mitarbeiter nicht ernst, er tanzt mir auf dem Kopf rum, dieser Typ hat ...«

»Ich weiß, ich weiß! Und dein Gebet?«

»Ich meinte es nicht so.«

»Du bist wenigstens ehrlich. Macht dir das eigentlich Spaß, mit so viel Bitterkeit und Abneigung im Bauch herumzulaufen?«

»Es macht mich krank!«

»Ich will dich heilen. Vergib Heinz und ich vergebe dir. Dann ist Arroganz und Hass die Sünde von Heinz, nicht deine. Vielleicht verlierst du Geld; ganz sicher verlierst du ein Stück Image, aber es wird dir Frieden ins Herz bringen.«

»Hm, ich weiß nicht, ob ich mich dazu überwinden kann.«

»Ich helfe dir dabei.«

»Und führe uns nicht in Versuchung, sondern erlöse uns von dem Bösen ...«

»Nichts lieber als das! Meide bitte Personen oder Situationen, durch die du versucht wirst.«

»Wie meinst du das?«

»Du kennst doch deine schwachen Punkte. Unverbindlichkeit, Finanzverhalten, Sexualität, Aggression, Erziehung. Gib dem Versucher keine Chance!«

»Ich glaube, dies ist das schwierigste Vaterunser, das ich je betete. Aber es hat zum ersten Mal etwas mit meinem alltäglichen Leben zu tun.«

»Schön, wir kommen vorwärts. Bete ruhig zu Ende.«

»Denn dein ist das Reich und die Kraft und die Herrlichkeit in Ewigkeit. Amen.«

»Weißt du, was ich herrlich finde? Wenn Menschen wie du anfangen, mich ernst zu nehmen, echt zu beten, mir nachzufolgen und dann das tun, was mein Wille ist; wenn sie merken, dass ihr Wirken für das Kommen meines Reiches sie letztlich selbst glücklich macht.«

3. Der Gott, der mich ermutigt

Fürchte dich nicht, denn ich bin bei dir. Sieh dich nicht ängstlich nach Hilfe um, denn ich bin dein Gott: Meine Entscheidung für dich steht fest, ich helfe dir. Ich unterstütze dich, indem ich mit meiner siegreichen Hand Gerechtigkeit übe.

JESAJA 41,10

Gott gab uns also sowohl seine Zusage als auch seinen Eid, die beide unabänderlich sind, weil Gott nicht lügt. Das ist für uns, die wir bei ihm Zuflucht gesucht haben, eine große Ermutigung, denn wir wollen ja das vor uns liegende Ziel, die Erfüllung der Hoffnung, erreichen. Diese Zuversicht ist wie ein starker und vertrauenswürdiger Anker für unsere Seele. Sie reicht hinter den Vorhang des Himmels bis in das Innerste des Heiligtums Gottes.

HEBRÄER 6,18-19

Steh auf und leuchte! Denn dein Licht ist gekommen und die Herrlichkeit des Herrn erstrahlt über dir.

JESAJA 60,1

In der Bibel steht über 140 Mal die Aufforderung »steh auf« oder eine ähnliche Formulierung – es ist also für Gott sehr wichtig, dass wir lernen, das auch zu tun. Wenn du ein Kind hast, dann kannst du dich bestimmt genau an seine ersten Schritte erinnern. Sicher weißt du nicht mehr, wie oft es im Prozess des Lernens hingefallen ist. Auch Gott zählt nicht, wie oft wir fallen. Das Schlimmste wäre gewesen, wenn das Kind eines Tages gesagt hätte: »Heute bleibe ich sitzen. Ich falle ja sowieso wieder.« Wir sind Kinder Gottes und auch wir erleben in allen Lernprozessen: Wir fallen immer wieder. Doch Gott ermutigt uns: »Steh auf und leuchte!« Was genau sollen wir tun, wozu sollen wir uns erheben?

1. Steh auf und gehe mit deinen Sorgen direkt zu Jesus.

In Markus 5,25ff lesen wir von der Frau mit dem Blutfluss, die zwölf Jahre versucht hatte, ihr Problem loszuwerden; sie war zu allen Ärzten gegangen, die sie kannte, zu jedem Seelsorger, den sie finden konnte. Bei uns heute ist es oft genauso: Auch wir reden mit vielen anderen über unsere Probleme und leiden weiter, anstatt direkt zu Jesus zu gehen. Die Frau hat sehr gelitten, alles Geld ausgegeben, alle ihre Energie war raus. Sie hatte aufgegeben. Doch eines Tages sah sie eine Menschenmenge, die Jesus nachging. Sie selbst war am Rande der Menschenmenge, denn sie war un-

Gerade das Negative in unserem Leben bahnt uns einen Weg zu Jesus Christus.

rein, keiner wollte um sie sein. Als sie sich mit aller Entschiedenheit Jesus näherte, durchbrach sie die Regeln der damaligen Gesellschaft. Sie glaubte, dass Jesus sie heil machen konnte. Alle machten ihr Platz, denn keiner wollte von ihr berührt werden; sie war ja unrein.

Heute erlebe ich oft in Seelsorgegesprächen: Gerade das Negative in unserem Leben bahnt uns einen Weg zu Jesus Christus. Die Frau damals berührte den Saum seines Gewandes und ihr Glaube setzte die Kraft Gottes frei. Sie war sofort geheilt. Ihre Heilung geschah, weil sie aufgestanden war und sich auf den Weg gemacht hatte. Sie hatte es geschafft, von ihrer Situation wegzusehen auf Jesus, sie hatte ihn voller Glauben berührt und von dem Augenblick floss Leben in ihr und der Tod hatte seine Wirksamkeit verloren.

2. Steh auf und fang an, neuen Glauben zu haben.

Ich war 15 Jahre in den USA sehr glücklich, hatte ein sehr erfülltes Leben und einen großen Bekanntenkreis von lebendigen Christen. Für mich wäre es damals das Schlimmste gewesen, wieder ganz nach Europa zurückzumüssen.

Als Gott mir dann doch sagte, dass ich wieder nach Europa zu den Meinen zurückgehen solle, um ihnen zu sagen, was er für mich getan hat, war meine erste Reaktion: »Herr, in Österreich haben die Menschen so viel Religion, um gegen den Glauben immun zu sein.« Ich hatte meinen Glauben auf meine vergangenen Erfahrungen gesetzt. Und ich hörte nur, wie Gott mir sagte: »Vertraue mir!«

Als ich dann nach Europa herüberkam, musste ich zu meiner großen Freude feststellen, dass Gott in den 15 Jahren gearbeitet hatte und dass er in Österreich und in Europa genauso groß ist wie in Amerika oder sonst irgendwo auf der Welt. Ich habe wieder ganz neu angefangen, Glauben zu haben für mein eigenes Volk, und das hat sich bisher auch sehr bestätigt.

3. Steh auf und sei ein Beispiel für andere.

Wenn wir uns die Bibel anschauen, dann sehen wir immer wieder, wie Gott einzelne Menschen gebraucht hat, um riesige Veränderungen für ganze Völker hervorzubringen. Da ist zum Beispiel Hiskia. Er war mit seinen 25 Jahren schon König! Das ganze Volk Israel war damals in Götzendienst verstrickt. Die Menschen hatten vergessen, dass sie von Gott berufen waren, haben falschen Göttern Opfer dargebracht. Diese Situation kann man mit unserer heutigen Zeit vergleichen, denn die meisten Menschen jagen ihren selbst gemachten Götzen Reichtum, materieller Besitz und Menschenverehrung hinterher.

Doch Hiskia veränderte etwas. Er stand auf und war ein Beispiel für sein Volk. Er zerstörte die Höhenheiligtümer und unterband den Götzendienst in seinem Land. Hiskia war ein König und auch du und ich sind berufen als Könige und als Priester: *Aber ihr seid anders, denn ihr seid ein auserwähltes Volk. Ihr seid eine königliche Priesterschaft, Gottes heiliges Volk, sein persönliches Eigentum. So seid ihr*

Gott möchte dich und mich gebrauchen, um Herzensveränderung im Leben der Menschen zu bewirken.

ein lebendiges Beispiel für die Güte Gottes, denn er hat euch aus der Finsternis in sein wunderbares Licht gerufen (1. Petrus 2,9).

Auch heute kommt es auf jeden Einzelnen an. Gott möchte dich und mich gebrauchen, um Herzensveränderung im Leben der Menschen zu bewirken. Warum stehen wir nicht auf? Warum warten wir, bis andere es tun? Ist es die Angst vor dem Versagen, ist es unser Unglaube?

4. Steh auf und hilf anderen auf ihrem Weg zu Jesus.

Im Markusevangelium, Kapitel 5 lesen wir eine Geschichte von einem kleinen Mädchen, das auf dem Totenbett lag. Der Vater wusste nicht, was er tun sollte. Die Ärzte konnten sie nicht heilen, aber ihr Papa hatte von Jesus gehört. Er ging zu ihm und leistete Fürbitte für sein kleines Mädchen. Jesus ging mit. Doch als er zu dem Mädchen kam, hatte sie schon aufgehört zu atmen.

Wir haben heute eine ganze Generation von jungen Menschen, die zum Teil schon aufgehört hat, »geistlich« zu atmen. Sie sind nur noch interessiert an Partys, an schnellen Autos, an Discos, an Drogen und allem, was die Welt sonst noch zu bieten hat. Wir können beginnen, sie im Gebet zu Jesus zu bringen und zu bitten: »Herr, ich möchte nicht, dass die Menschen um mich herum auf ewig sterben. Ich bitte dich, bring Leben in diese Generation.«

Jesus nahm damals das kleine Mädchen an der Hand und sagte: »Steh auf!« In dem Moment, in dem er das sagte, gehorchte das Mädchen und stand tatsächlich auf. Jesu ermutigende Worte bewirken Glauben und Gehorsam. Auch wir dürfen in der Autorität Jesu sagen: »Steh auf!«

Jesu ermutigende Worte bewirken Glauben und Gehorsam. Auch wir dürfen in der Autorität Jesu sagen: »Steh auf!«

Ich glaube, dass Jesus ebenso zu unseren Kindern sprechen würde, wenn wir sie ihm nur bringen würden, und unsere Verantwortung wahrnehmen und sagen würden: »Steht auf!« Gib deine

Kinder nicht auf, gib die Kinder deiner Gemeinde nicht auf, gib die Kinder dieser Generation nicht auf! Denn Gott ist dabei, etwas Neues unter der heutigen Jugend zu tun. Er bringt Leben! Wenn die jungen Leute lebendig sind, dann lebt alles.

Ich durfte erleben, wie in der Mongolei acht- bis zwölfjährige Kinder für Kranke gebetet haben. Menschen sind aus den Rollstühlen aufgestanden, die Blinden wurden sehend, die Tauben wurden hörend. Das war für mich wie eine Erinnerung: Wir müssen aufstehen zu neuem Leben! Wir müssen anderen in ihre Beziehung mit Jesus helfen!

5. Steh auf und fang an, von Gott zu reden.

Wir müssen uns auch immer wieder neu einen Ruck geben, Jesus in unserem Leben zu bekennen. Natürlich gilt das vor allem gegenüber Menschen, die Gott noch nicht kennen. Wir sollen aufstehen, ja sogar in alle Welt gehen (vgl. Matthäus 28,19), und anderen die Frohe Botschaft bringen.

Das meiste von dem, was uns während Gebetszeiten und beim Nachdenken mit und über Gott in den Sinn kommt, ist von ihm und wir dürfen, ja sollen sogar es weitergeben.

Aber auch in den anderen Bereichen unseres Lebens müssen wir anfangen, von Gott zu sprechen. Teilen wir anderen das mit, was wir von Gott geschenkt bekommen und was er in unserem Leben bewirkt, als Zeugnis, als Eindruck, als Ermutigung für unsere Nächsten. Oft sind wir zu schüchtern, denken: »Nein, das ist doch bestimmt nur mein eigener dummer Gedanke, der ist es nicht wert, weitergegeben zu werden.« Doch das stimmt nicht. Das meiste von dem, was uns während Gebetszeiten und beim Nachdenken mit und über Gott in den Sinn kommt, ist von ihm und wir dürfen, ja sollen sogar es weitergeben. Es kann für andere das entscheidende Wort sein, ein segensreicher Gedanke, der ihnen in ihrer Situation weiterhilft.

Für Frauen hat das »Aufstehen« sogar eine ganz besondere Bedeutung. Wir müssen zuallererst aufstehen vom Schweigen. Jahrhundertelang hat Satan, der Feind von uns Menschen, christlichen Frauen eingeredet, dass sie zu schweigen haben, denn er kennt die Gefahr einer Frau, die redet.

In 1. Korinther 14,34-35 lesen wir: *Die Frauen sollen in den Gemeindeversammlungen schweigen. Es gehört sich nicht, dass sie sprechen. Sie sollen sich unterordnen, wie es im Gesetz steht. Wenn sie Fragen haben, sollen sie zu Hause ihre Ehemänner fragen, denn es steht ihnen nicht zu, in der Gemeindeversammlung zu sprechen.* Die Kultur schrieb es vor, dass Frauen in der Öffentlichkeit nur mit ihrem eigenen Mann sprechen durften, nicht aber mit einem anderen Mann. Bis Jesus gekommen ist, konnten Frauen einer Lehrstunde nicht beiwohnen. Jesus hob damit den Status der Frauen an. In Lukas 10,39-41 lesen wir: *Ihre Schwester Maria saß Jesus zu Füßen und hörte ihm aufmerksam zu. Marta dagegen mühte sich mit der Bewirtung der Gäste. Sie kam zu Jesus und sagte: »Herr, ist es nicht ungerecht, dass meine Schwester hier sitzt, während ich die ganze Arbeit tue? Sag ihr, sie soll kommen und mir helfen.« Doch der Herr sagte zu ihr: »Meine liebe Marta, du sorgst dich um so viele Kleinigkeiten! Im Grunde ist doch nur eines wirklich wichtig. Maria hat erkannt, was das ist – und ich werde es ihr nicht nehmen.«*

Wir sehen hier also, wie Maria von Jesus gelehrt wird. Und er betont sogar noch, dass es gut ist, wenn Frauen Lehre erhalten.

Wenn Paulus im 1. Korintherbrief etwas Gegenteiliges zu schreiben scheint, ist das deshalb, weil es sich um eine besondere Situation handelte. Jemand hatte Paulus um Hilfe gebeten, weil das Geschwätz der Frauen in der Gemeinde in Korinth zum Problem geworden war. Er antwortete, dass die Frauen in der Gemeindeversammlung schweigen sollen, wenn sie etwas lernen wollen. Niemals hat Paulus gemeint, dass Frauen in der Gemeindeversammlung generell nicht sprechen dürfen, sie sollten den Redner oder Lehrer nur nicht unterbrechen. Derselbe Paulus schreibt ja auch in 1. Korinther 11,5: *Eine Frau entehrt ihren Ehemann, wenn sie ohne Kopfbedeckung betet oder weissagt, denn das wäre dasselbe, als würde sie sich den Kopf kahl scheren.* Hier steht ganz deutlich, dass es für Frauen normal ist, in der Gemeindeversammlung zu beten und sogar Worte von Gott weiterzugeben. In der damaligen Zeit war es jedoch eine Unsitte, dabei den Kopf unbedeckt zu lassen, darauf weist er deshalb noch einmal hin. Für Paulus ist es dabei vor allem wichtig, dass die Frau die richtige Beziehung zu ihrem »Haupt«, dem Mann, hat.

Gott hat die Frauen nie zum Schweigen verurteilt, aber er beabsichtigt, dass sie in rechter Ordnung leben.

Viele Männer haben diese Schriftstelle herangezogen, um Frauen zu kontrollieren. In 1. Timotheus 2,12 steht: *Ich erlaube der Frau nicht, zu lehren oder über den Mann zu herrschen; sie soll sich still zurückhalten.* Er meint hier: »Ich erlaube nicht, dass Frauen die Autorität eines Mannes an sich reißen.« Wenn Frauen versuchen, das an sich zu reißen, was einem Mann gehört, oder andere lehren, es zu tun, dann sind sie nicht in rechter Ordnung vor Gott. Gott hat die Frauen nie zum Schweigen verurteilt, aber er beabsichtigt, dass sie in rechter Ordnung leben. Wenn sie verheiratet sind, dann sollen sie ihren Ehemann, also ihr Haupt, ehren und respektieren. Wenn sie nicht verheiratet sind, dann ist es wichtig, dass sie eine korrekte Beziehung zu jedem Bruder und jedem Arbeitgeber, der männlich ist, haben. Das heißt nicht, dass alle Männer den Frauen sagen können, was sie zu tun haben. Es heißt, die Frauen sollen nicht versuchen, Männer zu entmachten und ihren Platz einzunehmen.

Der ganze Leib Christi ist notwendig, um die volle Offenbarung Gottes widerzuspiegeln. Wenn die Gemeinde nur aus Frauen bestünde, gäbe es keine volle Offenbarung Gottes. Wenn die Gemeinde nur aus Männern bestünde, dann gäbe es auch keine volle Offenbarung Gottes. Nur wenn Männer und Frauen die richtige Beziehung zueinander haben, nicht in Konkurrenz miteinander stehen, sondern sich gegenseitig als Ergänzung schätzen und annehmen, kann die Welt den Herrn Jesus erkennen. Gott möchte, dass Frauen aus ihrem Schweigen aufstehen. Gott hat ihnen einen sechsten Sinn gegeben. Und er gab ihnen die Macht, Einfluss zu nehmen.

Deshalb ist Satan nicht erst zu Adam gegangen. Er wusste, wenn er Eva auf seiner Seite hat, würde sie den Rest tun, weil sie Einfluss nehmen kann. Es ist auch die Frau, die ganz stark die Atmosphäre eines Hauses bestimmt. Und aufgrund dieser wunderbaren Gabe, die Gott ihr gegeben hat, kann eine Frau Gesundheit, Ermutigung, Erbauung und Heil in den Leib Christi bringen. Als Ehefrau hat sie auch den Auftrag, den eigenen Ehemann zu beeinflussen, ihn aufzumuntern, wenn er entmutigt ist. Das

Nur wenn Männer und Frauen die richtige Beziehung zueinander haben, nicht in Konkurrenz miteinander stehen, sondern sich gegenseitig als Ergänzung schätzen und annehmen, kann die Welt den Herrn Jesus erkennen.

ist eine wunderbare Art des Einflusses: Für ihn zu beten heißt, für ihn auf den Knien zu kämpfen.

Natürlich gilt das auch für die Kinder. Frauen erkennen noch besser, was getan werden muss, und haben vom Herrn eine besondere Sensibilität bekommen. Manchmal spüren Frauen, was intuitiv die richtige Entscheidung ist. Sie können keine klaren Fakten aufzählen, keine einleuchtende logische Erklärung aufführen. Aber sie haben ein inneres Wissen. Und wenn ein Mann klug ist, dann hört er auf diese Intuition der Frau und prüft sie vor Gott. Lass dich als Frau also nie wieder zum Schweigen bringen!

Gott möchte auch, dass Frauen ihre Eindrücke in der Gemeinde weitergeben, denn er möchte durch sie etwas von seinem Wissen weitersagen. Sprich aus, was der Herr in dein Herz gelegt hat (und das gilt natürlich auch, wenn du ein Mann bist)! Drück dich aus, aber ohne irgendwelchen Druck oder Zwang. Sei bereit, deine Meinung immer wieder zu überprüfen und auch zu korrigieren, aber steh auf. Steh auf!

Als du Jesus in dein Leben aufgenommen hast, ist Jesus nicht einfach zu deinem Leben dazugekommen, nein, dein alter Mensch ist gestorben. Jetzt, wo du mit ihm gestorben, begraben bist, kannst du auferstehen in ein neues Leben. *Denn durch die Taufe sind wir mit Christus gestorben und begraben. Und genauso wie Christus durch die herr-*

liche Macht des Vaters von den Toten auferstanden ist, so können auch wir jetzt ein neues Leben führen (Römer 6,4).

Steh auf! Steh auf vom Tod! Steh auf von der beginnenden Lähmung, die dich niederreißen will! Steh auf zu neuem Leben! Steh auf von allen Lügen, die du geglaubt hast! Steh auf von allem Versagen! Steh auf von aller Hoffnungslosigkeit! Steh auf – und entscheide dich für das Leben!

Wenn wir zu neuem Leben aufstehen, werden wir auch zu neuen Diensten aufstehen. Dann werden wir jeden Tag die guten Werke tun, die Christus vorher für uns vorbereitet hat.

Der Unterschied zwischen einem Sieger und einem Verlierer ist, dass der Sieger einmal mehr aufsteht. In Jesus sind wir Sieger und letztendlich ist die Auferstehung unsere große Berufung.

Der Unterschied zwischen einem Sieger und einem Verlierer ist, dass der Sieger einmal mehr aufsteht. In Jesus sind wir Sieger und letztendlich ist die Auferstehung unsere große Berufung. Jesus hat es schon vollbracht. Er sitzt zur Rechten des Vaters als erlöster Mensch. Weil du mit ihm in ein neues Leben auferstanden bist, kannst du immer wieder aufstehen. In ihm, durch ihn und mit ihm.

Lola Gola – Was musst du loslassen?

In welchem Bereich sollst du heute aufstehen? Wo möchte Gott Dunkelheit in deinem Leben gegen sein Licht austauschen? Schau deine eigenen Situationen an. Was möchtest du verändert sehen? Möchtest du, dass deine Familie lebendiger wird, dein Mann, deine Frau, dein Hauskreis? Dann geh zu Jesus, sage ihm alles im Gebet. Jesus kann Leben in den Tod bringen.

In welchen Situationen deines Lebens weißt du, dass du liegen geblieben, sitzen geblieben bist? Wo möchte Gott, dass du dich erhebst? Wo hast du den Wunsch, wieder neu aufzustehen und Gott zu vertrauen, ja, immer wieder aufzustehen, und damit Jesus immer mehr zu glauben als deinen Erfahrungen und deinen Umständen?

Gebet

Vater, ich bekenne, dass ich auf folgenden Gebieten entmutigt wurde, aufgegeben habe, resigniert habe: _____ Vergib mir meinen Unglauben und mein Misstrauen, meine Faulheit und Bequemlichkeit. Ich will heute in folgenden Bereichen meines Lebens aufstehen, dir glauben, auf dich schauen, dir vertrauen: _____ Herr Jesus, ich bekenne vor der sichtbaren und unsichtbaren Welt, dass ich in meiner eigenen Kraft ein Versager bin und bleibe. Aber du lebst in diesem Versager. Ich bin eine herrliche schöpferische Null und ich gebe dir allen Raum, den du brauchst, um darin dein Leben zu leben und den Vater zu verherrlichen. Ich möchte für viele Menschen zum Segen werden. Lass die Fülle deiner Freude in meinem Herzen zu fließen beginnen. Herr, ich vertraue dir, dass ich von Sieg zu Sieg, von Kraft zu Kraft, von Herrlichkeit zu Herrlichkeit gehe an deiner Hand, in dir, mit dir und durch dich. Ich gebe alle Ehre dir und ich behalte die Freude. Amen.

Übung

Steh auf und fang an, von Gott zu reden: Nimm dir vor, heute auf jeden Fall einem Menschen ein freundliches Wort oder einen Bibelvers weiterzusagen. Du könntest jemandem ganz bewusst »Gottes Segen« wünschen oder sagen: »Vielen Dank, Gott segne Sie!« Wenn das für dich noch viel zu neu und zu schwer ist, kannst du auch einen kleinen Gruß und einen Bibelvers auf ein Kärtchen schreiben und es jemandem schenken –

dem Briefträger oder der Verkäuferin. Hier findest du ein Beispiel für ein solches Kärtchen:

DANKE

möchte ich Ihnen heute dafür sagen, dass Sie so freundlich zu mir waren. Mein Tag ist ein bisschen heller geworden, weil ich Ihnen begegnet bin – ich danke Ihnen herzlich dafür!

Ich werde für Sie beten. Ich bitte Gott darum, Sie zu segnen – Ihnen Gutes zu tun und Sie zu begleiten in der Lebenssituation, in der Sie sich gerade befinden. Gott liebt Sie sehr und möchte an Ihrem Leben Anteil haben. Er wird Sie nicht aus den Augen verlieren, denn Sie sind sein geliebtes Kind.

Gott liebt euch und hat euch dazu berufen, zu ihm zu gehören (Die Bibel, Römer 1,7a).

19|01|22 : noch niemanden überreicht, Gott gebeten mir jmd. zu zeigen

03|02|22 : Ich war in Sorge über das Baby beim Frauenarzt und hatte ein überaus freundliches u. warmherziges Gespräch mit einer fremden Frau Der hab ich heute die Karte gegeben.

4. Der Gott, der mich liebt

Ich habe euch schon immer geliebt, darum bin ich euch stets mit Güte begegnet.

JEREMIA 31,3

Seht doch, wie groß die Liebe ist, die der Vater uns schenkt! Denn wir dürfen uns nicht nur seine Kinder nennen, sondern wir sind es wirklich.

1. JOHANNES 3,1

Denn ich bin ganz sicher: Weder Tod noch Leben, weder Engel noch Dämonen, weder Gegenwärtiges noch Zukünftiges, noch irgendwelche Gewalten, weder Hohes noch Tiefes oder sonst irgendetwas können uns von der Liebe Gottes trennen, die er uns in Jesus Christus, unserem Herrn, schenkt.

RÖMER 8,38-39

Heike saß gedankenverloren im Mathematikunterricht und malte kleine Herzchen in ihr Heft. In ihrer wunderschönsten Schrift hatte sie »Sven« neben die Aufgaben geschrieben, und nun verzierte sie den Namen ihres neuen Freundes mit Herzen, Blumen und farbenfrohen Bildern. »Sven« – das war alles, was sie denken konnte, seit sie den 19-Jährigen letzten Monat kennengelernt hatte. Endlich klingelte es zur Pause und sie hatte Gelegenheit, den kleinen Brief aus ihrer Tasche zu holen, der schon ganz zerknittert war. Vorsichtig glättete sie ihn und strich lächelnd über ihren Namen, den Sven mit einem kleinen Herz als i-Punkt geschrieben hatte. »Liebe Heike, eigentlich ist Briefeschreiben nicht so mein Ding, aber irgendwie muss ich immer an dich denken, seit wir letzte Woche zusammen auf der Innenstadtfete waren. Gestern hat mein Chef eine Mitarbeiterin aus der Buchhaltung gerufen, sie heißt auch Heike! Ich Dussel war schon ganz aufgeregt, weil ich gehofft habe, er hätte dich gemeint. So ein Quatsch, er kennt dich ja gar nicht, trotzdem klopfte mein Herz wie wild, und ich habe gleich in der ganzen Werkstatt nach dir Ausschau gehalten. Natürlich warst du nicht da und irgendwie war ich enttäuscht. Na ja, ich freu mich schon auf heute Abend, wenn ich die echte Heike, meine Heike, wieder in den Arm

nehmen kann. Ich liebe dich, mein Perlhühnchen! Dein Schmuse-
kater Sven.«

Hast du auch geschmunzelt, als du diese kleine Geschichte von
Heike und Sven gelesen hast? Ich musste lächeln, denn sie erinnert
mich an meine erste Zeit des Verliebtseins. Es ist herrlich, wenn man
auf einmal zu zweit ist und der Name des Geliebten wichtiger wird
als alle anderen Namen der Welt. Ganz wichtig ist es auch, den eigenen Namen aus dem Mund des Partners zu hören, und gerne darf
auch das ein oder andere Kosewort dabei sein.

Dann wieder gibt es Lebenssituationen, in denen es gar nicht so
behaglich ist, den eigenen Namen zu hören: »Heike, du musst jetzt
aber sofort dein Zimmer aufräumen!«, oder: »Sven, deine Arbeit
entspricht nicht unseren Vorstellungen!« In solchen Minuten
wünscht man sich manchmal, eine andere Person wäre gemeint,
obwohl ja ganz sicher ist, dass da eben unser Name gefallen ist.

Weil unsere Eltern die ersten Menschen sind, die uns bei unserem
Namen rufen, hat diese Art der Ansprache natürlich immer eine
ganz besondere Bedeutung für uns. Alle Mamas und Papas der
Welt können auch den schönsten Kindernamen so energisch oder
streng betonen, dass der Sprössling ganz sicher weiß, nun muss er
schnell spuren.

Nie werde ich das bedeutsame »Maria Luise!« vergessen, mit dem
meine Mutter mich rief, wenn meine jüngeren Geschwister wieder
einmal etwas angestellt hatten und sie mich für diese Missetat verantwortlich machte, weil ich hätte aufpassen sollen. Sehr oft wurde
mein Name zu Hause fordernd und kontrollierend ausgesprochen.
Kein Wunder, dass ich am Anfang meines Weges mit Gott auch
dachte, er würde Höchstleistungen von mir erwarten. Wenn er
mein Vater im Himmel ist, so dachte ich, wäre es nur selbstverständlich, wenn er ebenso streng und konsequent meine emsige Mitarbeit
in seinem Reich erwartete wie mein Papa daheim.

Es hat viele Jahre gedauert, bis ich gelernt habe, dass Gott meinen Namen zuallererst voller Liebe ausspricht und mich nahe bei
sich haben will. Dass ich einfach so da sein darf, bei ihm, ohne Leis-

tungen erbringen zu müssen oder Erwartungen zu erfüllen. Ich durfte erfahren, dass ich tatsächlich sein geliebtes Kind bin, ohne irgendwelche Hindernisse und Anforderungen.

Ich glaube, dass Gott uns so sehr liebt, dass er sogar individuelle Kosenamen für uns hat, die seinem Bild von uns entsprechen. Darauf bin ich gekommen, als ich in den USA lebte und ein Pastor meiner Gemeinde sich darüber beklagte, ich sei zu viel unterwegs. Das Gefühl hatte ich gar nicht, aber dennoch fragte ich

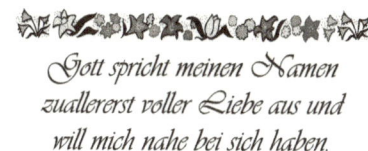

Gott spricht meinen Namen zuallererst voller Liebe aus und will mich nahe bei sich haben.

Gott: »Welche Position habe ich im Leib Christi, Herr? Wer bin ich für dich?« Ich hatte den Eindruck, dass Gott zu mir sagte: »Du bist mein rotes Blutkörperchen, Maria!« Und ich spürte, dass er das sehr liebevoll zu mir sagte, wie einen Kosenamen. Ich war versöhnt und glücklich über diesen besonderen Namen, denn ein rotes Blutkörperchen ist überall im Leib unterwegs, ist viel in Bewegung und nimmt im übertragenen Sinne »den Dreck mit«.

Die Bibel wird oft der »Liebesbrief Gottes« genannt, weil sie voll von Beispielen und Worten seiner Liebe zu uns Menschen ist. Trotzdem fällt es den meisten Männern und Frauen schwer, sich Gott als einen liebenden Schöpfer und Herrscher vorzustellen. Doch Gott liebt jeden einzelnen Menschen ganz individuell und möchte eine persönliche Beziehung zu uns haben – mit uns reden, uns versorgen und uns in allem seine Liebe zeigen, die auch ganz konkret erfahrbar ist.

Ich bin zum Beispiel einmal um sechs Uhr früh ganz allein an einer Küste in Amerika spazieren gegangen. Die Delfine sprangen aus dem Wasser und alles hätte sehr idyllisch sein können, aber ich war zutiefst einsam und dachte, ich hätte keinen Menschen, dem ich wichtig wäre. Es war ein Tag, an dem ich davon überzeugt war, dass mich niemand liebt, auch Gottes Liebe war ganz weit weg und hatte keine Auswirkungen auf mein Leben. Darum habe ich gebetet: »Herr, kein Hund würde sich um mich kümmern, wenn ich heute von der Erdoberfläche verschwände.« Richtig leid habe ich mir getan. Für niemanden auf dieser Welt würde es einen Unterschied machen. Nein, kein Hund würde sich darum scheren. Plötzlich wurde ganz wild an meiner Hand geleckt. Ich schaute nach unten und sah einen Straßenköter. Ein ganz vernachlässigter hässlicher Hund leckte mich mit einer Hingabe, als wäre ich der liebste Mensch der Welt. Das war damals für mich der schönste Hund, den ich je gesehen hatte. Es war auch der Beweis für mich, dass Gott mein Gebet gehört hatte und mir zeigen wollte, dass ich ihm wichtig bin und er mich liebt.

Gott liebt jeden einzelnen Menschen ganz individuell und möchte eine persönliche Beziehung zu ihm haben.

Lola Gola – Was musst du loslassen?

Kannst du annehmen, dass Gott dich voller Liebe bei deinem Namen ruft und du als sein Kind ganz geborgen bei ihm sein darfst? Wenn es dir schwerfällt, Gottes Liebe zu vertrauen, hat das vielleicht etwas mit deiner Kindheit und Jugendzeit zu tun. Wie hast du zwischenmenschliche Beziehungen erlebt, besonders den Kontakt zu deinen Eltern? Denke darüber nach. Du wirst sehen, dass sich wahrscheinlich vieles davon in deinem Gottesbild widerspiegelt.

Waren deine Eltern wie Polizisten? Haben sie immer aufgepasst, ob du etwas falsch machst und sofort Strafen verteilt?

Waren deine Eltern Spaßverderber? Haben sie dich in einer großen Enge, mit vielen Verboten erzogen und dir nichts erlaubt, was du gerne einmal erleben und ausprobieren wolltest?

Waren deine Eltern oft nicht da, wenn du sie brauchtest? Warst du viel allein und hattest du das Gefühl, dass sie dir in wichtigen Entscheidungen nicht beistanden?

Waren deine Eltern tyrannisch? Haben sie dich geschlagen und gedemütigt, dich missbraucht oder als Spielball ihres launischen Wesens benutzt?

Waren deine Eltern parteiisch? Waren andere scheinbar immer wichtiger als du selbst, hast du darunter gelitten, nicht angenommen zu sein?

Haben deine Eltern dich selten gelobt? Wurdest du dazu erzogen, gute Leistungen zu erbringen, weil du dafür geliebt wurdest?

Wenn du merkst, dass du die Eigenschaften deiner Eltern auf Gott projizierst, musst du diese falschen Vorstellungen loslassen, um Gott als den liebenden Vater erleben zu können. Bitte Gott darum, dir zu zeigen, welche falschen Überzeugungen in deinem Leben sind, bringe sie im Gebet vor ihn und sage dich von ihnen los.

Wann erfährst du besonders die Liebe von anderen Menschen, wann fühlst du dich besonders geliebt? Freust du dich besonders über Geschenke, lobende Worte, wenn jemand Zeit mit dir verbringt oder etwas für dich tut? Bitte Gott darum, dass er dir seine einzigartige Liebe zu dir an diesem Tag ganz konkret so zeigt, dass du sie erfahren kannst. Dann achte darauf, wie er dein Gebet beantwortet. Vielleicht schickt er dir Menschen oder ermutigt dich durch Worte und Taten anderer Leute ganz besonders.

Gebet

Himmlischer Vater, ich lese die Worte der Bibel, dass du mich so sehr liebst und mich bei dir haben willst. Ich danke dir dafür, dass diese Wahrheit mein Leben immer mehr bestimmen will und ich bringe dir jetzt alle meine Zweifel und die Skepsis, die ich trotzdem noch habe. Bitte vergib mir mein Misstrauen und nimm die Gedanken von mir, die mir immer wieder sagen wollen, dass das nicht stimmt. Ich vergebe allen Menschen, meinem Vater, meiner Mutter, meinen Großeltern, meinen Geschwistern, Lehrern und anderen Erziehungspersonen, die mir vermittelt haben, dass ich nicht lebenswert bin. Ich will glauben, dass deine Liebe zu mir größer und stärker ist als die von Menschen und auch als meine eigene. Ich danke dir für diese große Liebe und will jeden Tag mein Herz dafür öffnen. Nimm alles fort, was deiner bedingungslosen Liebe zu mir den Platz streitig machen will und schütte sie reichlich in meinem Leben aus. Danke, Vater. Amen.

Übung

Denk dir selber etwas aus, womit du Gott deine Liebe zeigen kannst: Sing ein Liebeslied für ihn (hör einmal genau hin, wenn die Sänger heutzutage ein Lied für ihre Liebste dichten: Diese Liebe hat auch Gott für dich und du kannst ihm deine Liebe zusingen), schreib ihm einen Brief und danke ihm für dein Leben, schenke einem Bedürftigen etwas oder verbringe viel Zeit mit Gott im Gebet und beim Lesen der Bibel.

Wenn du dich dafür entscheidest, Gott einen Liebesbrief zu schreiben, lege ihn in deine Bibel, wo er dich immer an eure wunderbare Beziehung zueinander erinnert.

Der Liebesbrief des Vaters

Mein geliebtes Kind,
vielleicht kennst du mich noch nicht, aber ich weiß alles über dich.

> *Herr, du hast mein Herz geprüft und weißt alles über mich* (Psalm 139,1).

All deine Wege sind mir vertraut.

> *Wenn ich gehe oder wenn ich ausruhe, du siehst es und bist mit allem, was ich tue, vertraut* (Psalm 139,3).

Ich kannte dich schon, bevor du geboren wurdest.

> *Ich kannte dich schon, bevor ich dich im Leib deiner Mutter geformt habe* (Jeremia 1,5a).

Du bist nicht zufällig auf dieser Welt und nicht etwa ein Unfall, denn alle deine Tage sind in mein Buch geschrieben.

> *Jeder Tag meines Lebens war in deinem Buch geschrieben. Jeder Augenblick stand fest, noch bevor der erste Tag begann* (Psalm 139,16b).

Du musst nicht denken, dass ich weit entfernt von dir bin, oder wütend, mein ganzes Wesen besteht aus Liebe.

> *Wir haben erkannt, wie sehr Gott uns liebt, und wir glauben an seine Liebe. Gott ist Liebe, und wer in der Liebe lebt, der lebt in Gott und Gott lebt in ihm* (1. Johannes 4,16).

Ich sehne mich danach, diese Liebe über dir auszugießen, einfach weil du mein Kind bist und ich dein Vater. Ich habe viel mehr für dich vorbereitet, als dein irdischer Vater dir jemals geben könnte.

> *Wenn ihr, die ihr Sünder seid, wisst, wie man seinen Kindern Gutes tut, wie viel mehr wird euer Vater im Himmel denen, die ihn darum bitten, Gutes tun* (Matthäus 7,11).

Ich bin dein Versorger und ich fülle all deinen Mangel aus.

> *Euer himmlischer Vater kennt eure Bedürfnisse* (Matthäus 6,32b).

Meine Pläne für deine Zukunft sind immer mit Hoffnung erfüllt.

> *Denn ich weiß genau, welche Pläne ich für euch gefasst habe, spricht der Herr. Mein Plan ist, euch Heil zu geben und kein Leid. Ich gebe euch Zukunft und Hoffnung* (Jeremia 29,11).

Denn ich liebe dich mit einer ewigen Liebe.

> *Ich habe dich schon immer geliebt. Deshalb habe ich dir meine Zuneigung so lange bewahrt* (Jeremia 31,3b).

Ich werde nie aufhören, dir Gutes zu tun.

> *Ich will einen Bund mit ihnen schließen, der für alle Zeiten gilt. Mein Wort will ich ihnen geben, dass ich mich nie wieder von ihnen abwenden werde, sondern ihnen immer Gutes tun will* (Jeremia 32,40a).

Suche mich nur von ganzem Herzen und du wirst mich finden.

> *Dann werdet ihr den Herrn, euren Gott, suchen. Und wenn ihr ihn aufrichtig und ernsthaft sucht, werdet ihr ihn finden* (5. Mose 4,29).

Und wenn du dich dann über mich freust, werde ich dir deine Herzenswünsche erfüllen.

> *Freu dich am Herrn, und er wird dir geben, was dein Herz wünscht* (Psalm 37,4).

Denn ich bin es, der diese Wünsche in dein Herz gelegt hat.

> *Denn Gott bewirkt in euch den Wunsch, ihm zu gehorchen, und er gibt euch auch die Kraft zu tun, was ihm Freude macht* (Philipper 2,13).

Ich bin fähig, mehr für dich zu tun, als du dir je ausdenken oder von mir erbitten könntest.

> *Durch die mächtige Kraft, die in uns wirkt, kann Gott unendlich viel mehr tun, als wir je bitten oder auch nur hoffen würden* (Epheser 3,20).

Und ich bin dein größter Ermutiger und der Vater, der dich in all deiner Bedrängnis tröstet.

> *In allen Schwierigkeiten tröstet er uns, damit wir andere trösten können. Wenn andere Menschen in Schwierigkeiten geraten, können wir ihnen den gleichen Trost spenden, wie Gott ihn uns geschenkt hat* (2. Korinther 1,4).

Wenn dein Herz zerbrochen ist, bin ich ganz nah bei dir.

> *Der Herr ist allen nahe, die verzweifelt sind; er rettet die, die den Mut verloren haben* (Psalm 34,19).

Eines Tages werde ich all deine Tränen von deinen Augen abwischen und ich werde alle Schmerzen von dir nehmen, die du jemals auf dieser Erde hattest.

> *Er wird alle ihre Tränen abwischen, und es wird keinen Tod und keine Trauer und kein Weinen und keinen Schmerz mehr geben. Denn die erste Welt mit ihrem ganzen Unheil ist für immer vergangen* (Offenbarung 21,4).

Ich bin dein Vater und ich liebe dich so, wie ich meinen Sohn Jesus liebe. Denn in Jesus ist all meine Liebe zu dir sichtbar geworden.

Dann wird die Welt wissen, dass du mich gesandt hast, und wird begreifen, dass du sie liebst, wie du mich liebst (Johannes 17,23b).

Ich habe ihnen deinen Namen offenbart und werde ihn auch weiterhin offenbaren. Das tue ich, damit deine Liebe zu mir in ihnen bleibt und ich in ihnen (Johannes 17,26).

Er kam, um zu beweisen, dass ich immer für dich bin und nicht gegen dich.

Was kann man dazu noch sagen? Wenn Gott für uns ist, wer kann da noch gegen uns sein? (Römer 8,31).

Und um dir zu sagen, dass ich deine Sünden nicht anrechne. Jesus ist für dich gestorben, damit du und ich versöhnt werden können.

Denn Gott war in Christus und versöhnte so die Welt mit sich selbst und rechnete den Menschen ihre Sünden nicht mehr an (2. Korinther 5,19a).

Sein Tod war der ultimative Ausdruck meiner Liebe zu dir.

Und das ist die wahre Liebe: Nicht wir haben Gott geliebt, sondern er hat uns zuerst geliebt und hat seinen Sohn gesandt, damit er uns von unserer Schuld befreit (1. Johannes 4,10).

Nichts auf der ganzen Welt und nichts, was du jemals tust oder denkst, wird dich von meiner großen Liebe zu dir trennen.

Ich bin überzeugt: Nichts kann uns von seiner Liebe trennen. Weder Tod noch Leben, weder Engel noch Mächte, weder unsere Ängste in der Gegenwart noch unsere Sorgen um die Zukunft, ja nicht einmal die Mächte der Hölle können uns von der Liebe Gottes trennen. Und wären wir hoch über dem Himmel oder befänden uns in den tiefsten Tiefen des Ozeans, nichts und niemand in der ganzen Schöpfung kann uns von der Liebe Gottes trennen, die in

Christus Jesus, unserem Herrn, erschienen ist (Römer 8,38-39).

Meine Frage an dich ist jetzt:
Willst du mein Kind sein?
Ich warte auf dich.

> *All denen aber, die ihn aufnahmen und an seinen Namen glaubten, gab er das Recht, Gottes Kinder zu werden* (Johannes 1,12).

In Liebe, dein Papa, der allmächtige Gott

Ich kann nur meine Knie beugen vor Gott, dem Vater, dem Vater von allem, was im Himmel und auf der Erde ist (Epheser 3,14-15).

5. Der Gott, der mir neue Kraft gibt

Er macht mein Leben reich und erneuert täglich meine Kraft, dass ich wieder jung wie ein Adler werde.

PSALM 103,5

Doch Israel gehört dem Herrn, Jakob ist sein besonderes Eigentum. Er fand sie in einem öden Land, in der weiten, einsamen Wüste. Er umgab sie und wachte über sie, er behütete sie wie seinen Augapfel. Wie ein Adler, der seinen Jungen das Fliegen beibringt, über ihnen schwebt und sie auffängt, seine Schwingen ausbreitet und sie auf seinen Flügeln in die Höhe trägt, so führte der Herr sie; er allein, ohne fremde Götter.

5. MOSE 32,9-12

Doch die, die auf den Herrn warten, gewinnen neue Kraft. Sie schwingen sich nach oben wie die Adler. Sie laufen schnell, ohne zu ermüden. Sie werden gehen und werden nicht matt.

JESAJA 40,31

Zum sechzigsten Geburtstag habe ich einen selbst modellierten, sehr schönen Adler bekommen, auf dem ein Schild mit dem Vers angebracht war: *Doch die, die auf den Herrn warten, gewinnen neue Kraft. Sie schwingen sich nach oben wie die Adler. Sie laufen schnell, ohne zu ermüden. Sie werden gehen und werden nicht matt.* Dieses Wort hat mich sehr beflügelt. Es war für mich eine Aufforderung, in eine

Unser Leben kann eine ganz neue Dimension erhalten, wenn wir lernen, auf Gott zu warten.

neue Dimension des Lebens einzutreten. Und ich bin tatsächlich in eine neue Dimension des Lebens eingetreten! Der Heilige Geist hat etwas getan.

Unser Leben kann eine ganz neue Dimension erhalten, wenn wir lernen, auf Gott zu warten, und wenn wir ihn uns lehren lassen, wie wir mit Flügeln wie Adler auffahren können. Bevor wir uns anschauen, was Adler tun und was wir von ihnen lernen können, möchte ich einige ganz unterschiedliche Vögel mit ihren Eigenheiten betrachten. Sie sollen Beispiele für die unterschiedlichen Typen von Christen sein.

1 Zuerst einmal gibt es die *Hühner.* Sie fliegen kaum und befinden sich normalerweise nur am Boden in ihrem Hühnerstall oder Gehege. Sie fürchten sich vorm Leben. Wenn ein Sturm kommt, dann ist das Erste, was sie tun, ins Hühnerhaus zu rennen. Dort sitzen sie ängstlich mit den anderen Hühnern zusammen. Sie erreichen sehr selten ihr Potenzial im Leben. Wenn ein Huhn sich ärgert, hebt es kaum vom Boden ab. Es lebt innerhalb der Grenzen des Zaunes und ist damit zufrieden. Das Huhn ist ein fetter Vogel und kratzt den ganzen Tag nach Würmern. Weil es viel flattert, wird es sehr schnell müde und wirbelt unnötig sehr viel Staub auf.

Wer hat schon mit »Flattern« seinen Mann bekehrt? Keiner hat Freude an viel Einsatz mit wenig Erfolg. Wir müssen aufhören, uns mit solchen Einsätzen müde zu machen. Denn einige sind deshalb ausgebrannt, weil sie sich bemüht haben, Dinge zu tun, die eigentlich nichts anderes als unnötiges Flattern waren. Aber mit Flattern kann man nichts verändern.

In Johannes 16,33 sagt Jesus: *Ich habe euch das alles gesagt, damit ihr in mir Frieden habt. Hier auf der Erde werdet ihr viel Schweres erleben. Aber habt Mut, denn ich habe die Welt überwunden.* Jesus will nicht, dass wir als »ängstliche Hühner« durchs Leben laufen!

2 Ein weiterer Vogel ist die *Elster.* Sie ist sehr aggressiv, grob und egoistisch und stiehlt häufig Dinge.

Die Elster steht für Christen, die andere von Gott wegtreiben und dem Reich Gottes keine Ehre bringen.

3 Der *Kookaburra* ist ein Vogel, den es nur in Australien gibt. Die Eigenheit dieses Vogels besteht darin, dass er gerne lacht. Die ersten Einwanderer Australiens glaubten sogar, als sie diesen Vogel das erste Mal hörten, es sei das Lachen von Dämonen. Denn wenn der Kookaburra lacht, dann klingt das so real, als wäre es ein Mensch.

Im übertragenen Sinne ist für solche »Christenvögel« das ganze

Leben eine große Party. Sie nehmen nichts ernst, alles muss ihnen Spaß machen. Diese Menschen leben nicht aus dem Glauben, sondern nur aus ihrer Gefühlswelt heraus. Oft setzen sie ein geistliches Lächeln auf, aber darunter liegt viel Schmerz. Das will Jesus nicht. Er will, dass das Äußere und das Innere konform gehen. Er will, dass wir echt sind.

Jesus will, dass wir echt sind, dass unser Äußeres und unser Inneres konform gehen.

4 Eine weitere Vogelart sind die *Geier.* Sie freuen sich am Aas, an allem, was verdorben ist und stinkt.

Solche »Geier-Christen« konzentrieren sich nur auf Probleme. Außerdem reden sie gerne schlecht über andere und scheuen sich nicht, den Ruf von anderen zu zerstören.

5 *Papageien* sind ein Beispiel für Christen, die das Richtige reden, aber es nicht umsetzen. Sie tun etwas, weil jemand anderes es tut, aber sie haben keine Ahnung, was es bedeutet. Sie plappern Dinge nach und ahmen andere nach. Dabei ist es so wichtig, dass wir wir selbst werden und bleiben und dass wir zu uns selbst stehen. Deshalb: Stehe zu deiner Figur, zu deiner Art, zu deinem Wesen!

Aus allem, was du in deinem Leben als ein »Minus« ansiehst, kann Gott ein » Plus« machen.

Aus allem, was du in deinem Leben als ein »Minus« ansiehst, kann Gott ein »Plus« machen. Du musst nur das »Minus« zu Gott bringen, loslassen und ihn bitten: »Heiliger Geist, komm in mein Leben hinein und mach aus dem ›Minus‹ ein ›Plus‹.«

6 Dann gibt es noch die *Pfauen.* Der Pfau ist ein auffallender, angeberischer Vogel. Er steckt voller Ehrgeiz, er liebt die Welt und ist sehr beeindruckt von sich selbst.

Christen, die sich wie Pfaue geben, fühlen sich anderen überlegen. Sie tun wenig für die Not anderer und interessieren sich kaum dafür. Sie sind sich selbst der Nächste.

Pelikane sind sehr dicke, fette Vögel, die den ganzen Tag über fast nichts anderes tun als zu fressen. Wenn Christen im übertragenen Sinne diesen enormen Appetit in das Wort Gottes investieren, dann werden sie zu »heiligen Vögeln«, dann werden sie zu »geistlichen Riesen«. Aber wenn sie ihr Interesse nur auf andere Dinge lenken, die eher belanglos und kaum mehr als ein Zeitvertreib sind, dann betrügen sie sich selbst, obwohl sie meinen, zufrieden zu sein. Letztendlich dürfen sie sich allerdings nicht wundern, wenn sie keine geistlichen Durchbrüche erleben.

Die *Krähe* ist für mich der hässlichste Vogel. Sie ist ein durchtriebener, bösartiger Vogel, der sich auf die Jungen von anderen stürzt. Ein Hirte hat mir einmal erzählt, dass Krähen nur darauf warten, bis die Schafe ihre Jungen werfen, um ihnen dann die Augen auszupicken und sie zu fressen.

Leider gibt es auch unter Christen solche »Krähen«: Sie fallen mit Hartherzigkeit über Christen anderer Konfessionen und Denominationen her und sind nur an ihren eigenen Zielen interessiert. Sie zerstören ohne Hemmungen den Ruf eines Pastors oder sprengen die Gemeinde. Manche von ihnen sehen ihre einzige Aufgabe in der Gemeinde darin, immer nur darauf mit dem Finger zu zeigen, was bei anderen nicht richtig läuft. An dieser Stelle möchte ich dir einen Rat geben: Greife nie die Gesalbten an, ganz gleich, wie sehr sie auch in Sünde zu leben scheinen. Das war das Vorrecht von David. Er hat Saul nie angegriffen, sondern die Salbung Gottes an Saul respektiert. Das heißt nicht, dass du einen anderen nicht mit dem nötigen Respekt und in Liebe auf Fehler hinweisen darfst. Aber es kommt dabei auf dein Motiv an: Möchtest du dem anderen helfen, weil er dir wichtig ist und weil du ihm helfen möchtest, Dinge in seinem Leben zu ändern, damit er Jesus ähnlicher wird, oder willst du ihn nur angreifen und verletzen? Ein wichtiger Schritt dabei ist auch, für den anderen zu beten.

Spatzen und *Finken* fliegen von Platz zu Platz und schwatzen sehr viel, aber eigentlich sind ihre Gespräche es nicht wert, dass man ihnen zuhört.

Christen, die vergleichbar mit Spatzen und Finken sind, hüpfen von Gemeinde zu Gemeinde und lassen sich nirgendwo verantwortlich nieder. Sie wachsen selten im Herrn und verlassen sich auf ihr lautes Geschwätz, um Anerkennung zu bekommen.

Der *Kuckuck* ist ein besonders dreister Vogel. Er legt seine Eier in fremde Nester, will nie Verantwortung übernehmen und macht immer die anderen für sein Glück verantwortlich.

Ich habe einmal zwei Lerchen beobachtet, die einen Kuckuck großgezogen haben. Der kleine Kuckuck war sehr frech und hat nur geschrien. Die Eltern sind wie verrückt hin und her geflogen und haben ihm etwas zu fressen gebracht. Bei Lerchen ist es so, dass, wenn sie einmal einen Kuckuck aufgezogen haben, sie das nächste Ei, das ihnen ein Kuckuck in das Nest gelegt hat, sofort hinausstupsen. Ein Kuckuckskind ziehen sie auf, aber danach fallen sie nicht mehr darauf herein.

Menschen, die im übertragenen Sinne die Mentalität eines Kuckucks haben, erwarten immer von anderen, dass *sie* ihre Lasten tragen. Sie machen andere für das Wohlbefinden ihres eigenen Lebens verantwortlich. Charakteristisch für Menschen, die einem Kuckuck ähneln, ist auch, dass sie keine Verantwortung übernehmen wollen, besonders in der Gemeinde. Sie erwarten, dass der Pastor ihre Bedürfnisse befriedigt und dass ihre Umgebung sich um ihr Wohl kümmert.

Kanarien- und andere *Käfigvögel* sind schön und mit viel Potenzial ausgestattet, aber sie verbringen meistens ihr ganzes Leben in einem goldenen Käfig.

Für Christen kann dieser Käfig religiöse Traditionen sein. Viele Christen sehen nur ihre eigene Tradition oder ihre eigene Denomination. Es gibt zum Beispiel Frauen und Männer, die mit dem Heiligen Geist nicht allzu viel anfangen können, die nicht wissen, wie viel Raum sie ihm geben sollen, die vielleicht nicht verstehen, was es eigentlich mit dem Heiligen Geist auf sich hat. Aber der Herr möchte uns mit seinem Geist erfüllen, er möchte uns mit ihm beflügeln. Er möchte, dass wir dem Heiligen Geist Raum in unserem Leben geben.

Dort, wo du am schwächsten bist, will Gott sich investieren.

Er fordert uns auf, aus unserem Käfig auszubrechen, insbesondere dann, wenn wir mit viel Potenzial ausgestattet sind, dieses aber nicht nutzen wollen, weil wir meinen, dass wir es nicht können. Aber dort, wo du am schwächsten bist, will Gott sich investieren. Wenn mir jemand vor 40 Jahren gesagt hätte, dass ich einmal in der Öffentlichkeit reden werde, hätte ich ihm das nicht geglaubt. Ich konnte kein Gedicht in der Schule aufsagen, ich wäre lieber gestorben. Aber heute fühle ich mich wie ein Fisch im frischen Wasser, weil mir der Heilige Geist immer wieder die Kraft für Predigten und Vorträge gibt.

Als ich das erste Mal an einem Gebetstreffen in den USA teilnahm, war ich erstaunt, dass alle anderen so frei beteten, während ich kein Wort herausbringen konnte. Dabei wollte ich doch auch laut beten, aber jedes weitere Mal, wenn ich erneut an der Versammlung teilnahm und frei beten wollte, fühlte sich meine Zunge wie 100 kg an. Das war fürchterlich. Ich dachte, ich müsse bald durchdrehen. Schließlich sagte ich zu Gott: »Herr, ich kann nicht beten.« Daraufhin antwortete er mir: »Endlich hast du es begriffen.« Dann betete ich: »Aber du lebst in mir und du kannst beten.« Kurz darauf öffnete ich meinen Mund, um laut zu beten, und die Worte sprudelten wie ein Wasserfall aus mir heraus. Weil Jesus mir diese Fähigkeit geschenkt hat, kann ich nun laut beten. Christus in dir und in mir ist die einzige Hoffnung, die wir haben. Lass ihn an allem teilhaben und in alles mit hineinkommen, wo du spürst, dass du ihn brauchst. Und du wirst sehen, dass das eine wachsende Erfahrung sein wird.

Der Käfig, in dem viele sitzen, kann auch ein Gefängnis der Bequemlichkeit sein, insbesondere wenn es um unsere gesellschaftlichen Strukturen, um Sicherheiten für unser Leben oder Gewohnheiten geht. Als der Herr mich mit 33 Jahren nach Amerika geführt hat, warnten mich meine Freunde: »Was ist denn mit deiner Pension, Maria? Denk doch an deine Absicherung, wenn du einmal alt bist.« Da dachte ich bei mir: »Meine Pension? Vielleicht gibt es gar keine Pension mehr, wenn ich einmal alt bin. Ich vertraue

Gott möchte, dass auch du seine Wege gehst. Er sorgt dann für den Rest.

da ganz auf Gott, dass er mich versorgen wird.« Mit Österreichs Rentenpolitik sah es schon damals nicht besonders gut aus. Jetzt, obwohl ich 15 Jahre in den USA gelebt habe, erhalte ich zwei Pensionen – eine von meinem Mann und eine von mir. Der Herr hat es geregelt.

Gott möchte, dass auch du seine Wege gehst. Er sorgt dann für den Rest.

Möchtest du in deinem Gefängnis weiterleben und sterben? Der Herr möchte, dass du zu leben anfängst. Und zwar ein Leben aus dem Glauben, aus dem Vertrauen heraus an deinen geliebten Vater, der gute Pläne für dich hat.

Es gibt im Tierreich noch eine weitere Vogelart: den *Adler*. Adler sind kühn, stark, und absolut hingebungsvoll, wenn es darum geht, den Nachwuchs aufzuziehen. In der Bibel steht an keiner Stelle: Werdet wie Hühner! Vielmehr sollen wir uns wie Adler verhalten, denn von ihnen können wir eine Menge für unser Leben und für unsere Beziehung zu Gott lernen:

Wenn Adler Junge haben, bereiten sie ein ganz besonderes Nest für den Nachwuchs vor: unten werden Dornen und Äste aufgebettet, darüber werden unzählige Federn und weiches Moos gelegt. Sobald die Jungen flügge werden, fangen die Adlereltern an, alles Weiche aus dem Nest zu werfen. Es wird ungemütlich in dem Nest. Plötzlich sitzen die Jungen nur noch auf den Dornen, die von den Eltern schließlich auch noch hinausgeworfen werden. Dann sitzt der Nachwuchs auf dem bloßen Felsen. Später wird ein Adlerjunge nach dem nächsten aus dem Nest hinausgeworfen. Wenn ein Adlerjunge beim

Absturz nicht die Flügel ausbreitet, fliegt die Mutter oder der Vater hinab, um es aufzufangen. Anschließend fliegen sie wieder etwas höher und lassen es erneut hinabfallen, damit es selbst anfängt zu fliegen. Das wiederholt sich so lange, bis das Adlerjunge allein fliegen kann, da sind die Adlereltern unermüdlich und absolut hingebungsvoll.

Auf ähnliche Weise macht das auch der Heilige Geist mit uns. Mich hat er schon oft so fallen lassen. Und dann ist er im letzten Augenblick gekommen und hat mich aufgefangen. Ich bin zwar an meine Grenzen gekommen, aber ich habe so auch gelernt, dass viel mehr in mir steckt, als ich mir je zugemutet hätte. Ich habe »fliegen gelernt«.

Versuche doch einmal, dankbar für die Situationen zu sein, in denen du an deine Grenzen kommst. Da will der Heilige Geist, dass wir zu neuen Dimensionen aufbrechen. Die Entscheidung liegt bei uns, ob wir uns entfalten oder ob wir rückwärts gehen wollen, indem wir bitter werden, das Klagen, Murren, Meckern oder Jammern anfangen und dann nur noch im Kreis herumlaufen.

Gott glaubt an dich, viel mehr als du an dich selbst glaubst.

Der Adler ist der einzige Vogel, der direkt in die Sonne fliegt. Auch wir sollten immer wieder unsere Augen erheben zum Sohn, Jesus Christus. Wenn Feinde ihn angreifen, dann fliegt der Adler so hoch, bis den Feinden die Luft ausgeht.

Der Adler ist ein Vogel, der uns motivieren soll, in unser Potenzial hineinzuwachsen. Gott verspricht dir: »Ich habe so viel Potenzial in dich hineingelegt. Wenn ich dir sagen würde, was ich für einen Traum für dich habe, du würdest mir es nicht glauben. Du würdest es nicht für möglich halten, dass ich das mit dir tun kann.« Aber er glaubt an dich, viel mehr als du an dich selbst glaubst. Der Herr Jesus möchte nicht, dass wir weiterhin in unseren Ängsten stecken bleiben, sondern dass wir vorangehen, dass wir auch bereit sind, Fehler zu machen, kritisiert zu werden und einfach mutig werden. Wir sollen dem Heiligen Geist Raum geben, damit er durch uns hindurchfließen kann, sodass wir »fliegen« können. Gott schaut nicht auf unser Können, nicht auf unsere Fähigkeiten. Er schaut auf unsere Verfügbarkeit, auf die Hingabe. Gott sucht Menschen, die mit völliger Hingabe an ihn leben.

Wenn sich der Adler einmal ausruhen will, setzt er sich fast immer nur auf einen Felsen, anstatt dass er auf dem Boden landet. Wenn er schließlich weiterfliegen will, wartet er und wartet er so lange auf der felsigen Erhöhung, bis ein Aufwind, eine Luftströmung kommt und ihn wieder in die Lüfte emporhebt.

Für uns bedeutet dieses Warten, auf den Herrn zu harren, zu vertrauen, den richtigen Augenblick abzuwarten. Deswegen heißt es auch in Jesaja 40,31: *Doch die, die auf den Herrn warten, gewinnen neue Kraft. Sie schwingen sich nach oben wie die Adler. Sie laufen schnell, ohne zu ermüden. Sie werden gehen und werden nicht matt.*

Dieses Vertrauen ist nötig, um wie ein Adler im Sturm allein fliegen zu können. Ein Adler wird eigentlich nur durch einen Sturm, durch Herausforderungen gefördert. Wenn er einen Sturm sieht, dann wird der lebendig und fängt an in die Lüfte zu steigen. Deshalb können wir auch häufig beobachten, wie Adler alleine im Sturm kreisen. Auch Gott wird dir zeigen, wie du bei den Herausforderungen deines Lebens anfangen kannst, höher zu steigen, und nicht wie ein Huhn in den Hühnerstall rennen und dort ängstlich herumsitzen musst. Bei einem starken Windstoß musst du nur die Flügel ausbreiten, damit Gott dich tragen kann. Dann musst du nicht mehr wie ein Huhn eingesperrt leben. Das ist die Botschaft, die Jesus für uns hat.

Gott möchte, dass wir lernen, uns den Herausforderungen des Lebens zu stellen, denn jede negative Seite in uns hat auch eine positive Seite. Zum Beispiel ist die Gegenseite von Angst Mut. Zweifel kann in Vertrauen und Glauben umgekehrt werden, Schwäche in Stärke, Ungeduld in Geduld, Unfreundlichkeit in Freundlichkeit. Jesus fordert uns auf, jeden Tag unser altes Leben

Gott will dir zeigen, wie du bei den Herausforderungen deines Lebens anfangen kannst, höher zu steigen.

gegen sein Leben auszutauschen. Deshalb kannst du Jesus jeden Tag bitten: »Herr Jesus, du lebst in mir durch deinen Geist. Lass dein Leben, deine Kraft, dein Vertrauen, deinen Glauben, deine Schönheit, deine Ruhe, deine Zuversicht, deine Liebe in meinem Leben sichtbar werden.«

Adler sind dazu berufen, durch extreme Einsamkeiten zu gehen, denn der Adler ist kein Herdenvogel. Viele andere Vogelarten fliegen in Gruppen, aber der Adler fliegt allein. Wenn du ein Adler werden willst, dann musst du Einsamkeit und Stille ertragen können – mit Jesus.

Wir können viel von den Adlern für unser Leben mit Gott lernen. Auch wenn es manchmal ein schwieriger Prozess ist, ein Adler zu werden, so wissen wir doch, dass wir dies nicht allein schaffen müssen, sondern dass Gott uns trägt und er uns neue Kraft schenken möchte.

Lola Gola – Was musst du loslassen?

Welcher Typ Christ bist du? Und welcher willst du werden?

Es ist Zeit für dich, höher zu fliegen. Manche von uns sind Adler, aber sie benehmen sich noch wie Hühner. Der Herr möchte dich frei machen. Du bist dazu bestimmt, wie ein Adler zu sein. Dabei ist es sehr wichtig, was du über dich selbst denkst. Erneuere dein Denken gemäß des Wortes Gottes. Fang einmal an, das Wort Gottes zu studieren und zu schauen, wie Gott über dich denkt. Und so denke dann über dich. Du wirst dich wundern, was dabei herauskommt und wie gut du dich dabei fühlst.

Lebst du noch in einem Käfig? Willst du aus deinem Gefängnis ausbrechen?

Der Heilige Geist öffnet heute dieses Gefängnis. Vielleicht hast du deine Flügel lange nicht mehr benutzt. Vielleicht musst du wieder üben zu fliegen. In Galater 5,13 heißt es: *Ihr seid berufen, liebe Freunde, in Freiheit zu leben – nicht in der Freiheit, euren sündigen Neigungen nachzugeben, sondern in der Freiheit, einander in Liebe zu dienen.* Der Herr möchte dich hineinnehmen in neue Dimensionen, in ein Leben der Gnade. Bist du dazu bereit?

Gebet

Lieber Vater im Himmel, danke, dass du mich wie einen Adler zum Leben in deiner Freiheit berufen hast. Danke, dass ich in deiner Gegenwart leben darf und meine Kraft ganz allein daraus schöpfen darf. Hilf mir doch dabei, mein altes »Hühnerdenken« zu überwinden, hilf mir, zu deiner Freiheit und Liebe aufzubrechen und die Berufung zu erkennen, die du für mein Leben hast. Ich bitte dich um Vergebung, wo ich eher einem anderen Vogel als dem Adler glich. Ich will von jetzt an nur noch so leben, wie du es für mich geplant hast. Ich möchte dir ähnlicher werden, Herr Jesus, und so handeln und reden wie du es auch tun würdest. Amen.

6. Der Gott, der mich segnet

Er wird euch großzügig mit allem versorgen, was ihr braucht. Ihr werdet haben, was ihr braucht, und ihr werdet sogar noch etwas übrig behalten, das ihr mit anderen teilen könnt.

2. KORINTHER 9,8

Ich aber bin gekommen, um ihnen das Leben in ganzer Fülle zu schenken.

JOHANNES 10,10B

Lieber Freund, ich bete, dass es dir in jeder Hinsicht gut geht, und dass dein Körper so gesund ist, wie ich es von deiner Seele weiß.

3. JOHANNES 2

Ein irdischer Vater freut sich, wenn seine Kinder gesund, geliebt, erfolgreich sind. Um wie viel mehr der Vater im Himmel, der der beste Vater aller Väter ist? Warum erleben so wenige Menschen diesen segnenden Gott? Was ist der Schlüssel, um in den Strom des Segens Gottes zu kommen?

In Hebräer 11,6 heißt es: Ihr seht also, dass es unmöglich ist, ohne Glauben Gott zu gefallen. Wer zu ihm kommen möchte, muss glauben, dass Gott existiert und dass er die, die ihn aufrichtig suchen, belohnt. Die, die ihn suchen und lieben, wird er also belohnen.

Als vor zwei Jahren meine Tochter Angel das erste Mal mit mir nach Europa flog – sie war noch sehr klein, konnte gerade stehen und die ersten Schritte machen – knieten wir am Morgen vor dem Abflug vor unserem Gebetsaltar (ein kleiner Tisch in der Mitte des Raumes) und die restlichen Mitarbeiter segneten uns. Wir hatten unsere offenen Hände ausgestreckt auf dem Altar liegen und plötzlich spürte ich, wie jemand einen Schlüsselbund in meine Hand legte. Ich machte meine Augen auf und sah, dass es

Wenn wir Gottes Anweisungen erfüllen und ihm glauben, dass er gut ist und dass er zu seinen Verheißungen steht, dann werden wir erfahren, dass er nur segnen möchte.

Angel getan hatte. Ich sagte: »Herr, willst du etwas zu mir sagen? Sprichst du?« Und er sagte: »Ja. Die Schlüssel zu deinem Leben liegen in deiner Hand.«

Ich habe mein ganzes Leben lang erleben dürfen, dass der Schlüssel zum Segen Gottes wirklich in meiner Hand liegt. Wenn wir Gottes Anweisungen erfüllen, wenn wir ihm glauben, dass er gut ist und er wirklich ein Gott ist, der zu seinen Verheißungen steht, dann werden wir erfahren, dass er nur segnen möchte.

Ich möchte jetzt einige dieser Schlüssel mit dir ansehen, die in unserer Hand liegen.

Erster Schlüssel: Der »Zehnte«

Den ersten Schlüssel finden wir in Maleachi, im letzten Buch des Alten Testaments. Dort steht im Kapitel 3, Verse 7 bis 12:

»Wie eure Väter habt ihr meine Gebote nicht gehalten und ihnen nicht gehorcht. Kehrt um zu mir, dann werde ich mich auch euch zuwenden«, spricht der allmächtige Herr. »Doch ihr fragt: Warum sollen wir umkehren? Darf ein Mensch Gott betrügen? Ihr habt mich betrogen! Und dann fragt ihr noch: Womit sollen wir dich betrogen haben? Mit dem Zehnten und den Abgaben. Ihr seid verflucht, denn das ganze Volk hat mich betrogen. Bringt den kompletten zehnten Teil eurer Ernte ins Vorratshaus, damit es in meinem Tempel genügend Nahrung gibt. Stellt mich doch damit auf die Probe«, spricht der allmächtige Herr, »ob ich nicht die Fenster des Himmels für euch öffnen und euch mit unzähligen Segnungen überschütten werde! Euretwegen werde ich den Fresser bedrohen, damit er euch nicht mehr um eure Ernte bringt und damit der Weinstock auf dem Feld wieder Früchte trägt«, spricht der allmächtige Herr. Dann werden euch alle Völker beglückwünschen, denn euer Land wird ein Land sein, das Gott gefällt«, spricht der allmächtige Herr.

Als ich noch jung war, habe ich mich in Österreich sehr geärgert, wenn mir jedes Jahr, ohne dass ich gefragt wurde, die Kirchensteuer abgezogen wurde. Ich glaubte, dass man die Kirche freiwillig unterstützen sollte. Als ich dann mit 33 Jahren nach Amerika ging, war ich sehr dankbar, dass ich dieser Kirchensteuer entronnen war. Bald danach – es war nur zwei Sonntage später – wurde eine Predigt über den »Zehnten« gehalten. Ich war entsetzt, denn ich hatte den Eindruck, ich komme vom Regen in die Traufe. Die Kirchensteuer war nur ein Prozent und jetzt ging es um zehn Prozent! Dann sprach der Herr zu mir: »Du wolltest ja alles freiwillig tun. Jetzt hast du die freie Wahl. Zehn Prozent von allem gehört mir.«

Ich kämpfte einige Wochen mit diesem Entschluss, denn mein Gehalt war so gering, dass ich kaum meine Kosten decken konnte. Und so diskutierte ich mit Gott und sagte ihm: »Ich will doch ein verantwortungsvoller Mensch sein und meine Rechnungen bezahlen. Wenn ich den Zehnten bezahle, dann ist es unmöglich.«

Doch immer drängender wurden die Worte in meinem Herzen: »Bringt den kompletten zehnten Teil eurer Ernte ins Vorratshaus, damit es in meinem Tempel genügend Nahrung gibt. Stellt mich doch damit auf die Probe ...« Gerade dieses *Stellt mich damit auf die Probe«,* sprang mich an und ich muss sagen, dass ich keine andere Bibelstelle kenne, in der wir sogar dazu aufgefordert werden, Gott zu prüfen und zu sehen, ob er dann die Fenster des Himmels aufmacht und uns mit Segnungen überschüttet. Es hat mich sehr bewegt, dass dieser Gehorsamsschritt offensichtlich so viel auslösen kann. Ich habe dann im Glauben meinen Zehnten gegeben, aber da war auch noch der Kampf, ob ich den Zehnten vom Brutto- oder Nettogehalt abrechnen sollte. Bald hatte ich den Eindruck, dass Gott mich fragte, ob ich den Brutto- oder Netto-Segen will ... Natürlich habe ich mich für den Brutto-Segen entschieden und von meinem Bruttogehalt den Zehnten gegeben.

Wie bei allem, was wir säen, ist die Ernte nicht am nächsten Tag ersichtlich. Es dauerte einige Monate, bis mir bewusst wurde, wie Gott mich segnete. Ich habe plötzlich ein wunderschönes Haus zu einem lächerlichen Mietpreis bekommen, das ein Ehepaar gebaut hatte, um nach der Pensionierung darin zu leben. Der Mann starb jedoch vorzeitig und die Frau kam in ein Altersheim, sodass die Kinder es vermieten mussten. Ich erhielt dieses wunderschöne

Haus am Rande des Nationalparks der Smoky Mountains voll eingerichtet für 100 Dollar Miete im Monat!

Damals arbeitete ich in einem Hotel als Büromanagerin, wo mir nur das Mindestgehalt ausbezahlt wurde. Aber es kamen sehr feine Gäste, da es ein teures Hotel war, und eine Dame aus Chicago und eine andere aus New York kamen jeweils auf mich zu und sagten: »Maria, ich glaube, du hast die gleiche Figur wie ich. Darf ich dir alle meine Kleider bringen, die ich nicht mehr trage? Ich habe einen Beruf, wo ich ein Kleid nur zwei- bis dreimal tragen kann.« Und so bin ich in Modellkleidern aus Chicago und New York herumgelaufen, deren Kaufpreis wahrscheinlich meinem Monatsgehalt entsprochen hatte.

Gott segnet, damit wir ein Segen sein dürfen, für die Armen, die Waisen und Witwen, für unsere Gemeinde.

Auch hatte ich Bedenken, dass ich mit meinem Einkommen nie mehr Europa sehen würde, da ich mir keinen Flug leisten konnte. Aber dann kamen Freunde auf mich zu, die mich fragten, ob ich sie auf eine Europa-Tour begleiten wollte. Natürlich bezahlten sie alles. Sie meinten sogar, dass ich die Reise so planen dürfe, dass ich auch meine Familie und Freunde besuchen konnte. Ich kann nur sagen: Ich kam aus dem Staunen nicht mehr heraus! Gott hat wirklich die Fenster des Himmels aufgetan und Segen herabgeschüttet! Seit der Zeit verschenke ich so viel wie möglich – ganz gleich, was es ist. Gott segnet, damit wir ein Segen sein dürfen, für die Armen, die Waisen und Witwen, für unsere Gemeinde.

Viele sagen »Ja, das steht in Maleachi, im Alten Testament, aber in Matthäus 23,23 lesen wir folgende Bekräftigung von Jesus: Euch Schriftgelehrten und Pharisäern wird es schlimm ergehen. Ihr Heuchler! Sorgfältig achtet ihr darauf, auch noch vom geringsten Teil eures Einkommens den zehnten Teil abzugeben, doch um die wahrhaft wichtigen Dinge des Gesetzes wie Gerechtigkeit, Barmherzigkeit und Glauben kümmert ihr euch nicht. Ihr sollt den Zehnten geben, gewiss, aber ihr dürft die viel wichtigeren Dinge darüber nicht vernachlässigen.

Jesus betont hier: Man sollte den Zehnten geben, aber die Gerechtigkeit, die Barmherzigkeit und den Glauben dabei nicht vernachlässigen. Jesus bestätigt also diese Schriftstelle aus dem Alten Testament.

Ich habe dann wirklich treu den Zehnten gegeben, aber einmal war ich so knapp bei Kasse, dass ich zu Gott sagte: »Herr, diesen Monat gebe ich den Zehnten nicht, aber im nächsten dafür den doppelten.« In diesem Monat ist mir von meinen vier Autoreifen der einzige neue geplatzt. So wurde mir bewusst, dass Gott durch mein Handeln den »Fresser«, wie es in der Bibelstelle in Maleachi heißt, nicht bedrohen konnte. Der Teufel hatte so eine offene Tür gefunden.

Wir sollen den Zehnten geben, aber die Gerechtigkeit, die Barmherzigkeit und den Glauben dabei nicht vernachlässigen.

Nach sieben Jahren in diesem Hotel, wo es kaum eine Gehaltserhöhung gab, flehte ich zu Gott und sagte: »Du versorgst mich zwar wunderbar, aber ich möchte gerne ein besseres Gehalt bekommen.« Er fragte mich, wie viel ich denn gerne hätte. Daraufhin antwortete ich: »Das Dreifache von dem, was ich jetzt verdiene.« Zu meiner Überraschung hatte ich den Eindruck, dass Gott mir ans Herz legte: »Bezahl dann einmal jetzt im Glauben den Zehnten von dem, was du gerne bekommen würdest.«

Das griff nun alle meine kleinen Ersparnisse an. Ich war wirklich bis aufs Äußerste gefordert, bezahlte aber den dreifachen Zehnten und drei Monate später bekam ich tatsächlich eine Stelle in Denver, Colorado, wo ich das dreifache Gehalt von dem bekam, was ich in den Jahren zuvor verdient hatte. Gott sei gedankt! Er ist treu und er segnet den Gehorsam.

Ich persönlich bin überzeugt, dass der Zehnte die »Miete« ist, die wir bezahlen, um auf dieser wunderschönen Welt leben zu dürfen. In manchen Gebieten dieser Erde sollte die Miete erhöht werden, weil Gott so Wunderbares geschaffen hat. Wenn du anfängst, treu deinen Zehnten zu bezahlen (ich rate dir, einen Dauerauftrag dafür einzurichten), dann wird er dir nicht fehlen, denn du siehst dieses

Geld gar nicht. Es geht sofort von deinem Konto weg. Doch die anderen 90 Prozent gehören ebenfalls Gott, wenn du ihm dein Leben wirklich ganz ausgeliefert hast.

Ganz deutlich sind die Worte der Bibel auch zu dem, was passiert, wenn wir Gott nicht den Zehnten geben und sich unser Herz immer mehr in der Gier und Jagd nach Geld verliert. Das Wort Gottes sagt: *Ihr könnt sicher sein, dass kein unzüchtiger, unreiner oder habgieriger Mensch je das Reich Christi und Gottes miterben wird. Denn ein Habgieriger ist nur ein Götzendiener, der weltliche Dinge anbetet* (Epheser 5,5).

Die Habgier hat Folgen:

1. Unglück für die Familie:
Unehrlich erworbener Besitz stürzt ganze Familien ins Unglück, aber wer sich nicht bestechen lässt, wird leben (Sprüche 15,27).

2. Enttäuschung:
Wer am Geld hängt, wird davon nie genug kriegen, und wer den Wohlstand liebt, wird immer von der Gier nach mehr getrieben werden (Prediger 5,9).

3. Spott:
Wie ein Vogel, der sich über Eier setzt, die er nicht gelegt hat, so ist, wer unrecht Gut sammelt. Denn er muss davon, wenn er es am wenigsten denkt, und muss zuletzt noch Spott dazu haben (Jeremia 17,11; L).

4. Trennung von Gott:
Denn die Liebe zum Geld ist die Wurzel aller möglichen Übel; so sind manche Menschen aus Geldgier vom Glauben abgewichen und haben sich selbst viele Schmerzen zugefügt (1. Timotheus 6,10).

5. Anklage:
Euer Gold und Silber ist wertlos geworden wie verrostetes Eisen. Und dieser Rost wird als Beweis gegen euch dienen und euch anklagen am Tag des Gerichtes. Warum habt ihr euch nur darum gekümmert, Reichtümer zu sammeln in diesen Zeiten? (Jakobus 5,3).

6. Not:
Wer seine Ohren vor den Bitten der Armen verschließt, dem wird auch nicht geholfen werden, wenn er selbst in Not ist (Sprüche 21,12).

Wer dem Armen gibt, dem wird es an nichts fehlen. Wer aber die Augen vor der Armut verschließt, wird verflucht sein (Sprüche 28,27).

Keiner kommt ohne Geld aus, wir alle brauchen Geld zum Leben. Das Geld selbst ist auch nicht schlecht, sondern lediglich die Gier nach Geld und die Korruption. Die Frage ist, wie sich der Mensch vom Geld beeinflussen lässt.

Die geistlichen Regeln zu einem guten Umgang mit Geld sind:

- Gib deinem Einkommen entsprechend.
  Jeder soll so viel geben, wie er kann, je nachdem wie reich der Herr, euer Gott, euch gesegnet hat (5. Mose 16,17).
- Gib, ohne dabei zu prahlen.
  Wenn du jemandem etwas gibst, dann sag deiner linken Hand nicht, was deine rechte tut (Matthäus 6,3).
- Sei bescheiden, wenn du gibst.
  Wer Geld hat, soll es aus freien Stücken und ehrlich mit anderen teilen (Römer 12,8).
- Gib fröhlich.
  Jeder von euch muss selbst entscheiden, wie viel er geben möchte. Gebt jedoch nicht widerwillig oder unter Zwang, denn Gott liebt den Menschen, der gerne gibt (2. Korinther 9,7).

Ich persönlich erlebe, dass Gott das, was er mir als Auftrag gibt, auch bezahlt. So kann ich nur staunen, wie Gott Türen öffnet, wo ich keine Möglichkeiten sehe. Der Herr möchte, dass die Menschen, die ihm gehorchen, ein Zeugnis sind. Und dass wir sogar von den Heiden als gesegnet bezeichnet werden, wie er es in

Geld ist ein guter Diener, aber ein schlechter Meister. Du kannst nur das behalten, was du verschenkst.

Maleachi sagt. Geld ist ein guter Diener, aber ein schlechter Meister. Du kannst nur das behalten, was du verschenkst. Wenn du kannst, dann säe, säe, säe (und zwar nur die besten Samen) und hör nur auf zu säen, wenn du nichts mehr hast. Reichtum bedeutet, sicher zu sein, dass Gott uns dabei unterstützen wird (auch materiell!), seine

Anweisungen auszuführen. Wenn der Teufel dir einreden will: »Du gibst zu viel«, dann verdopple deine Gaben.

Zweiter Schlüssel: Geben

In Johannes 3,16 heißt es: *Denn Gott hat die Welt so sehr geliebt, dass er seinen einzigen Sohn hingab, damit jeder, der an ihn glaubt, nicht verloren geht, sondern das ewige Leben hat.* Diese Schriftstelle zeigt uns den Charakter Gottes. Gott ist Liebe und aus dieser Liebe heraus handelt er und macht uns ein Geschenk. Dieses Geschenk, Jesus Christus, war ein Opfer. Und dieses Opfer war der Grund dafür, dass wir alle in das Haus des Vaters kommen können.

Er gab. Sein Allerliebstes. Und erwartete eine reiche Ernte. Die Bibel ist ein Buch des Gebens, weil es ein Buch über Gott ist. Gott ist ein Geber. Lasst uns doch Nachahmer Gottes sein und immer mehr lernen, was es heißt zu geben. Nicht nur in finanzieller Hinsicht. Wir können auch ein Lächeln, unsere Freundschaft, unser Wohlwollen, Vertrauen, Liebe, Aufmerksamkeit, Glauben etc. schenken.

In 2. Korinther 9,6 lesen wir: Denkt daran: Ein Bauer, der nur wenig Samen aussät, wird auch nur eine kleine Ernte einbringen. Wer aber viel sät, wird auch viel ernten. Wir wissen aus dem Epheserbrief 2,10, dass wir zu guten Werken geschaffen sind, die Gott zuvor bereitet hat, damit wir in ihnen wandeln. Wenn wir Gott täglich darum bitten, dass er uns zeigt, welche guten Werke er für uns vorbereitet hat, und dann dort säen, werden wir eine reiche Ernte bekommen. Und

Wir sind Gesegnete, um andere zu segnen!

zwar so, wie wir es uns im Herzen vorgenommen haben. Nicht aus Unwillen oder aus Zwang, sondern mit Freude, weil Gott uns bereits gesegnet hat.

Das bezieht sich nicht nur auf die Finanzen, sondern auf das gesamte Leben. Gott möchte uns herausholen aus dem Kreisen um uns selbst: Ich – mich – meiner – mir – Herr, segne doch uns vier!

Wir sollen erkennen: Wir sind Gesegnete, um andere zu segnen! Wir bekommen, um anderen zu geben:

- Du hast Ohren bekommen, damit du andern zuhören kannst.
- Du hast einen Mund bekommen, um andern Mut zu machen, um andere zu trösten, um andere aufzubauen, um andere zu loben oder um andere zu warnen.
- Du hast Beine bekommen, um den Weg Gottes zu gehen und zu den Menschen zu gehen, die dich brauchen.
- Du hast Hände bekommen, um zu helfen.
- Du hast deinen Besitz bekommen, damit du teilen kannst.
- Du hast ein Haus oder eine Wohnung bekommen, damit du anderen Geborgenheit schenken kannst.

Alles, was Gott dir gegeben hat, ist ein Mittel zum Segen für andere! Und je mehr du dich an andere verschenkst und von deinem Segen abgibst, desto mehr wirst du erleben, wie Segen auch wieder zu dir zurückfließt.

Als ich klein war, hat meine Mutter uns sehr ermutigt, Menschen zu Lebzeiten Blumen zu schenken, denn auf den Gräbern sind sie vergebens. Da ich Blumen sehr liebe, habe ich damals wirklich sehr viele Sträuße verschenkt – Blumen, Blumen, Blumen bei jeder Gelegenheit. Und heute, obwohl ich die meiste Zeit meines Lebens im Busch in Afrika lebe, bekomme ich jede Woche zwischen 50 und 200 Rosen von einer Rosenfarm geschenkt, die in unserer Nähe ist und die sich an unserer Arbeit freut. Ich finde kaum genug Vasen, um meine Rosen aufzustellen, und verschenke noch jede Menge. Ich erlebe, dass das, was ich vor vielen Jahren gegeben habe, jetzt zu mir zurückkommt. Niemals habe ich im Busch von Afrika wunderschöne Rosen erwartet, die hier auf dem europäischen Markt als holländische Rosen verkauft werden.

Zweimal hat Gott mir auch die Gelegenheit gegeben, ein Auto zu verschenken. Zu meinem 60. Geburtstag haben mir dann liebe Freunde einen neuen BMW gekauft. Ich war sprachlos über solchen Segen. Für alles, was ich im Leben losgelassen und wirklich mit frohem Herzen gegeben habe, weil Gott mir die Gelegenheit gab, kam ein reicher Segen zurück. Ich glaube, dass ich heute – aufgrund des jahrelangen Gebens – wirklich mit Segen überschüttet werde, der wiederum Tausenden von Kindern in Afrika hilft.

Der Herr sagt uns auch, dass wir zuerst *sein* Reich suchen sollen und *seine* Gerechtigkeit, und alles andere wird uns hinzugefügt (vgl. Matthäus 6,33). Wenn du Gott an die erste Stelle setzt,

Wenn du Gott an die erste Stelle setzt, wird alles andere von selbst an seinen Platz fallen.

wird alles andere von selbst an seinen Platz fallen. Das ist nicht nur eine Botschaft für reiche Menschen, sondern auch für sehr arme. In 2. Korinther 8,2-5 schreibt uns Paulus von der Gemeinde in Mazedonien:

Obwohl sie schwere Zeiten durchgemacht haben, sind sie voll Freude und haben trotz ihrer Armut viel gegeben. Denn ich kann bezeugen, dass sie nicht nur gegeben haben, was sie ohne Not entbehren konnten, sondern weit darüber hinaus, und dies aus freien Stücken. Immer wieder baten sie inständig um das große Vorrecht, sich an der Sammlung für die Gemeinde in Jerusalem beteiligen zu dürfen. Ja, sie übertrafen unsere Hoffnungen sogar noch, denn ihre erste Reaktion bestand darin, sich dem Herrn und uns vorbehaltlos zur Verfügung zu stellen, um Gottes Willen zu tun, ganz gleich, was von ihnen verlangt wurde.

Das Wesentliche ist, dass wir uns als Menschen mit allem, was wir sind und haben, total an Gott hingeben! Die Leute aus der Gemeinde in Mazedonien haben sich zuerst an Jesus verschenkt, dann haben sie trotz großer Bedrängnis und Armut noch weiter gegeben.

Ich durfte in den ersten Jahren, als die Grenze nach Rumänien geöffnet worden war, mit meinem Mann Herbert einige Hilfstransporte dorthin bringen. Wir waren überwältigt von der Gastfreundschaft dieser Rumänen, wie sie manchmal wochenlang gespart haben, um für uns einen Kuchen zu backen, und wie sie wirklich ihr Bestes gegeben haben, um uns ihre Gastfreundschaft zu beweisen.

In jedem dieser armen Häuser sah ich irgendetwas, was schön war –
ein geschliffenes Glas oder eine schöne Handarbeit. Ich habe nur
hingeschaut und die Dinge bewundert. Aber unsere Gastgeber haben es beobachtet. Als ich dann wegfuhr, haben mir diese Menschen
all die Sachen, die ich nur still und leise betrachtet hatte, geschenkt.
Ich war so erschüttert und wollte diese Gaben zuerst gar nicht annehmen, aber ich wurde sehr ermutigt, es doch zu tun, denn ich
hätte sie sonst sehr beleidigt.

Heute noch habe ich Sachen von damals bei mir zu Hause stehen,
nicht weil sie künstlerisch wertvoll wären, sondern weil sie so viel
Liebe ausdrücken. Ich habe mich auch einmal mit einer guten
Freundin ausgetauscht, die ebenfalls häufig in Rumänien war, und
ihr mein Problem erzählt, und sie meinte daraufhin: »Mir ist es
genauso gegangen. Ich habe dann bewusst nur noch auf den Boden
geschaut und nichts mehr angesehen. Zum Abschied haben mir
meine Freunde ihren Teppich geschenkt!« Wir mussten beide herzhaft lachen. Das ist wahre Freigebigkeit.

Viel von unserm Leben besteht jedoch leider aus Nehmen. Schau
einmal auf dich und beobachte, wie viel du nimmst. Überall dort
fang an zu geben: Wo du Anerkennung erwartest, gib Anerkennung,
wo du Liebe erwartest, gib Liebe, wo du Geduld erwartest, gib Geduld, wo du Zeit erwartest, gib Zeit ...

Als junger Mensch war ich sehr einsam und da riet mir meine
Mutter, ich solle Zeit verbringen mit jemandem, der noch einsamer
ist als ich. Jedes Mal, wenn ich mich wieder so allein fühlte, rief ich
jemanden an, von dem ich wusste, dass er auch einsam war, und
schlug vor, gemeinsam etwas zu unternehmen. Am Abend war ich
jedes Mal erstaunt, wie gesegnet und erfüllend der Tag für uns beide
war.

Willst du gelobt werden, fang an, deine Kinder, deinen Mann
oder deine Schwiegermutter zu loben. Du wirst staunen über das
Ergebnis, wenn du beharrlich dranbleibst, zu loben!

Gott möchte aus uns Geber machen. Er selbst ging uns voran mit
gutem Beispiel. Das Geben hat oft auch Schmerzen zur Folge. Doch

je mehr wir geben, desto mehr werden wir erleben. Je mehr uns der Geist der Armut beherrscht, umso versperrter werden wir, tot, verurteilend, eng.

Beginn mit dem, was du hast. Gib im Verhältnis zu dem, was du hast. Gib bei jeder Gelegenheit, die dir gegeben wird. Gott ist dein Vorbild. Er war motiviert durch Liebe und ließ dieser Liebe Taten folgen, durch die eine große Ernte entstand. Du bist Teil dieser Ernte. Hör erst auf zu geben, wenn Gott dir nichts mehr gibt.

③ Dritter Schlüssel: Dankbarkeit

In 5. Mose 8,10 lesen wir: Wenn ihr dann gegessen habt und satt seid, sollt ihr den Herrn, euren Gott, für das gute Land, das er euch gegeben hat, loben. Und in den Versen 11 bis 14 und 17:

Passt aber auf, dass ihr den Herrn, euren Gott nicht vergesst und dann seine Gebote, Vorschriften und Gesetze, die ich euch heute gebe, nicht mehr befolgt. Wenn ihr genug zu essen habt und euch prächtige Häuser baut und darin wohnt, und wenn eure Schaf-, Ziegen- und Rinderherden groß werden und ihr viel Gold, Silber und vieles andere besitzt, dann werdet nicht überheblich und vergesst nicht den Herrn, euren Gott, der euch aus der Sklaverei in Ägypten befreit hat. (...) Denkt nur nicht, ihr wärt aus eigener Kraft und Anstrengung reich geworden. Erinnert euch vielmehr daran, dass es der Herr, euer Gott, ist, der euch die Kraft gibt, Reichtum zu erwerben. Denn er erfüllt den Bund, den er mit euren Vorfahren schloss und der jetzt noch gilt.

Dankbarkeit für das, was wir bekommen, ist sehr wichtig. Sie vergegenwärtigt uns permanent den Segen Gottes, sodass wir Gott nie aus den Augen verlieren und unser Herz sich ihm immer wieder mit einem frohen Danke zuwendet. Dankbarkeit verhindert Bitterkeit in unserem Leben und bringt Zufriedenheit. Wir bleiben dadurch offen für Gottes Güte,

Dankbarkeit vergegenwärtigt uns permanent den Segen Gottes.

" Danken schützt vor Wanken, Loben zieht nach oben! "

71

unser Glaube wird nicht getrübt und unsere Erwartung bleibt positiv.

Danken schützt vor Wanken und Loben zieht nach oben!

Lola Gola – Was musst du loslassen?

Ich persönlich bin zutiefst überzeugt, dass Gott uns segnet, damit wir zum Segen werden. Wenn wir uns an das Geld zu klammern beginnen oder an das, was wir haben, dann werden wir – früher oder später – von einem Armutsgeist beherrscht, ganz gleich, wie reich wir sind. Wir können dann nicht loslassen, was wir haben, weil wir Angst haben, dass wir nicht kriegen, was wir brauchen.

Diese Geldgier, dieses Klammern, sollst du loslassen, denn Gott möchte Segen im Überfluss in dein Leben bringen. Segne die Bedürftigen, die Gott in dein Leben bringt.

Stelle dir folgende Fragen:

- Was würde ich tun, wenn ich viel Geld hätte?
- Was würde ich für Gott tun, wenn Geld keine Rolle spielen würde?
- Wie schwer fällt es mir zu schenken: zuerst mich selbst an Gott und dann alles, was ich habe und besitze?
- Rede ich mit Gott über die Opfer, die ich gebe?
- Ist mein Selbstwert vom Geld abhängig?
- Was will Jesus, das ich mit dem tue, was ich habe?
- Gebe ich den Zehnten?
- Bin ich ein freudiger Geber?
- Wie schätzen mich meine Familie und meine Freunde ein?
- Danke ich Gott für den empfangenen Segen?

Gebet

Vater im Himmel, ich danke dir, dass du mir mein Leben gegeben hast und dass ich von dir bis zum heutigen Tage alles bekommen habe, was ich brauche. Ich danke dir, dass du ein gebender Gott bist und dass du mir Jesus geschenkt hast. Er ist für mich gestorben, damit ich leben kann. Ich danke dir, Vater, dass du mich erlöst hast und dass alle Verheißungen des Wortes Gottes für mich gültig sind.

Vater, ich bekenne, dass in meinem Herzen Misstrauen, Habgier, Angst und Kleinglaube herrschen. Ich bekenne dir die Schuld, dass ich dich beraubt habe, in dem ich meinen Zehnten nicht voll und ganz in dein Vorratshaus gebracht habe. Ich bekenne, dass ich Angst habe, loszulassen, was ich habe, weil ich dir nicht vertraue, dass du mir gibst, was ich brauche. Ich bekenne diese falschen Lebenseinstellungen, ich tue Buße und ändere mein Denken. Du wirst alle meine Bedürfnisse befriedigen gemäß deinem Reichtum in Herrlichkeit.

Reinige mich, Herr, und schenke mir das gebende Herz Jesu. Öffne mir auch die Augen und Ohren des Herzens, damit ich täglich erkenne, was du für mich vorbereitet hast, damit ich darin wandle. Vater im Himmel, zeig mir auch, was ich ganz konkret in dein Reich investieren soll, damit ich ein Segen für diese Welt werden kann und auch deinen Segen erleben darf. Mach mich zu einem freudigen großzügigen Geber. Darum bitte ich dich, in Jesu Namen. Amen.

Übung

Wenn du deinen Zehnten noch nicht gibst, fang heute damit an. Wenn das schon der Fall ist, überlege, wo Gott das, was du hast, einsetzen möchte, und gehe mutige Schritte.

Wenn du dich einsam fühlst, rufe jemanden an und unternimm etwas mit dieser Person.

Fang an, Menschen zu loben, besonders auch solche, die du nicht so sehr magst. Es gibt so viele Dinge, für die wir andere loben können.

7. Der Gott, der mich motiviert

*Am gleichen Tag waren zwei Jünger von Jesus unterwegs nach Emmaus,
einem Dorf, das etwa elf Kilometer von Jerusalem entfernt lag. Auf dem Weg
sprachen sie über alles, was geschehen war. Plötzlich kam Jesus selbst, schloss
sich ihnen an und ging mit ihnen. Aber sie wussten nicht, wer er war, weil
Gott verhinderte, dass sie ihn erkannten.* »*Worüber redet ihr?*«, *fragte Jesus.*
»*Was beschäftigt euch denn so?*« *Da blieben sie voller Traurigkeit stehen.
Einer von ihnen, Kleopas, sagte:* »*Du bist wohl der einzige Mensch in Jerusalem, der nicht gehört hat, was sich dort in den letzten Tagen ereignet hat.*«
»*Was waren das für Ereignisse?*«, *fragte Jesus.* »*Das, was mit Jesus von
Nazareth geschehen ist*«, *sagten sie.* »*Er war ein Prophet, der vor Gott und
dem ganzen Volk erstaunliche Wunder tat und mit großer Vollmacht lehrte.
Doch unsere obersten Priester und die anderen Ältesten haben ihn verhaftet,
den Römern ausgeliefert und zum Tod verurteilen lassen, und er wurde gekreuzigt. Wir hatten gehofft, er sei der Christus, der Israel retten und erlösen
wird. Das alles geschah vor drei Tagen. Aber heute Morgen waren einige
Frauen aus unserer Gemeinschaft schon früh an seinem Grab und kamen
mit einem erstaunlichen Bericht zurück. Sie sagten, sein Leichnam sei nicht
mehr da, und sie hätten Engel gesehen, die ihnen sagten, dass Jesus lebt!
Einige von uns liefen hin, um nachzuschauen, und tatsächlich war der Leichnam von Jesus verschwunden, wie die Frauen gesagt hatten.*«

Lukas 24,13-24

1. Gott möchte unseren Kummer und Schmerz hören

Vielen von uns geht es wie diesen Jüngern, die in ihrer Traurigkeit
und Enttäuschung gefangen waren (»*Wir hatten gehofft, er sei der Christus, der Israel retten und erlösen wird.*«). Sie hatten Angst vor Verfolgung,
Angst vor der Zukunft und Existenzangst – sie verstanden nichts
mehr. Sie waren in ihrem Denken durch die Wahrnehmungen ihrer
Sinne eingeschränkt. Vielleicht dachten sie: »Mit dem Tod ist alles
aus, jetzt kann nichts mehr kommen. Es ist vorbei!« Hat Gott ihnen
deshalb verwehrt, ihn zu sehen?

Sie sahen nur ihre Not und gingen aus Jerusalem, dem Ort der schwer begreifbaren Ereignisse, weg. Ihr Blick war gefangen, ihre Augen wurden daran gehindert, den Unbekannten zu erkennen. Und dann fragte dieser nach der Ursache ihres Wortwechsels. Jesus ist hier ein sehr vorsichtiger und verständiger Seelsorger. Er weiß um ihre Traurigkeit und Bekümmertheit, und er gibt ihnen Gelegenheit, sich durch eine offene Aussprache ihr Herz zu erleichtern. Jesus verhält sich wie ein Unwissender, obwohl er alles weiß.

Heute ist das auch so: Jesus möchte von uns alles erzählt bekommen, all unseren Kummer und Schmerz. Er geht den Lebensweg mit uns und hört uns zuerst einmal zu. Er ist da für uns. Die Jünger, die unterwegs nach Emmaus waren, konnten ihm offen und freimütig alles sagen, auch wenn dieses Erzählen viel Zeit in Anspruch nahm. Die teilnehmende Frage des Unbekannten,

Jesus möchte von uns alles erzählt bekommen, all unseren Kummer und Schmerz. Er geht den Lebensweg mit uns und hört uns zuerst einmal zu.

was denn geschehen sei, erregte ihre Herzen so sehr, dass sie aufs Stärkste ihren Verlust empfanden. Die Last der Traurigkeit lag so schwer auf ihrem Herzen, dass sie stehen blieben, um Atem zu schöpfen, und aus der Tiefe aufseufzten.

Jesus verhielt sich auch weiter so, als wüsste er gar nichts. Dadurch ergoss sich ihr Herzeleid in einem vollen Strom. Sie klagten dem unbekannten Reisebegleiter ihren ganzen Kummer, ihren ganzen Schmerz. Sie scheuten sich nicht, Freunde dieses Gekreuzigten zu sein, den das Volk verworfen und getötet hatte. Ihre Liebe zu dem großen Propheten, welchen Gott seinem Volk erweckt hatte, war so groß, dass sie es nicht unterlassen konnten, diesem Fremden gegenüber von ihm zu erzählen und Zeugnis zu geben. Nachdem sie die Person Jesus kurz beschrieben hatten, erzählten sie ihren Schmerz auch über die Hierarchie und die Vorsteher des ganzen Volkes, die diesen Propheten zum Tode am Kreuz verurteilt hatten. Die beiden Wanderer wussten wohl, dass die Hohepriester und Volksobersten ihn nicht selbst durch ihre Leute gekreuzigt hatten, sondern dass

Pilatus es befohlen hatte. Sie betrachteten Jesus als den, der von Mose verheißen war, dem die Erlösung Israels gelingen sollte. Davon lesen wir in 5. Mose 18,18: *Ich will einen Propheten wie dich einsetzen, den ich aus ihrem Volk erwähle. Diesem Propheten werde ich meine Worte in den Mund legen und er wird dem Volk alles sagen, was ich ihm auftrage.* Darunter verstanden sie einen Mann, der aus dem Königshaus Davids stammt, der alle Feinde des Volkes Gottes vernichten würde und sich auch die ganze Erde untertan machen sollte.

2. Der lebendige Sohn Gottes ist unsere Hoffnung

Mit schmerzerfülltem Herzen standen die Jünger wenig später an dem leeren Grab des Herrn, das ihre glänzenden Hoffnungen auf eine Befreiung aus der römischen Knechtschaft verschlungen hatte. Eine kleine Hoffnung war ihnen geblieben: der dritte Tag nach der Kreuzigung. Dann sollte Jesus von den Toten auferstehen.

Oft haben auch wir noch eine Hoffnung: Wenn ich *diese* Konferenz besuche, wenn ich mit *diesem* Seelsorger spreche, wenn *dieser* Mensch für mich betet, wenn ich *dieses* Buch lese, dann ...

Die Jünger setzten den letzten Funken Hoffnung auf den dritten Tag. Sie erwarteten dann die Lösung des Rätsels, des Kreuzestodes des Messias und einen großen Umschwung der ganzen Sachlage. Jesus hatte

Nicht dieses Buch, nicht diese Konferenz, nicht dieser Seelsorger sind die Lösung unseres Konfliktes, unseres Problems, sondern dass Jesus lebt – auch heute.

ihnen zwar vom dritten Tag nach seinem Tod erzählt, nur den Inhalt seiner Verheißungen hatten sie nicht verstanden.

Die zwei Wanderer erzählten dem Unbekannten, dass einige Frauen aus dem Jüngerkreis alle in großes Staunen und Erschrecken versetzt hätten. Denn diese Botschaft, dass das Grab leer sei, hatte in ihnen den letzten Hoffnungsschimmer erbarmungslos ausgelöscht. Nach dieser Kunde nahmen sie dann alle von Jerusalem

Abschied, weil sie dachten, dass jetzt wirklich alles aus sei. Dabei war es doch eigentlich offensichtlich: Ein leeres Grab sollte bedeuten, dass Jesus lebt!

Nicht dieses Buch, nicht diese Konferenz, nicht dieser Seelsorger sind die Lösung unseres Konfliktes, unseres Problems, sondern dass Jesus lebt – auch heute. Aber eben diese Aussage fand bei den Jüngern keinen Glauben, denn sie befanden sich in einer bedrückten Gemütsverfassung.

3. Gottes Wort erneuert unsere Gedanken

Hast du auch schon einmal erlebt, dass Gott zu dir gesprochen hat, du aber in deiner traurigen, problematischen Situation so gefangen warst, dass sein Wort in deinem Herzen keinen Glauben fand? In Hebräer 4,2 lesen wir: *Denn diese gute Botschaft wurde uns genauso verkündet wie ihnen. Aber sie nützte ihnen nichts, weil sie nicht glaubten, was Gott ihnen sagte.* In Galater 5,6 heißt es: *Denn wenn wir unser Vertrauen auf Christus Jesus setzen, fragt Gott nicht danach, ob wir beschnitten oder unbeschnitten sind. Entscheidend ist der Glaube, der sich in der Liebe zeigt.*

Irgendwann in meinem Leben kam ich an einen Punkt, an dem ich glaubte, ich sei ein Problem, ein Unfall, ein Zufall und die Verheißungen aus dem Wort Gottes würden nur für andere, aber nicht für mich gelten. Meine Situation war zu verfahren, meine Situation war zu unmöglich und ich hatte sogar Angst, mich anderen gegenüber zu öffnen, da ich nicht wusste, was dann alles an die Oberfläche kommen und sichtbar werden würde. Ich wusste nur: Es war zu viel bei mir kaputt.

Die beiden Jünger ziehen den Schluss, es sei undenkbar, dass Jesus von den Toten auferstanden wäre. Wäre es so, würde er sich diesen Männern doch offenbart haben. Aber das Grab war leer, der Auferstandene hatte sich noch nicht sehen lassen.

In Jesaja 55,8-9 lesen wir: *Meine Gedanken sind nicht eure Gedanken, sagt der Herr, und meine Wege sind nicht eure Wege. Denn so viel der Himmel höher ist als die Erde, so viel höher stehen meine Wege über euren Wegen und meine Gedanken über euren Gedanken.* Weil Gottes Gedanken, Gottes Wege von den Jüngern noch nicht erkannt und begriffen wurden, konnten sie die herrliche Auferstehung des Erlösers nicht glauben. Falsch geschlussfolgerte Ansichten hielten das Licht der Wahrheit auf. Finsternis verdunkelte ihnen die Klarheit des Herrn. Dabei war Jesus, der Auferstandene, die ganze Zeit mit ihnen, er ging mit ihnen und sprach mit ihnen. Er ging auf sie ein, hörte ihnen zu und gab ihnen Raum und Zeit, ihr Elend zu fühlen. Er erklärte ihnen sogar das Wort und alle Verheißungen, aber sie erkannten ihn trotzdem nicht. Jesus' Reaktion darauf sah so aus: *»Was seid ihr doch für unständige Leute! Es fällt euch so schwer zu glauben, was die Propheten in der Schrift gesagt haben. Haben sie nicht angekündigt, dass der Christus alle diese Dinge erleiden muss, bevor er verherrlicht wird?« Und er begann bei Mose und den Propheten und erklärte ihnen alles, was in der Schrift über ihn geschrieben stand (Lukas 24,25-27).* Jetzt, als sie nach all

Glaube sieht die Möglichkeiten, Unglaube erstickt in den Schwierigkeiten.

seiner Liebe, die er ihnen bereits erwiesen hatte, nicht reagierten, verwendete Jesus eine sehr energische Sprache, die ihnen helfen sollte, sich aufzuraffen. Für die Niedergeschlagenen war es zunächst kein Wort des Trostes, sondern eine ziemliche Zurechtweisung.

Sehr oft verfallen wir gerade in Not und bei Problemen der Selbstmitleidfalle. »Ich armer Mensch! Keinem geht es so schlecht wie mir! Mich versteht keiner! Ich bin so alleine!« Jesus bezeichnete die beiden Jünger zuerst als Unständige mit einem trägen Herzen. Es fehlte ihnen der rechte Verstand, der durch das Wort Gottes erneuerte Sinn. Er sagte: »Wenn ihr rechten Verstand hättet, wärt ihr jetzt nicht so traurig, sondern würdet jauchzen und Gott danken für seine Treue und die Erlösung seines Volkes!« Im Psalm 53,23 lesen wir: *Wer mir Dank sagt, bringt mir ein Opfer, das mich wirklich ehrt. Wer auf dem Weg bleibt, der erfährt meine Rettung.* Glaube sieht die Möglichkeiten, Unglaube erstickt in den Schwierigkeiten. Er sieht nur das Unmögliche.

4. Gott nutzt unsere Probleme zum Guten

Unverständnis hat ihre Wurzeln in Herzensträgheit. Das träge Herz der Jünger war abgestumpft. An den Jüngern wird deutlich: Trägheit ist einer der schlimmsten Visionsräuber. In Hebräer 6,11-12 lesen wir: *Wir wünschen uns deshalb sehr, dass ihr bis zum Ende diesen Eifer behaltet, damit ihr voller Zuversicht an der Hoffnung festhalten könnt, die Gott euch gab. Dann werdet ihr auch nicht träge oder gleichgültig werden, sondern dem Beispiel derer folgen, die aufgrund ihres Glaubens und ihrer Geduld die Zusagen Gottes empfangen.*

Die Jünger hofften, der große Prophet Jesus Christus, der Mächtige in Wort und Tat, würde sie die Herrlichkeit und Seligkeit des auserwählten Volkes genießen lassen. Was die Propheten von der Herrlichkeit des Reiches Gottes und seines Messias geschrieben hatten, war ihnen lieb, aber die Weissagungen vom Leiden und Sterben des Messias waren ihnen fremd und unangenehm geblieben. Christus aber sah in seinem Leiden und Sterben die Erfüllung der Weissagung.

Schwierigkeiten sind der Boden, auf dem Gott sich offenbaren kann.

Die unverständigen und trägen Jünger und Apostel stießen sich genau an dem, was Jesus zum Messias machte. Sein Weg ging durch Leiden zur Herrlichkeit. Das Leiden war für ihn die Brücke, der Übergang aus dem Stand der Erniedrigung zum Stand der Erhöhung. Das gilt auch für uns – obwohl es manchmal schwer zu verstehen ist. **Schweres Leiden bedeutet oft tiefere Segnungen.** Unsere Arbeit im Reich Gottes wird durch Prüfungen nicht gehindert, sondern vertieft und erweitert. Schwierigkeiten sind der Boden, auf dem Gott sich offenbaren kann. Das Einzige, was wir in solchen Zeiten nötig haben, ist eine lebendige Verbindung mit Jesus Christus. Fast alle Schwierigkeiten werden vermieden oder leichter überwunden, wenn wir das zum Ziel unserer Gedanken und unseres Lebens machten. Es nützt nichts, bei Problemen und scheinbar unüberwindbaren Hindernissen angstvoll und aufgeregt zu sein – das macht zu allem unfähig. Wir dürfen und müssen unsere Last auf den Herrn werfen, abwälzen. Nur am Fuße des Kreuzes sehen wir uns selbst, die Welt und Gott im rechten Licht.

Was tut Gott nicht alles im Leben derer, die ihm rückhaltlos vertrauen! Gott zu vertrauen bedeutet: Gott zuerst! Alles allein von ihm erwarten! Wenn wir dem Herrn gehorchen, liegt die Verantwortung bei ihm, nicht bei uns. Zu lernen, was Gott uns durch die Not lehren will, ist wichtiger, als schnell aus ihr herauszukommen. Wenn sein Wille und Weg uns genügen, haben wir Ruhe, um mit Gottes Willen und Weg zufrieden zu sein. Es ist ein Beweis der Treue Gottes, dass er für die, die ihm vertrauen, immer einen Ausweg weiß. Keine Prüfung ist größer, als dass wir sie nicht ertragen könnten. Es gibt nur einen Weg, um nicht unter den Lasten der Pflichten zusammenzubrechen: Dass man alles sofort vor seinen Meister bringt, er hilft, er versteht uns immer. Wirf doch alle Lasten, wie zahlreich und schwer sie auch sind, auf deinen allmächtigen, weisen, liebenden Vater! Für ihn sind sie nur Federn.

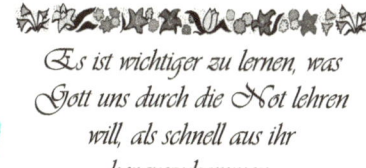

Es ist wichtiger zu lernen, was Gott uns durch die Not lehren will, als schnell aus ihr herauszukommen.

Wir gleichen den Jüngern: Sie waren langsam im Verstehen, hatten wenig Glauben und waren leicht entmutigt. Aber sie blieben bei ihm. Jesus will auch heute noch durch dich und mich wirken. Deswegen sollten wir in allen Umständen, zu allen Zeiten bei ihm bleiben.

5. Gott befreit uns von der Trägheit

Die Jünger waren träge geworden. Trägheit bedeutet Neutralität. Neutralität ist einer der schlimmsten Feinde, die dir je in deinem Leben begegnen werden. Er ist ein Traumräuber, er schleicht sich in dein Leben, ohne dass du etwas davon merkst. Wenn du neutral geworden bist, dann bist du geistlich träge. Du verlierst deinen geistlichen Antrieb, deine geistliche Kraft, und zuletzt wirst du deinen Traum in deinem Leben ganz aufgeben.

Die Generation vor mir hat sich zur Zeit des Zweiten Weltkrieges die Finger verbrannt: Die gegen Hitler waren, verbrannten sich vorher die Finger, und die dafür waren, danach. Uns Kindern wurde von allen Seiten die Botschaft mitgegeben: »Seid neutral! Engagiert euch in nichts zu viel und bleibt so, dass man euch nirgends festnageln kann.« Und wir sind träge und stumpf geworden. Aber das hat mit Faulheit nichts zu tun. Man kann sehr fleißig sein und doch träge. Ich glaube, dass Trägheit für uns im europäischen Raum eine ganz große Gefahr ist. Man kann das Wort *träge* auch umschreiben mit »langsam oder schwerfällig sein; etwas, das an Geschwindigkeit verloren hat; etwas, dessen Schnelligkeit und Stoßkraft nachgelassen hat«. Jemand, der früher aufs Ganze ging, verhält sich jetzt scheinbar gleichgültig. Neutralität ist eingetreten, er ist angepasst. Man ist weder heiß noch kalt. Ein solcher Mensch hat seinen Eifer, seine Leidenschaft und seine Überzeugung verloren. Er ist jetzt nur noch lauwarm.

Trägheit bedeutet Neutralität, und Neutralität ist einer der schlimmsten Feinde in unserem Leben.

Trägheit ist viel schlimmer als Faulheit. Faulheit kann bewältigt werden, zum Beispiel durch eine richtige Diät oder durch Training. Aber Trägheit geht viel tiefer. Es handelt sich um ein geistliches Problem, das nur durch die Macht Gottes und durch Buße korrigiert werden kann. Wenn du neutral bist, dann kommst du innerlich keinen Schritt weiter. Wenn es von außen auch so aussieht, als würdest du weiterkommen, so funktionierst du doch nur noch automatisch wie ein Uhrwerk – du lebst nicht wirklich. Du hast Erkenntnis, das heißt du weißt, was zu tun ist, aber du hast keine Leidenschaft. Du hast so viel religiöses Verhalten in dir, dass du gegen den echten Glauben immun bist. Anstatt mit dem Herzen zu glauben, glaubst du nur noch mit dem Kopf und ersetzt den Glauben durch Wissen.

Neutralität war auch das Problem der Gemeinde in Laodizea. Sie waren kopflastig. Sie besaßen alle möglichen Kenntnisse, doch ihr Feuer war erloschen. Das lesen wir in Offenbarung 3,15-16: *Ich weiß alles, was du tust und dass du weder heiß noch kalt bist. Ich wünschte, du wärest entweder das eine oder das andere! Aber da du wie lauwarmes Wasser bist, werde ich dich aus meinem Mund ausspucken!*

Wenn wir nicht für Jesus brennen, dann wird es in unserem Herzen eiskalt werden. Bei Gott gibt es keinen Zwischenzustand. Heiß bedeutet: sich völlig hingeben, in seinem Wort wandeln und ständig in seiner Gegenwart sein. Kalt sein heißt, ganz ohne Gemeinschaft mit Jesus zu leben. Er verurteilt, was lauwarm

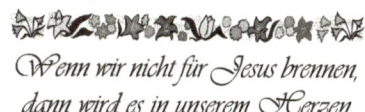

Wenn wir nicht für Jesus brennen, dann wird es in unserem Herzen eiskalt werden.

und neutral ist – er möchte es sogar ausspucken. Das heißt nicht, dass er deine Rettung widerruft und dich enterbt. Aber es heißt, dass ihm deine lauwarme Haltung in keinster Weise gefällt und er sie missbilligt. Du hast einmal gebrannt, warst lebendig und hast Frucht gebracht, aber jetzt bist du akklimatisiert und stumpf dem Heiligen Geist gegenüber. Es ist alles einfach normaler geworden, die Routine ist eingekehrt. Unglücklicherweise geschieht das immer wieder, vor allem bei vollzeitlichen Mitarbeitern im Reich Gottes. Sie müssen auf der Hut sein, dass sie nicht in diese Neutralität und Trägheit hineingeraten, denn es ist ihr Beruf, ihre Aufgabe, sich in der Kraft des Heiligen Geistes fortzubewegen.

Lola Gola – Was musst du loslassen?

1 An welchen Stellen bist du neutral geworden? 2 Wo bist du lauwarm? Kann es sein, dass du gar nicht mehr weißt, wie man »brennt«? Vielleicht denkst du in deinem Herzen, während du diese Zeilen liest: »Aber du hast keine Ahnung, wie ich in meinem Leben betrogen und hintergangen wurde, selbst von Gemeinden. Ich habe als Kind anderen vertraut und das wurde schamlos ausgenutzt. Ich habe die Nähe und Liebe bei Menschen gesucht und mir wurde Gewalt angetan. Ich fühle mich einsam und verlassen. Ich bin so allein. Mich braucht niemand

und mir hilft niemand. Meine ganzen Träume sind zerstört. Ich sehe für mein Leben keine Hoffnung mehr. Ich bin wie gelähmt. In mir ist alles tot. Ich verstehe Gott und die Welt nicht mehr. Die Verheißungen Gottes erfüllen sich nicht. Mit mir kann Gott sowieso nichts anfangen, weil mein Leben so kaputt ist. Ich habe keine Vision mehr für mich und für mein Leben.«

Jesus fragt dich heute direkt: »Was ist los mit dir, meine geliebte Tochter, mein geliebter Sohn? Erzähl mir alles, lass deinen Kummer und deinen Schmerz und deine Enttäuschung ans Licht.³Verrate mir, worüber du dir den Kopf zerbrichst. Schütte dein Herz bei mir aus.⁴Sag mir alles, was du gegen dich selbst oder gegen deine Mitmenschen hast.⁵Auch gegen mich, deinen Gott. Gib mir deinen Zorn, deine Wut, deinen Hass, gib mir deine Bitterkeit, allen Ekel, alle Verzweiflung, alle Ohnmacht, alle Schuldgefühle, alle Traurigkeit, allen Schmerz, alle Rache, allen Neid, allen Stolz, alle Rebellion, alle Eifersucht und alles Selbstmitleid.⁶Gib mir die Barrieren in deinem Herzen, die Schwüre, die du gemacht hast, zum Beispiel: ›Ich lasse nie mehr jemanden so nah an mich heran, dass er mich so verletzen kann. Ich verschenke mein Herz nie mehr, ich gehe auf Nummer sicher. Ich werde alles kontrollieren. Ich werde nie wieder jemandem vertrauen.‹«

⁷ Ist dein Herzensblick getrübt durch die Folgen deines Lebens oder durch schlimme Ereignisse? Hat dich der Verlust von Vater, Mutter, Ehepartner, einem Kind oder guten Freund aus der Bahn geworfen? Oder eine Scheidung, ein Konkurs, eine falsche Entscheidung?

Ist für dich alles überschaubar und zur Routine geworden? ⁸ Spürst du, wie du lau geworden bist und geistliche Trägheit in dein Leben gekommen ist? Du kannst über nichts mehr staunen und dich für nichts mehr begeistern? Die frohe Botschaft für dich lautet: »Jesus lebt!« und er ist hier bei dir.

Lass alles los, was dein Herz träge, betrübt und traurig macht. Tausche es aus gegen seine Liebe. Jesus will in dein

Herz einziehen mit dem Feuer seiner Liebe, das alle Angst austreibt, das jeden Mangel füllt. Er ist das lebendige Wort. Er will dein Herz aufschließen und zum Leben bringen, er will seinen Geist ausgießen. Er will unsere Herzen zum Brennen bringen.

Sie sagten zueinander: »War es uns nicht seltsam warm ums Herz, als er unterwegs mit uns sprach und uns die Schrift auslegte?« (Lukas 24,32).

Gebet

Vater im Himmel, ich danke dir, dass du der allgegenwärtige, allwissende Gott bist. Vergib mir, wo ich das nicht glaubte. Wo ich mich von Schmerz und Traurigkeit überwältigen ließ, wo mein Herz verfinstert und träge wurde. Vater, ich tue heute Buße für jede Trägheit in meinem Leben, für jeden Unglauben, für jede Lüge, die ich geglaubt habe. Du lebst und es ist vollbracht! Komm in jede Situation meines Lebens, in der ich dich nicht wahrgenommen habe, in der ich deiner Gegenwart nicht vertraute, in der ich dich für tot hielt. Ich danke dir, Herr Jesus, dass du gekommen bist, damit wir Leben haben, und zwar Leben in Fülle. Und ich bitte dich, Herr, dass du dein Leben in jeder Situation meines Lebens offenbarst – heute noch. Du hast uns verheißen, dass denen, die dich lieben, alles zum Besten dienen wird. Ich vertraue darauf. Ich danke dir für mein gesamtes Leben, dass du es zum Besten wirken lässt. Amen.

Übung

9 Schreibe die einzelnen Situationen auf, in denen du die Gegenwart Gottes ausgeblendet hast. Bitte Jesus, in diese Situationen hineinzukommen – mit seinem Licht, mit seiner Liebe, mit seiner Weisheit, mit seiner Offenbarung.

Ich bin es, Gott!

Heute werde ich mich um all deine Probleme kümmern, aber bitte vergiss nicht: Ich brauche dazu deine Hilfe.

Sollte es geschehen, dass der Feind dich in eine Situation bringt, mit der du nicht fertig wirst, versuche erst gar nicht, das Problem selbst zu lösen, sondern sei so freundlich und wirf das Problem in die »EDJE«-Box ein (etwas, das Jesus erledigt)! Ich werde mich zur rechten Zeit darum kümmern – zu meiner Zeit, nicht dann, wenn du meinst, es wäre richtig. Wenn du dein Problem einmal in die Box geworfen hast, dann halte nicht länger daran fest und versuche auch nicht, es etwa wieder herauszuholen. Jedes Festhalten oder jeder Versuch, es wieder herauszuholen, wird die Lösung deines Problems nur verzögern.

Wenn du meinst, das Problem selbst bewältigen zu können, komme bitte dennoch zuerst im Gebet zu mir, damit du dir sicher sein kannst, auch die richtige Lösung zu haben.

Da ich weder schlafe noch raste, ist es nicht notwendig, dass du deinen Schlaf versäumst.

Bleibe ruhig, mein Kind! Wenn du mich brauchst, mit einem Gebet erreichst du mich jederzeit.

8. Der Gott, an dem ich meine Lust haben kann

Gott, du bist mein Gott; dich suche ich von ganzem Herzen. Meine Seele dürstet nach dir.

PSALM 63,2

Ich halte mich nah zu dir, denn deine rechte Hand hält mich sicher.

PSALM 63,9

Ich sehne mich, ja ich vergehe vor Sehnsucht, die Vorhöfe des Herrn zu betreten, wo ich den lebendigen Gott mit frohem Herzen anbeten will.

PSALM 84,3

Die ganze Zeit sehne ich mich von ganzem Herzen nach deinen Gesetzen.

PSALM 119,20

Ich warte sehnsuchtsvoll auf deine Rettung, auf dein Wort hoffe ich.

PSALM 119,81

Habe deine Lust am HERRN; der wird dir geben, was dein Herz wünscht.

PSALM 37,4 (L)

Das ist es, was Gott will: dass wir Lust an *ihm* haben. Dann ist unser Leben wirklich erfüllt. Dabei kommen bei vielen Menschen die Fragen auf: Kann man bei Gott überhaupt Lust haben? Ziehen wir ihn da nicht auf unsere Ebene herab? Wie kann man an Gott Lust haben? Viele denken: »Das Wort passt überhaupt nicht mit Gottes Größe und Heiligkeit zusammen. Bisher hatte ich nur Angst vor Gott. Da muss man ja immer heilig sein. Er will immer nur Heiligung, und das ist ja so langweilig! Er nimmt ja nur weg. Er ist ein Spaßverderber. Er will mich nur in die Buße führen. Alles, was mir jetzt am Leben Lust verschafft, darf ich dann nicht mehr tun! Dann verliere ich womöglich meine Identität.«

Die Bibel redet aber von einem Gott, der *da* ist, der *lebendig* ist, von einer Person, einem Gott, der zum *Verlieben* ist. Gott ist eine

87

Person, kein Prinzip. Er ist durch und durch gütig, gnädig, geduldig, langmütig, sanft, stark, voller Erbarmen und Liebe. Stell dir vor, du würdest einem Menschen mit all diesen Eigenschaften begegnen. Würdest du ihn nicht »liebenswert« finden? Wer Gott wirklich kennt oder erkennt, muss sich in ihn verlieben!

Die Bibel redet aber von einem Gott, der da ist, der lebendig ist, der zum Verlieben ist.

Lust ist eine *gesteigerte Form* von Freude und Befriedigung. Es ist ein Ausdruck für ein Gefühl in der Beziehung zweier Verliebter. Bei Verliebten muss sich keiner daran erinnern: Hast du heute schon an deinen Verliebten gedacht? Die Liebesbriefe liest man so oft, dass man sie fast auswendig kann. Paulus spricht von uns Christen als die »Geliebten des Herrn«. Das ist also keine Schwärmerei oder Übertreibung! Das Wort Gottes redet über die Natur unserer Beziehung mit dem Herrn im Sinne von Lust, Wonne, Freude, Verlangen, Begierde, Durst und Hunger. Das sind alles Ausdrücke, die man für sehr intensive Beziehungen anwendet. Im Wörterbuch finden wir unter dem Wort »anbeten« noch folgende verwandte Begriffe: innig lieben, verehren, tief bewundern, für etwas/jemanden schwärmen oder hoch schätzen, huldigen, groß machen, respektieren, Referenz erweisen, ehren, achten, lieben. Gott anbeten heißt sogar: vernarrt in ihn sein, sich niederwerfen. Das griechische Wort *proscuneo* heißt übersetzt »zu etwas hinküssen«. Gott will, dass wir seine Liebe erfahren, sie fühlen und hören. In Hoheslied 1,2 heißt es: *Ach, dass er mich küsse mit den Küssen seines Mundes, denn deine Liebe ist köstlicher als Wein.*

Die Liebe Gottes ist Basis für alles in unserem Glaubensleben. Wer in der Lust des Herrn lebt, wird

1. völlig auf ihn hin bezogen sein.
2. zuerst an ihn denken: Was würde Jesus dazu sagen?
3. keine »Konkurrenzlust« in seinem Leben haben.
4. absolut treu sein, wird ein »göttlicher Lüstling« sein.

Wir leben unter der Gnade Gottes. Wir sind sozusagen »besetzt mit Gott«, auch unsere Gedanken, Gefühle und unser Wille. Wer schon verliebt war, weiß, wie es ist, wenn man »besetzt« ist mit dem Geliebten. Da gibt es keine Konkurrenz mehr. Da ist man schon »besetzt«! Alle Gedanken,

Bei der Lust am Herrn wird nicht nur die Seele stark in Schwingung gebracht, sondern die Lust an Gott ist ganzheitlich.

Gefühle, der ganze Mensch schwingt in der Beziehung mit dieser anderen Person.

An »Habe deine Lust am Herrn« schließt sich ein Zusatzsegen an. Ich glaube, in dem Fall gilt auch das Wort: »Wer hat, dem soll gegeben werden.« Wer viel hat, nämlich das Beste, das Schönste, das Befriedigendste, also Gott selbst, dem soll noch mehr gegeben werden.

Bei der Lust am Herrn wird nicht nur die Seele stark in Schwingung gebracht, sondern die Lust an Gott ist ganzheitlich. Sie betrifft Geist, Seele und Leib. Wer nach Gott schreit und seine Lust an ihm gefunden hat, weiß, dass die Angebote der Welt ihn nicht sättigen können. In Matthäus 5,6 heißt es: *Gott segnet die, die nach Gerechtigkeit hungern, denn sie werden sie im Überfluss erhalten.*

Wir können auch negativ besetzt sein und zerstörerische Lust haben. Deshalb werden wir in Jakobus 4,1 gefragt: *Was verursacht die Kriege und Streitigkeiten unter euch? Sind es nicht die vielen Begierden, die in euch kämpfen?*

Mit Lust, die in unserem Körper entsteht, verbindet sich das Streben unserer Seele. In Prediger 6,7 (ELB) heißt es: *Alles Mühen des Menschen ist für seinen Mund, und doch wird seine Begierde nicht gestillt.* Selbst wenn die Dinge, die wir geschaffen haben und mit Eifer verfolgen, nicht direkt mit unserem Mund zu tun haben, so werden sie doch deshalb getan, damit sich unser Mund ihrer nachher rühmen kann und Lust empfängt. Unsere Seele bleibt bei all dem dennoch ungestillt. Sie sehnt sich nach echter Liebe, wie wir sie nur bei Gott finden können. Unser Gott ist ein Gott zum Verlieben, und Liebe führt zur Lust. Gott erkennen führt letztlich zu echter Liebe.

Viele sind der Meinung: »Gott ist unsichtbar.« Ja, das stimmt, aber das bedeutet nicht, dass er abwesend ist. Wir erfahren ihn in seinem Frieden, in der Freude, die er gibt, und in der Wahrnehmung seiner wohltuenden Gegenwart. Die Natur ist voll mit Beweisen seiner Gegenwart und seines Charakters. Um mit Gott eine lustvolle Beziehung zu haben, spielt die Wahrheit eine größere Rolle als in einer Beziehung mit Menschen. Wir brauchen Wahrhaftigkeit unsererseits, um Gottes Reden und seinen Charakter wahrzunehmen. Wir müssen Zeit mit ihm verbringen. Die Lust am Herrn fällt nicht über uns, sondern entwickelt sich dann, wenn wir viel Zeit bei und mit Gott verbringen.

Die Lust am Herrn fällt nicht über uns, sondern entwickelt sich dann, wenn wir viel Zeit bei und mit Gott verbringen.

Im Epheserbrief 1,18-19 lesen wir: *Ich bete, dass eure Herzen hell erleuchtet werden, damit ihr die wunderbare Zukunft, zu der er euch berufen hat, begreift und erkennt, welch reiches und herrliches Erbe er den Gläubigen geschenkt hat. Ich bete, dass ihr erkennen könnt, wie übermächtig groß seine Kraft ist, mit der er in uns, die wir an ihn glauben, wirkt.* Das soll unser tägliches Gebet sein. Es gibt zwei Gründe, warum wir Gott anbeten können und sollen:

1. Weil Gott anbetungswürdig ist. Dabei spielt es keine Rolle, in welcher Gemütsverfassung wir uns gerade befinden. Es ist ein Gehorsamsakt, den Gott segnet und durch den wir Friede und Freude erlangen.

2. Aus Begeisterung über Gott und wegen unserer inneren Glückseligkeit. Dazu lesen wir in Psalm 63,6: *Wie mit köstlichen Speisen, so machst du mich glücklich, dich will ich loben und preisen.*

Lola Gola – Was musst du loslassen?

1 Wie viel Zeit verbringst du wirklich mit Gott?

2 Nimmst du dir täglich Zeit, auch während des Tages immer wieder, um dich mit ihm kurzzuschließen?

3 Was hält dich ab, um »Lust am Herrn« zu empfinden?

4 Warum fällt es dir manchmal so schwer, Gott von ganzem Herzen anzubeten? Was steht dir im Wege?

Häufig, wenn es bei mir sehr hektisch wird und ich wieder meiner Tendenz nachgebe, drei Sachen gleichzeitig zu machen, spüre ich, wie der Friede Gottes mich verlässt. Ich setze mich dann auf meine Wohnzimmercouch oder wo immer ich gerade bin und sage: »Maria, du rotierst, aber Jesus rotiert nicht in dir.« Ich bete dann: »Herr, vergib mir. Ich bin wieder selbstständig unterwegs. Ich warte jetzt hier, bis dein Friede mich erfüllt, bis dein Friede mich durchdringt, und ich preise dich und lobe dich und danke dir, dass du weißt, was heute alles erledigt werden soll. Sag mir, was der nächste Schritt ist.« Dann warte ich, bis ich den Frieden spüre, und dann kommt auch meistens die Freude. Anschließend mache ich das, was Gott mir als Nächstes zeigt.

Inspiriertes Gebet für mich selbst oder als Fürbitte (nach Epheser 1,17-21)

O Gott meines Herrn Jesus Christus, Vater der Herrlichkeit, gib mir den Geist der Weisheit und Offenbarung in der Erkenntnis deiner selbst. Erleuchte mir die Augen meines Herzens, damit ich weiß, was die Hoffnung deiner Berufung, was der Reichtum der Herrlichkeit deines Erbes in mir und was die überragende Größe deiner Kraft an mir, dem/der Glaubenden, ist, nach der Wirksamkeit der Macht deiner Stärke, die du hast in Christus wirksam werden lassen, indem du ihn aus den Toten auferweckt und zu deiner Rechten in der Himmelswelt gesetzt hast, hoch über jede Gewalt und Macht und Kraft und Herrschaft und jeden Namen, der nicht nur in diesem Zeitalter, sondern auch in dem zukünftigen genannt werden wird.

Herr, mache mich zu einem echten *Lüstling Gottes*.

Übung

Überlege dir, welche Eigenschaften Gottes dich im Moment besonders ansprechen und dir wichtig sind. Schreibe einen »Liebesbrief« an Gott und danke ihm dafür, wie er ist und was er für dich schon alles getan hat.

Du kannst auch heute ganz bewusst auf Situationen, Begegnungen mit Menschen oder kleine Alltagsdinge achten, die dich an Gottes Gegenwart und Liebe erinnern wollen.

9. Der Gott, auf den ich mich verlassen kann

Es ist besser, auf den Herrn zu vertrauen, als sein Vertrauen auf Menschen zu setzen.

PSALM 118,8

So spricht der Herr: »Verflucht sei, wer sich von mir abwendet und sich nur noch auf Menschen oder seine eigene Kraft verlässt. Der ist wie ein kümmerlicher Wacholderstrauch in der Wüste, der versucht, auf salzigem, unfruchtbarem Boden zu wachsen – er wird nicht viel Glück haben. Aber Segen soll über den kommen, der seine ganze Hoffnung auf den Herrn setzt und ihm vollkommen vertraut. Dieser Mann ist wie ein Baum, der am Ufer gepflanzt ist. Seine Wurzeln sind tief im Bachbett verankert: Selbst in glühender Hitze und monatelanger Trockenheit bleiben seine Blätter grün. Jahr für Jahr trägt er reichlich Frucht.

JEREMIA 17,5-8

Vertraue von ganzem Herzen auf den Herrn und verlass dich nicht auf deinen Verstand. Denke an ihn, was immer du tust, dann wird er dir den richtigen Weg zeigen.

SPRÜCHE 3,5-6

Immer wieder begegnen mir Menschen, die nach folgendem Glaubenssatz leben: »Hilf dir selbst, dann hilft dir Gott.« Und sie sind sehr verwundert, wenn ich ihnen dann sage, dass dieser Satz gar nicht in der Bibel steht.

Menschen, die sich diesen Glaubenssatz eingeprägt haben, sind meistens Menschen, die in ihrer Jugend von den Autoritäten in ihrem Leben wie Eltern, Lehrer oder ältere Geschwister sehr enttäuscht wurden. Sie haben ihnen vertraut und wurden fallen gelassen. Dadurch hat sich diese bittere Wurzel in ihr Herz geschlichen.

Mir ging es ganz ähnlich. Als ich anfing, die Bibel zu lesen, bemerkte ich, dass ich bei jeder Verheißung im Wort Gottes in meinem Herzen nur spöttisch und ungläubig lachte. Ich war sehr überrascht über mich selbst und bat schließlich Gott, mir zu zeigen, warum ich mich so verhalte. Er hat mich daran erinnert, dass mein irdischer Vater manchmal Versprechen gemacht hat, die er nicht gehalten hat. Und das tat mir so weh, dass ich mich als junger Mensch entschloss: »Nimm Versprechungen nicht ernst, dann tun sie nicht weh, wenn sie sich nicht erfüllen.« Das habe ich auch auf die Verheißungen Gottes, wie sie in der Bibel stehen, übertragen! Ich habe dann meinem Vater vergeben, unter anderem deshalb, weil ich erkannte, dass ich sicherlich auch schon Dinge versprochen, sie aber nicht gehalten habe. Ich bat Gott, diese bittere Wurzel aus meinem Herzen zu nehmen und mich zu reinigen. Seither kann ich das Wort Gottes und die Verheißungen Gottes ernst nehmen.

Wenn du zu danken beginnst für alles, auch für Dinge, die du momentan nicht verstehst, dann wirst du sehen, wie Gott dir die Augen des Herzens öffnet.

Vielleicht geht es dir ähnlich wie mir und du kannst Gott nicht vertrauen, weil du seine Verheißungen nicht annehmen kannst. Vielleicht hast du aber auch eine bittere Wurzel gegen Gott in deinem Herzen, weil er etwas zugelassen hat, das du nicht verstehst. Dann bitte den Herrn um Vergebung für deine Bitterkeit und danke ihm, auch wenn du es nicht verstehst, denn in Epheser 5,20 heißt es: *Und dankt Gott, dem Vater, zu jeder Zeit für alles im Namen unseres Herrn Jesus Christus.* In 1. Thessalonicher 5,18 werden wir ebenfalls zum Danken aufgefordert: *Was immer auch geschieht, seid dankbar, denn das ist Gottes Wille für euch, die ihr Christus Jesus gehört.*

Wenn du zu danken beginnst für alles, auch für Dinge, die du momentan nicht verstehst und die dir nicht gefallen, dann wirst du sehen, wie Gott dir die Augen des Herzens öffnet, dass er dir Offenbarungen schenkt, dass du im Nachhinein Dinge verstehen lernst und dass dein Herz voller Dankbarkeit gefüllt wird.

Du kannst dich auf Gott verlassen! Er wird dich nie verlassen, er wird dich nicht im Stich lassen – das habe ich selbst erlebt:

Bei den letzten Präsidentenwahlen in Uganda wollte sich einer der Kandidaten zum Präsidenten ernennen, ohne die Wahl abzuwarten. Überall, wo er mit seinen Reden auftrat, wurde Tränengas versprüht und gab es brennende Autos und geplünderte Geschäfte. Die Deutsche Botschaft schrieb allen Ausländern und empfahl uns, das heißt besonders den Frauen und Kindern, das Land zu verlassen, weil wir ansonsten wahrscheinlich in ein totales Chaos stürzen würden. Wir durften als Europäer nicht mehr in die Stadt gehen, sondern sollten uns nur in unseren Häusern bewegen. Wir schickten deshalb nur noch unsere einheimischen Mitarbeiter zum Einkaufen, die uns immer wieder von chaotischen Zuständen berichteten. Auch im Fernsehen und in den Zeitungen war davon zu hören und zu lesen. Bei mir wurden sämtliche Angsterfahrungen aus dem Zweiten Weltkrieg, den ich als Kind erlebte, in Erinnerung gerufen, sodass ich nicht mehr schlafen konnte. Ich war in Panik. Der einzige Gedanke, den ich noch fassen konnte, war: Wie kann ich noch möglichst viele Pässe und Visa bekommen, um möglichst viele Kinder mit mir aus diesem Land mitzunehmen? Und in dieser Zeit der tiefen inneren Unruhe fragte mich der Herr eines Tages: »Maria, wer hat dich nach Uganda gebracht?« Ich antwortete: »Du, Herr!«

Seine zweite Frage lautete: »Und wer wird dich wieder herausführen?« Ich entspannte mich und sagte: »Du, Herr.« Und sofort kam mir der Gedanke: »Wenn

Du kannst dich auf Gott verlassen. Er wird dich nie verlassen!

ich umkomme, komme ich um.« Ich war mir sicher, dass ich durch den Heiligen Geist zu diesem Entschluss gekommen war. Ein tiefer Friede zog in mein Herz ein, ich war wie ausgewechselt. Ein Friede, der menschliches Verstehen übersteigt, zog in meine Seele. Ich wusste, dass ich Gott ganz vertrauen und mich auf ihn in dieser schwierigen Situation verlassen könnte.

Schon am nächsten Tag wurde dieser Mann festgenommen und ins Gefängnis gebracht. Aber ich wäre auch ohne seine Festnahme im Frieden gewesen. Ohne zu wissen, dass er festgenommen worden war, fuhr ich am nächsten Tag wieder in die Stadt – es war eine Befreiung sondergleichen!

Dieses Erlebnis nahm noch ein ganz besonderes Ende. Jeden ersten Sonntag im Monat gehe ich oder geht einer unserer Mitarbeiter ins Gefängnis, um dort mit den Gefangenen den Sonntagsgottesdienst zu feiern und das Wort zu verkündigen. Einige Zeit nach der Festnahme des Mannes übernahm ich den Dienst im Gefängnis. Und wer saß plötzlich neben mir? Dieser besagte Herausforderer des Präsidenten! Hätte ich nicht kurz zuvor erlebt, dass ich mich vollkommen auf Gott verlassen kann und hätte ich nicht seinen Frieden in meinem Herzen gespürt, wäre ich so schnell wie meine Schuhe mich tragen konnten aus dem Gefängnis gestürzt, denn ich fürchtete mich vor diesem Mann. Aber so konnte ich in aller Ruhe neben diesem Mann sitzen und fragte Gott im Gebet: »Herr, was hast du vor? Warum setzt du mich hierher?« Der Herr sagte: »Sprich mit ihm.« Und ich habe mit ehrlichem Herzen gesprochen, dass ich seine Qualitäten und Fähigkeiten schätzen würde, aber dass sein Geist eine Erneuerung brauche. Ich habe ihn auch gefragt, welche Absichten er mit unserem Land hat. Schließlich kam meine Zeit zum Predigen. Ich predigte über ein neues, reines Herz, ein Herz, das voll und ganz Gott zur Verfügung steht. Am Ende der Predigt stand der besagte Mann mit vielen anderen auf und wollte Jesus in sein Leben aufnehmen, der ihm so ein Herz schenken kann.

Das Schöne ist, dass es zu keinen weiteren Zwischenfällen mehr kam und dass wirklich eine Veränderung in seinem Herzen stattgefunden hat. Gott sei alle Ehre!

Lola Gola – Was musst du loslassen?

1 Wo verlässt du dich nicht auf Gott? 2 Warum kannst du Gott manchmal nicht vertrauen?

3 In welchen Bereichen nimmst du die Dinge lieber noch selbst in die Hand, anstatt sie an Gott abzugeben?

4 Bist du für alles dankbar, was Gott in deinem Leben getan hat? 5 Wo fällt es dir schwer, dankbar zu sein?

Gebet

Vater im Himmel, ich danke dir für mein Leben. Durchforsche mein Herz und zeige mir, wo ich noch unabhängig von dir lebe, damit ich umkehren und dir mein ganzes, ungeteiltes Vertrauen schenken kann. Ich danke dir, Vater, dass ich mich auf dich verlassen kann und dass du zu mir sprichst.

Übung

Schreibe alle Dinge aus deinem Leben auf, für die du noch nie gedankt hast, und fange an, Gott Danke zu sagen. Du kannst ehrlich bekennen: »Herr, ich verstehe die Situation immer noch nicht, ich mag sie auch nicht, aber ich danke dir im Gehorsam dafür und vertraue dir, dass du noch etwas Gutes daraus machen kannst und wirst.«

Wenn du dich entscheiden kannst, den folgenden Aussagen zuzustimmen, dann fällt es dir leichter, dich ganz auf Gott zu verlassen:

Ich verzichte auf die Lüge, dass mein himmlischer Vater weit weg und nicht an mir interessiert ist.	Ich entscheide mich für die Wahrheit, dass mein himmlischer Vater sehr persönlich und engagiert ist. Psalm 139,1-8
Ich verzichte auf die Lüge, dass mein himmlischer Vater gefühllos und teilnahmslos ist.	Ich entscheide mich für die Wahrheit, dass mein himmlischer Vater gütig, freundlich und voll Erbarmen ist. Psalm 103,8-14
Ich verzichte auf die Lüge, dass mein himmlischer Vater hart und fordernd ist.	Ich entscheide mich für die Wahrheit, dass mein himmlischer Vater bejahend und voll Freude und Liebe ist. Römer 15,17 und Zefania 3,17

Ich verzichte auf die Lüge, dass mein himmlischer Vater passiv und kalt ist.

Ich entscheide mich für die Wahrheit, dass mein himmlischer Vater warm und liebevoll ist.
Jesaja 40,11 und Hosea 11,3-4

Ich verzichte auf die Lüge, dass mein himmlischer Vater abwesend und zu beschäftigt für mich ist.

Ich entscheide mich für die Wahrheit, dass mein himmlischer Vater sich über mich freut und meine Gemeinschaft sucht.
Hebräer 13,5; Jeremia 31,20; Hesekiel 34,11-16

Ich verzichte auf die Lüge, dass mein himmlischer Vater nie zufrieden ist mit dem, was ich tue und ungeduldig oder verärgert ist.

Ich entscheide mich für die Wahrheit, dass mein himmlischer Vater geduldig und langsam zum Zorn ist und sich freut, dass ich in Christus bin.
2. Mose 34,6 und 2. Petrus 3,9

Ich verzichte auf die Lüge, dass mein himmlischer Vater geizig und grausam ist und dass er mich ausnutzt.

Ich entscheide mich für die Wahrheit, dass mein himmlischer Vater liebevoll, sanft und beschützend ist.
Jeremia 31,3; Jesaja 42,3; Psalm 18,2

Ich verzichte auf die Lüge, dass mein himmlischer Vater versucht, mir alle Lebensfreude zu nehmen.

Ich entscheide mich für die Wahrheit, dass mein himmlischer Vater vertrauenswürdig ist. Er will mir die Fülle des Lebens schenken. Sein Wille für mich ist gut, perfekt und tragbar.
Klagelieder 3,22-23; Jona 10,10; Römer 12,1-2

Ich verzichte auf die Lüge, dass mein himmlischer Vater kontrollierend und manipulierend ist.

Ich entscheide mich für die Wahrheit, dass mein himmlischer Vater voll Gnade und Barmherzigkeit ist. Er gibt mir auch die Freiheit zu versagen.
Hebräer 4,15-16 und Lukas 15,11-16

Ich verzichte auf die Lüge, dass mein himmlischer Vater verurteilend und nachtragend ist.

Ich entscheide mich für die Wahrheit, dass mein himmlischer Vater sanftmütig und vergebungsbereit ist. Sein

Herz und seine Arme sind immer offen für mich.

Psalm 130,1-4 und Lukas 15,17-24

Ich verzichte auf die Lüge, dass mein himmlischer Vater nörgelnd ist, immer etwas auszusetzen hat und perfektionistisch ist.

Ich entscheide mich für die Wahrheit, dass mein himmlischer Vater sich freut, wenn er an mich denkt, und stolz ist, dass ich sein wachsendes Kind bin.

Römer 8,28-29; 12,5-11 und 2. Korinther 7,4

01/02/22

10. Der Gott, der mir vergibt

Seine Gnade ist so groß, dass er unsere Freiheit mit dem Blut seines Sohnes erkauft hat, sodass uns unsere Sünden vergeben sind.

EPHESER 1,7

Durch die Sünde des einen Menschen gerieten wir unter die Herrschaft des Todes, doch durch den anderen Menschen, Jesus Christus, werden alle, die Gottes Gnade und das Geschenk der Gerechtigkeit annehmen, über Sünde und Tod siegen und leben!

RÖMER 5,17

Und da wir durch das Blut von Christus in Gottes Augen gerecht gesprochen worden sind, ist sicher, dass Christus uns vor dem Gericht Gottes bewahren wird.

RÖMER 5,9

[Gott] befahl dem Menschen jedoch: »Du darfst jede beliebige Frucht im Garten essen, abgesehen von den Früchten vom Baum der Erkenntnis des Guten und Bösen. Wenn du die Früchte von diesem Baum isst, musst du auf jeden Fall sterben.«

1. MOSE 2,16-17

1. Ein Opfer für die Schuld eines Menschen

1. Mose 2,16-17 beschreibt, wie Gott gleich am Anfang der Geschichte unserer Menschheit ein Gebot gegeben hat und sofort der Reiz, nicht zu gehorchen, größer denn je wurde. Es wäre die Aufgabe Adams gewesen, den Rat seiner Frau vor Gott zu prüfen. Aber er wollte sie nicht verlieren, und so aß auch er von dieser Frucht. Das war der erste Ungehorsam, von dem wir in der Bibel lesen. Kurz darauf werden die Folgen dieses Ungehorsams in 1. Mose 3,8 geschildert: *Dieser antwortete: »Als ich deine Schritte im Garten hörte, habe ich mich versteckt. Ich hatte Angst, weil ich nackt bin.«*

Immer wieder begegnen mir Menschen, die sich »nackt« fühlen, die sich fürchten und sich verstecken. Und da fangen dann unsere geschickten oder weniger geschickten Selbsterlösungsversuche an. Adam und Eva, davon lesen wir in 1. Mose 3,21, flochten Feigenblätter zusammen und machten sich Schurze. Aber alle unsere Versuche, unsere Nacktheit, unsere Ängste, unser schlechtes Gewissen zu verdecken und zu vertuschen, bringen keine Lösung oder Erlösung – weder damals noch heute.

Gott lässt es manchmal zu, dass wir selbst alles Mögliche versuchen, um uns selbst, andere und Gott über den wahren Zustand unseres Lebens zu täuschen.

Gott lässt es manchmal zu, dass wir selbst alles Mögliche versuchen, um uns selbst, andere und Gott über den wahren Zustand unseres Lebens zu täuschen. Aber er wartet nur, bis wir letztendlich zugeben: »Ich schaffe es nicht. Ich bin schuldig.«

In 1. Mose 3,21 wird dann geschildert: *Und Gott, der Herr, machte Adam und seiner Frau Kleidung aus Tierfellen und zog sie ihnen an.* Hier sehen wir das erste Mal, dass Gott Lösungen anbietet für die Tilgung der Sünde. Und schon diese Lösung fordert, dass unschuldiges Leben und Blut fließen muss, um die Nacktheit der ersten Menschen vor Gott zu bedecken. Hier wurde *ein* Tier (ein Lamm) für *je einen Menschen* geopfert.

2. Ein Opfer für die Schuld einer Familie

Später heißt es in 2. Mose 12,3: *Sagt der ganzen Gemeinde Israel: Am zehnten Tag dieses Monats soll jeder für seine Familie ein Lamm aussuchen.* An dieser Stelle wird *ein* Lamm nicht für *einen* Menschen geopfert, sondern die Rolle des Lammes wird erweitert. *Ein* einziges Lamm konnte *ein* ganzes Haus retten. Und in Vers 7 und 8 steht: *Sie sollen etwas von dem Blut des Lammes nehmen und an die beiden Türpfosten und den oberen Türbalken des Hauses streichen, in dem sie es essen. Sie sollen das*

Fleisch über dem Feuer braten und noch in derselben Nacht mit bitteren Kräutern und ungesäuertem Brot essen.

Das Volk Israel, das in Gefangenschaft in Ägypten lebte, musste das Blut an beide Türpfosten schmieren, und das ergab dann ein Kreuz. Weiter lesen wir in Vers 13: *Das Blut soll ein Zeichen sein an den Häusern, in denen ihr seid: Wenn ich das Blut sehe, werde ich an euch vorübergehen und euch verschonen. Diese Todesplage wird euch nicht treffen, wenn ich Ägypten strafe.*

Hierbei handelt es sich um die Einsetzung des Passahmahls. Wir erkennen nun schon viel mehr Schutz. Denn jede Familie – egal, wie ihr Verhalten war – hat erfahren, dass ihr ganzes Haus geschützt wurde, wenn sie diese Anordnung Gottes befolgte und sich dem Blut eines männlichen Tieres – einjährig und ohne Fehler – anvertraute.

3. Ein Opfer für die Schuld eines Volkes

Aaron soll den Ziegenbock als Sündopfer für das Volk schlachten und das Blut in das Allerheiligste bringen. Dort soll er das Blut auf die Deckplatte und vor die Lade sprengen, so wie er es mit dem Blut des Stiers getan hat. Auf diese Weise soll er das Allerheiligste reinigen wegen aller Sünde der Israeliten und ihrer Unreinheit. Dasselbe soll er für das Zelt Gottes tun, das inmitten ihrer Unreinheit steht (3. Mose 16,15).

Dies ist eine noch größere Erweiterung des Opferbegriffes. Es wird nämlich *ein* Bock als Sühnopfer für das ganze Volk gebracht, und diesmal bereits hinter den Vorhang des Tempels, also in das Allerheiligste. *Ein* Lamm für *eine Nation.*

4. Jesus Christus opferte sich für die gesamte Menschheit

Als Johannes der Täufer Jesus zum Jordan kommen sieht, spricht er: *»Seht her! Da ist das Lamm Gottes, das die Sünde der Welt wegnimmt!«*

(Johannes 1,29). Das ist das Opfer für die ganze Welt: Jesus, der Erlöser für diese Welt!

In Hebräer 9,22 schreibt uns der Verfasser dieses Briefes: *Letztlich können wir sagen, dass nach dem Gesetz fast alles durch Besprengung mit Blut gereinigt wurde. Ohne Blutvergießen gibt es keine Vergebung der Sünden.* Der 1. Petrusbrief führt diesen Gedanken in Kapitel 1,18-19 noch weiter aus: *Denn ihr wisst, dass Gott euch nicht mit vergänglichen Werten wie Silber oder Gold losgekauft hat von eurem früheren Leben, das ihr so gelebt habt wie schon Generationen vor euch. Er bezahlte für euch mit dem kostbaren Blut von Jesus Christus, der rein und ohne Sünde zum Opferlamm Gottes wurde.* Welche Rolle Jesus Christus für uns spielt, erklärt Hebräer 9,11-12: *So ist Christus nun der Hohepriester für all das Gute geworden, das gekommen ist. Er hat das große, vollkommene Heiligtum im Himmel betreten, das nicht von Menschen erbaut wurde und nicht Teil dieser Schöpfung ist. Ein einziges Mal brachte er Blut in jenes Allerheiligste, aber nicht das Blut von Böcken und Kälbern, sondern sein eigenes Blut, durch das er uns die Rettung brachte, die für alle Zeiten gilt.* Ich glaube, bevor wir verstehen, was es Gott gekostet hat, um unsere Sünde zu tilgen, müssen wir die Rolle des Opfers, wie sie im Alten Testament dargestellt wird, verstehen!

Jesus ist nie gekommen, um aus bösen Menschen brave zu machen, sondern aus toten lebendige! Er ist gekommen, um uns aus der Finsternis ins Licht zu bringen. Dazu heißt es in Kolosser 1,13-14: *Er hat uns aus der Macht der Finsternis gerettet und in das Reich des geliebten Sohnes versetzt. Gott hat unsere Freiheit mit seinem Blut teuer erkauft und uns alle unsere Schuld vergeben.*

> *Jesus ist nie gekommen, um aus bösen Menschen brave zu machen, sondern aus toten lebendige!*

Wenn wir glauben, dass Jesus Christus stellvertretend für die gesamte Menschheit gestorben ist, dann werden wir erkennen, dass wir ohne Verdienst gerecht gesprochen sind. Dies geschieht allein durch Gottes Gnade. Deshalb ist auch eine unglaubliche Kraft in Jesu Blut, das er für uns vergossen hat, vorhanden, denn Jesus ist aus der Herrlichkeit Gottes zu uns gekommen. Er repräsentierte das Leben Gottes. Wir wurden aus der Knechtschaft des Feindes durch das Blut Jesu befreit. Wir müssen uns immer wieder in Erinnerung rufen, dass die Vergebung unserer Schuld letztlich die Aufgabe Gottes ist: Er hat all unsere Sünden genommen und hinter sich geworfen. Nur durch das Blut Jesu Christi sind wir gerecht gesprochen, wie es Römer 5,8-9 erklärt: *Gott dagegen beweist uns seine große Liebe dadurch, dass er Christus sandte, damit dieser für uns sterben sollte, als wir noch Sünder waren. Und da wir durch das Blut von Christus in Gottes Augen gerecht gesprochen worden sind, ist sicher, dass Christus uns vor dem Gericht Gottes bewahren wird.* Gott hat schon für meine und deine zukünftigen Sünden gezahlt. Wir sind versöhnt mit Gott!

Für mich war es ein sehr langer Weg, bis ich diese Wahrheit verstehen und für mich und mein Leben annehmen konnte. Ich war überzeugt, dass Jesus für die bösen Menschen dieser Welt gestorben war. Ich aber hatte mich immer bemüht, ein braver Mensch zu werden, und mit diesen Sünden, die ich hatte, hätte man anders umgehen können!

Eines Tages sprach Gott durch eine Vision zu mir. Ich sah mich selbst, wie ich mit einer riesigen Schürze vor dem Kreuz stand, während Jesus am Kreuz hing. In dieser Schürze befanden sich meine ganze Selbstgerechtigkeit, mein ganzer Stolz, meine ganze Rechtfertigung. Jesus sagte zu mir: »Öffne diese Schürze.« Ich antwortete: »Herr Jesus, das tut dir jetzt aber sehr weh.« Und er meinte: »Deshalb bin ich hier.« In diesem Augenblick erkannte ich, dass es keinen anderen Weg gibt, als vor dem Kreuz zu kapitulieren und den alten Menschen mit seiner ganzen Schuld loszulassen. Ich sah, wie Jesus durch meine Schuld Qualen erlitt. Aber zu meiner großen Überraschung sah ich mich selbst vor dem Kreuz mit einem schneeweißen Kleid. Es war ein göttlicher Austausch! Meine alte, sündige Natur gab ich Jesus und erhielt dafür seine Gerechtigkeit.

Von dem Tag an habe ich nie mehr gezweifelt, dass Gott mich liebt, dass er mich als sein Kind angenommen hat und dass für meine Schuld schon bezahlt ist.

5. Wir werden frei, wenn wir anderen vergeben

In Matthäus 6,12 lehrt uns der Herr in seinem Gebet, dem »Vaterunser«, zu beten: *Und vergib uns unsere Schuld, wie auch wir denen vergeben haben, die an uns schuldig geworden sind.* Oft tun wir uns so schwer mit der Vergebung, weil unsere Gefühle davon stark betroffen sind. Wir müssen uns von Gott die Vergebung lehren lassen. Wir werden nur durch die Wahrheit und den Gehorsam Gott gegenüber frei.

Oft tun wir uns so schwer mit der Vergebung, weil unsere Gefühle davon stark betroffen sind.

a) Es gibt zwei wesentliche Wurzeln, warum wir anderen nicht vergeben wollen.

1. Häufige Gründe sind Schmerz und Verwundung, die uns von außen und meistens von wichtigen Personen in unserer Kindheit, von Autoritäten zugefügt wurden. Der Schmerz muss dabei gar nicht so groß gewesen sein.

   Ich hatte ein sehr tief greifendes Erlebnis im Kindergarten. Ich war ein sehr empfindliches Kind, wahrscheinlich sogar neurotisch, und wollte nicht von den Jungen angefasst werden. Aber gerade weil es mich so störte, haben sie es immer wieder getan. Wenn die Erzieherin dann zu uns herüberschaute, taten sie immer ganz unschuldig. Die Erzieherin schimpfte dann immer mit mir anstatt mit den Jungen. Erst Jahre später erkannte ich, dass es für meine persönliche Entwicklung und für meinen Glauben wichtig war, dieser Person zu vergeben. Aber davon werde ich an späterer Stelle ausführlicher berichten.

2. Echte Schuld oder unechte Schuld

   Echte Schuld sind eigene Sünden oder eigene schlechte Entscheidungen. Bei unechter Schuld fühle ich mich schuldig, obwohl ich rational betrachtet weiß, dass ich nicht schuld bin. Zum Beispiel kann es sein, dass sich ein Kind, dessen Eltern heiraten »mussten«, für die eventuell schlechte Ehe verantwortlich macht.

Oder die Mutter stirbt bei der Geburt und das Kind denkt: »Ich habe meine Mama umgebracht.« Manche Kinder denken, wenn der Vater oder die Mutter stirbt: »Ich war nicht brav genug.«

Es macht keinen Unterschied, ob die Schuld echt ist oder unecht: Schuld macht krank, weil wir nicht geschaffen sind, um Schuld zu tragen. Die Folgen sind oft Krankheit und Depression bis hin zum Wahnsinn. Wir alle haben Bereiche in unserem Leben, wo durch nicht verarbeitete Schuld unser Wachstum geistlich, emotional in unseren Beziehungen oder sogar körperlich behindert wurde. Und diese Verletzungen und die Schuld aus der Vergangenheit werden unser Wachstum beeinträchtigen, bis wir die freisprechen, die uns verletzt haben, und bis ich mir selbst die Schuld vergeben habe, so wie Jesus mir vergeben hat und täglich neu vergibt.

> *Schuld macht krank, weil wir nicht geschaffen sind, um Schuld zu tragen.*

b) Blockaden, die uns hindern, anderen zu vergeben

1. Im Wege stehen, um anderen zu vergeben, können unsere Kultur und auch unsere egoistische, negative Einstellung, die sagt: »Vertraue niemandem, schau auf dich selbst, lass ihn (oder sie) bezahlen, lass dir das nicht gefallen!«

2. Wenn wir nicht verstehen, wie uns in und durch Jesus Christus bereits vergeben wurde:

Von diesem »Nichtverstehen« lesen wir in der Geschichte vom Schalksknecht:

Dann kam Petrus zu ihm und fragte: »Herr, wie oft soll ich jemandem vergeben, der mir Unrecht tut? Sieben Mal?« »Nein!«, antwortete Jesus, »siebzig mal sieben Mal! Deshalb kann man das Himmelreich mit einem König vergleichen, der beschlossen hatte, mit seinen Bediensteten, die von ihm Geld geliehen hatten, abzurechnen. Unter ihnen war auch einer, der ihm sehr viel Geld schuldete. Da er nicht bezahlen konnte, befahl der König das Folgende: Er, seine Frau, seine Kinder, und alles, was er besaß, sollte verkauft werden, um damit seine Schuld zu begleichen. Doch der Mann fiel vor ihm nieder und bat ihn: ›Herr, hab doch Geduld mit mir, ich werde auch alles bezahlen.‹ Da hatte der König Mitleid mit ihm, ließ ihn frei und erließ ihm seine Schulden. Doch sobald der Mann frei war, ging er zu einem anderen Diener, der ihm eine kleine Summe schuldete, packte ihn am Kragen und verlangte, dass er auf der Stelle alles bezahlen sollte. Der Diener fiel vor ihm nieder und bat ihn um einen kurzen Aufschub: ›Hab doch Geduld mit mir, ich werde auch alles bezahlen.‹ Doch der Mann war nicht bereit zu warten. Er ließ ihn verhaften und einsperren, so lange bis dieser seine ganze Schuld bezahlt hätte. Als die anderen Diener das sahen, waren sie empört. Sie gingen zum König und erzählten ihm, was vorgefallen war. Da ließ der König den Mann rufen, dem er zuvor seine Schulden erlassen hatte, und sagte zu ihm: ›Du herzloser Diener! Ich habe dir deine großen Schulden erlassen, weil du mich darum gebeten hast. Müsstest du da nicht auch mit diesem Diener Mitleid haben, so wie ich Mitleid mit dir hatte?‹ Der König war so zornig, dass er den Mann ins Gefängnis werfen ließ, bis er seine Schulden bis auf den letzten Pfennig bezahlt hatte. Genauso wird mein Vater im Himmel mit euch verfahren, wenn ihr euch weigert, euren Brüdern und Schwestern zu vergeben« (Matthäus 18,21-35).

In den ersten Versen hören wir Petrus, der aus seiner religiösen Überzeugung heraus glaubt, dass sieben Mal vielleicht schon genug sei, jemandem zu vergeben, aber Jesus sprach: »Nein! Siebzig mal sieben Mal.« Dabei hat der Herr nicht gemeint, dass wir nach 490 Mal aufhören sollen zu vergeben.

Danach gibt uns Jesus ein Beispiel von einem König, der mit seinen Dienern abrechnen wollte. Als er die Schulden einforderte, gab es einen, der nicht mehr bezahlen konnte, das heißt er war am Ende. Das hat dieser Mann teilweise erkannt, aber hat er wirklich erkannt, wie es um ihn stand? Es heißt in Vers 26: *Doch der Mann fiel vor ihm nieder und bat ihn: ›Herr, hab doch Geduld mit mir, ich werde auch alles bezahlen.‹* Er glaubte immer noch, dass er sich aus seinem Schlamassel selbst herausziehen könnte. Mein Mann, der einen schütteren Haarwuchs hatte, sagte in diesem Zusammenhang immer scherzhaft bei Seminaren: »Das bleibt einem, wenn man sich selbst aus dem Dreck rausziehen will.«

Wenn wir nicht die Vergebung Gottes empfangen, dann fühlen sich die Menschen in unserer Umgebung von uns »gewürgt«.

Der König im biblischen Beispiel hatte Erbarmen mit dem Diener, ließ ihn frei und erließ ihm die Schuld. Aber der Diener hörte das nicht. Er hörte nur, was er wollte. Er wollte Geduld und er wollte alles zurückzahlen.

So oft hindert uns unsere innere Einstellung, Gottes Stimme zu hören, weil wir hören wollen, wovon wir überzeugt sind. Der Diener glaubte auch, er müsse alles bezahlen. Er hatte nicht verstanden, dass er frei war. Mit dieser Einstellung ging er hinaus und traf einen der anderen Diener, der ihm sehr wenig schuldete – nur 100 Silbergroschen. Das hätte dieser locker zurückzahlen können. Aber er packte und würgte ihn »vorsichtshalber« und sagte: »Bezahle, was du mir schuldig bist!«

Wenn wir nicht die Vergebung Gottes empfangen, dann fühlen sich die Menschen in unserer Umgebung von uns »gewürgt«. Sie sind nicht frei, in unserer Gegenwart zu leben.

Der zweite Diener fiel vor dem ersten nieder und sagte: »Hab Geduld mit mir. Ich will dir alles bezahlen.« Er hätte geduldig sein können, aber der erste Diener dachte, er müsse jetzt möglichst von allen alles fordern, damit er seine Schuld zurückzahlen konnte. *Doch der Mann war nicht bereit zu warten. Er ließ ihn verhaften und einsperren, so lange bis dieser seine ganze Schuld bezahlt hätte.* Nun griffen seine Mitdiener ein. *Als die anderen Diener das sahen, waren sie empört. Sie gingen zum König und erzählten ihm, was vorgefallen war.* Daraufhin sagte der König zu diesem Diener, der eigentlich schon ganz freigesprochen war, aber es nicht geglaubt hatte: *»Du herzloser Diener! Ich habe dir deine großen Schulden erlassen, weil du mich darum gebeten hast. Müsstest du da nicht auch mit diesem Diener Mitleid haben, so wie ich Mitleid mit dir hatte?«* Und der König wurde zornig.

Wenn wir die Gnade Gottes nicht annehmen, dann sind wir mit Gott nicht versöhnt, und das bedeutet, dass wir weiterhin unter dem Zorn Gottes stehen und leben. Und wenn wir die Vergebung Gottes nicht für uns persönlich gelten lassen, dann sind wir auch nicht in der Lage, anderen Menschen zu vergeben. In Vers 35 heißt es deshalb: *Genauso wird mein Vater im Himmel mit euch verfahren, wenn ihr euch weigert, euren Brüdern und Schwestern zu vergeben.* Ich sage immer wieder: Wenn du ein »gesunder Egoist« bist, dann lebst du in der Vergebung mit allen Menschen. Denn ein gutes Gewissen ist ein wunderbares Ruhekissen! Offenbar hat dieser junge Mann aus der Geschichte vom Schalksknecht nicht an die Gnade Gottes geglaubt, und deshalb konnte er sie auch nicht weitergeben.

Wenn wir die Vergebung Gottes nicht für uns persönlich gelten lassen, dann sind wir auch nicht in der Lage, anderen Menschen zu vergeben.

3. Wenn wir bedingungslose Liebe nicht verstehen:

Es scheint uns unmöglich, dass jemand uns das vergeben kann, was wir uns selbst nicht vergeben wollen. In meiner Jugend gab es eine Begebenheit, wegen der ich mich permanent anklagte. Ich habe zehn Jahre diese Sünde gebeichtet, wurde aber nie frei davon. Einmal fragte mich ein Priester: »Bist du bereit, dir selbst zu vergeben?« Ich sagte: »Nein, nein. Nie!« Er sagte: »Ich auch nicht«, und wünschte mir einen schönen Tag. Diese ehrliche Reaktion war ein Schock für mich. Aber ich brauchte diese aufrüttelnde Begegnung, denn erst dann habe ich erkannt, dass ich zwar meine Schuld Gott brachte und sie von ihm anschauen ließ, sie aber dann wieder mitnahm und keine echte Vergebung erlebte.

4. Wenn wir stolz sind:

Stolze Menschen haben es in Bezug auf die Gnade Gottes sehr schwer, denn sie wollen normalerweise alles selbst erledigen und können nur sehr

Die Gnade Gottes kann man sich aber nicht erarbeiten, sondern man muss sie sich schenken lassen.

schwer Geschenke annehmen. Die Gnade Gottes kann man sich aber nicht erarbeiten, sondern man muss sie sich schenken lassen.

5. Wenn wir Angst vor dem Ungewissen haben:

Wir haben Angst, dass wir, nachdem wir anderen vergeben haben, wieder verletzt werden oder uns wieder schuldig machen. Es gibt viele Gefangene im Gefängnis, die Angst vor der Freiheit haben. Und wenn sie freigelassen werden, machen sie alles, um gleich wieder ins Gefängnis zurückkommen zu können. Sie haben Angst vor dem Ungewissen.

6. Wenn wir Angst haben vor Verurteilungen oder Verachtung:

Wir glauben dann, dass die Menschen uns gar nicht verstehen und dass sie uns nicht mehr lieben und unsere Bitte um Vergebung als Schwäche betrachten.

7. Wenn wir nicht auf Rache verzichten wollen:

Ärger blockiert uns, und Ärger erzeugt Rachegefühle. Da kommen irrationale Reaktionen auf, sodass wir zum Beispiel glauben: »Jeder ist gegen mich« oder »Männer verletzen nur«. Unser Lebensziel heißt dann oft: »Ich werde es ihnen beweisen!« Durch Ärger und Rachegefühle erhalten wir eine verbogene Interpretation von unseren Erfahrungen und Beziehungen. Es wird alles verdreht und wir sind voller negativer Erwartungen.

8. Wenn wir andere Auswege als die Vergebung wählen:

Wir können die Situation rationalisieren und erklären: »Ich kann nicht anders.« Oder wir können die Situation verneinen: »Das hat gar nicht so wehgetan.« Oder sie bagatellisieren: »Da ist schon Schlimmeres passiert.« Wir können die Situation auch ignorieren und gar nicht wahrnehmen, denn viele meinen, als Christ dürfe man solche Gefühle nicht haben.

9. Wenn ich nicht weiß, was Gott der Vater mir alles geschenkt hat:

Wenn mir nicht klar ist, was Gott mir alles durch seinen Sohn und auch durch meine neue Familie, der Familie Gottes, geschenkt hat, kann ich Barrieren aufbauen, die mich daran hindern zu vergeben. Das Gleiche gilt dann, wenn ich noch nicht erfasst habe, was es bedeutet, dass Jesus für alle meine Sünden und für die Sünden der ganzen Welt gestorben ist.

10. Wenn wir Bedingungen festsetzen:
Wenn wir uns in Gedanken wie »Ich vergebe dem anderen nur, wenn er sich verändert« verstricken, können wir dem anderen gar nicht wirklich vergeben. Wir sind innerlich blockiert.

Das Ergebnis davon, anderen nicht zu vergeben, ist gebremstes Wachstum des inneren Menschen. Es ist dann schwer für uns, offene Beziehungen mit Gott und anderen Menschen zu leben.

6. Wurzeln von unverarbeiteter Schuld

Wenn folgende Symptome vorhanden sind, dann kann der Grund dafür unverarbeitete Schuld sein: Kritiksucht, ständiges Übertreiben, zwanghaftes Reden, Schüchternheit, Perfektionismus, Arbeitssucht.

Menschen, die Vergebung für sich selbst nicht empfangen und auch nicht weitergeben, sind unsicher und hoffnungslos, sie haben ein niedriges Wertgefühl und fühlen sich unbedeutend. Oft flüchten sie sich in das Selbstmitleid: »Ich armer Mensch. Ich bin nur benutzt worden. Ich bin ein Opfer, jeder ist gegen mich. Niemand kümmert sich um mich. Ich werde übersehen, vergessen. Am liebsten wäre ich tot.«

Wenn wir die Sonne über unserem Zorn untergehen lassen, dann entwickelt sich Bitterkeit. Und Bitterkeit bindet uns und den Betreffenden, dem wir nicht vergeben haben. Das kann so weit gehen, dass wir so werden wie die Person, wegen der wir bitter sind. Bittere Menschen haben die Tendenz, immer nur Negatives zu erwarten, Negatives zu sehen und Negatives zu verbreiten. Bitterkeit hindert Gott, uns zu vergeben und uns zu heilen. Ekel zum Beispiel ist eine ins Körperliche verlagerte Bitterkeit, und am Ende fühlen wir uns dann wirklich als das arme Opfer und bauen Wände um uns herum auf. Um unser Herz stellen wir einen Stacheldraht, der nach außen genauso sticht wie nach innen. Nicht umsonst werden wir in Hebräer 12,15 gewarnt: *Achtet aufeinander, damit niemand die Gnade Gottes versäumt. Seht zu, dass keine bittere Wurzel unter euch Fuß fassen kann, denn sonst wird sie euch zur Last werden und viele durch ihr Gift verderben.*

Wenn wir die Sonne über unserem Zorn untergehen lassen, dann entwickelt sich Bitterkeit.

Bitterkeit kann auch in die Depression treiben. Da ist dann der Zorn, der nach innen geführt wird, die selbst zugefügte Rache. Und wenn wir weiterhin darin verharren, anderen nicht zu vergeben, sperren wir uns selbst in ein Gefängnis ein. Geistlich, seelisch, gesellschaftlich und körperlich werden wir langsam gelähmt, wir können nicht mehr normal funktionieren und verlieren die Kontrolle. Die Folge davon sind dann meistens Krankheit, Müdigkeit oder Schlaflosigkeit.

Zu Beginn dieses Kapitels habe ich bereits meine Erfahrung im Kindergarten mit den Jungen erwähnt, die mich immer angefasst haben. Wie dies zu einem Beispiel von unverarbeiteter Schuld wurde und welche Folgen dies für mein Leben hatte, möchte ich an dieser Stelle erzählen. Dabei habe ich auch lernen müssen, dass, wenn wir im Recht sind, noch lange nicht das Recht haben, auf unserem Recht zu bestehen:

Da ich mehrere Wochen heulend nach Hause kam, weil die Jungen mich ständig anfassten, nahm mich meine Mutter schließlich aus dem Kindergarten heraus, worüber ich sehr froh war. Die Erzieherin in meiner Gruppe wohnte in unserem Ort, und jedes Mal, wenn ich sie sah, wechselte ich schnell die Straßenseite, damit es für sie nicht peinlich wurde.

Mit 23 oder 24 Jahren entwickelte sich bei mir eine starke Osteoporose, die den Ärzten schleierhaft war, weil sie sich nicht erklären konnten, wie ich zu so einer Krankheit kam. Wöchentlich war ich bei Spezialisten, um mit Schwachstrom behandelt zu werden, damit ich es durch die Woche schaffte. Immer wieder sagte mir ein Arzt, dass ich innerlich vergiftet sei und er mich entgiften müsse. Ich nahm alle möglichen Tabletten ein, aber nichts half.

Als mich der Herr in die USA rief – ich war schon 33 –, war meine

Osteoporose sehr schlimm. Der Arzt prophezeite mir, dass ich spätestens mit 45 Jahren im Rollstuhl sitzen würde, wenn ich so weitermachte. Als dann Gott zu meinem Herzen sprach, dass ich in den USA bleiben solle, war meine erste Reaktion: »Herr, aber ich bin doch krank!« Im Hinterkopf hatte ich dabei, dass ärztliche Behandlungen und Medikamente in den USA sehr teuer sind und ich diese Leistungen nicht hätte bezahlen können. Der Herr antwortete mir: »Ich werde dich heilen.« Das war für mich ein Versprechen, das mich sehr überraschte. Wie sollte er eine so verfahrene Krankheitsgeschichte heilen können?

Einige Wochen später wachte ich mitten in der Nacht mit einem ganz lebendigen Traum vom Kindergarten meiner Kindheit auf. Ich konnte sogar die Luft der Kindergartenräume riechen. Es war, als wäre ich dort. Ich fragte Gott im Gebet: »Herr, warum muss ich denn von der Erzieherin träumen? Die mag ich ja nicht!« Der Herr antwortete: »Genau deshalb!« Ich wollte von Gott wissen, was das heißen und was ich tun sollte. »Vergib ihr!«, lautete seine Antwort. Meine Reaktion war: »Herr, ich weiß gar nicht, wie sie heißt und habe keine Ahnung, ob sie noch lebt ...« Und der Herr sagte: »Das ist alles gar nicht wichtig. Vergib ihr!« Und dann habe ich einfach gebetet: »Herr, ich vergebe dieser Erzieherin, dass sie mich nicht vor diesen bösen Jungen beschützt hat.« In dem Moment, als ich das sagte, fühlte ich mich aber nicht frei, sondern empfand tiefen Hass und Zorn in meinem Innersten. Ich merkte, dass ich ihr eigentlich gar nicht vergeben wollte! Deshalb war es nun dran, Gott um Vergebung zu bitten für all das, was in meinem Herzen schlummerte als Reaktion auf das Verhalten dieser Erzieherin. Also tat ich es. Und ich habe seine Vergebung empfangen und konnte anschließend gut einschlafen.

Es waren ungefähr drei Wochen, in denen diese Träume anhielten. Immer mit anderen Situationen, in denen ich mich absolut im Recht fühlte, anderen etwas nachzutragen, weil ich nicht beschützt oder nicht gerecht behandelt worden war. Kurz darauf sprach der Herr durch Psalm 32,1-5 zu mir: *Glücklich ist der, dessen Sünde vergeben ist und dessen Schuld zugedeckt ist. Glücklich ist der, dem der Herr die Sünden nicht anrechnet und der ein vorbildliches Leben führt! Als ich mich weigerte, meine Schuld zu bekennen, war ich schwach und elend (zerfielen meine Gebeine; ELB), dass ich den ganzen Tag nur noch stöhnte und jammerte. Tag und Nacht bedrückte mich dein Zorn, meine Kraft vertrocknete wie Wasser in der Sommerhitze. Doch endlich gestand ich dir meine Sünde und gab es auf, sie zu verbergen. Ich sagte: »Ich will dem Herrn meine Auflehnung bekennen.« Und du hast mir vergeben und meine Schuld weggenommen!*

Wenn wir anderen nicht vergeben und ihnen Schuld nachtragen, dann öffnen wir auch dadurch Satan eine Tür zu unserem Leben.

Wenige Tage, nachdem diese Träume aufgehört hatten und ich Gott für vieles um Vergebung gebeten hatte, wurde mir bewusst, dass es in meinem Rücken rieselte, wie ich es von den Schwachstrombehandlungen gewohnt war. Ich fragte Gott: »Herr, heilst du mich?« Und er hat mich geheilt, und ich kann sogar jetzt mit fast 70 Jahren noch Ski fahren.

Wenn wir anderen nicht vergeben und ihnen Schuld nachtragen, dann öffnen wir auch dadurch Satan eine Tür zu unserem Leben. In 2. Korinther 2,10 heißt es dazu: *Wenn ihr diesem Mann vergebt, vergebe ich ihm auch. Denn wenn ich etwas vergeben habe – was immer es auch war –, tat ich es in der Vollmacht Christi zu eurem Besten, damit der Satan uns nicht überlistet. Schließlich kennen wir seine Fallen und Tricks nur zu gut.* Und im Epheserbrief 4,26-27 lesen wir: »*Sündigt nicht, wenn ihr zornig seid*«, und lasst die Sonne nicht über eurem Zorn untergehen. Gebt dem Teufel keine Möglichkeit, durch den Zorn Macht über euch zu gewinnen!

Jeder Landwirt wird uns bestätigen, dass Wurzeln in der Nacht wachsen. Auch die Wurzeln der Bitterkeit wachsen in der Nacht. Deshalb sollten wir alles bereinigen, bevor wir schlafen gehen.

Lola Gola – Was musst du loslassen?

Frage dich heute, was du loslassen musst, um selbst als Mensch, der Vergebung annehmen und an andere weitergeben kann, leben zu können:

1. • Was sind die tiefsten Wunden in deinem Leben? Durch wen wurden sie verursacht?
2. • Welche Ereignisse oder Personen machen dich heute noch traurig, zornig oder bitter?
3. • Wem möchtest du heute am liebsten nicht begegnen? Warum?
4. • Mit wem möchtest du nicht verglichen werden?
5. • Mit wem möchtest du nicht im Himmel sein?
6. • Von wem möchtest du dich nicht umarmen lassen?

Praktische Schritte zur Vergebung

1. Lerne von Jesus. Wie geht er mit dir um? Jesus entscheidet sich permanent, uns zu lieben und uns zu vergeben.
2. Lass die Personen und ihre Schuld los. Entlasse sie aus dem Gefängnis deines Herzens und übergib sie in die Hände Gottes. Schicke die Schuld weg.
3. Sprich das oft aus. Stell dir vor, wie du es tust. Und dann tue es: Tue Buße, erkenne deine Schuld, kehre dann um und gehe in die andere Richtung. Gib das Empfangene an andere weiter.

Unverarbeitete Verletzungen tun weh, wenn wir daran denken, davon sprechen, daran erinnert werden. Das ist ein Kennzeichen, dass wir noch nicht ausreichend vergeben haben. Gott möchte, dass du und ich keine schmerzenden Erinnerungen mehr haben. Grübele nicht, sondern schau auf Jesus und bete den Psalm 51,10: *Gott, erschaffe in mir ein reines Herz und gib mir einen neuen, aufrichtigen Geist.*

4. Bete jede einzelne Situation konkret durch, die dir der Heilige Geist aufzeigt. Bekenne deine Schuld und empfange Vergebung. Vergebung beginnt immer mit einer Willensentscheidung. Die Gefühle folgen nach.
5. Danke Gott, dass er diese Person, die dich verletzt hat, genauso liebt wie dich.
6. Entscheide dich zu glauben, dass diese Person dir nicht wehgetan hätte, wenn sie gewusst hätte, dass sie dich damit so verletzt.
7. Bete um Barmherzigkeit. Nimm dir Zeit, für diese Person regelmäßig zu beten, sie zu segnen und ihr zu dienen.
8. Bitte den Herrn, dass er »seelische Archivbilder und Tonbänder« durch sein Blut in deinem Herzen und deinem Denken löscht.
9. Denke darüber nach, wer du in Jesus Christus bist und was er für dich getan hat, und jage dem Frieden nach.

11. Der Gott, der mich führt

Ich führe Blinde einen neuen Weg, einen Weg, den sie nicht kannten, lasse ich sie gehen. Ich werde die Dunkelheit vor ihnen hell machen und den holprigen Weg vor ihnen ebnen. Diese Dinge werde ich ausführen und nicht davon ablassen.

Jesaja 42,16

Der Herr, dein Erlöser, der Heilige Israels, spricht: »Ich bin der Herr, dein Gott, der dich lehrt, was dir nützt und dir den Weg zeigt, den du gehen sollst.«

Jesaja 48,17

Ob dein Weg nach rechts oder links führt, wird eine Stimme hinter dir herrufen und dir ansagen: »Das ist der richtige Weg, den geh!«

Jesaja 30,21

Er zeigt den Demütigen, was richtig ist, und lehrt sie seinen Weg.

Psalm 25,9

Denn so ist Gott. Er ist unser Gott für immer und ewig. Er wird uns allezeit führen und uns begleiten bis zum Tod.

Psalm 48,15

Du wirst mich nach deinem Rat leiten und mich schließlich in Ehren aufnehmen.

Psalm 73,24

Gott will uns führen, so wie Eltern ihre Kinder an der Hand führen. Wenn wir uns seiner Leitung anvertrauen wollen, müssen wir immer wieder bereit sein, den Willen Gottes herauszufinden. Wir müssen verstehen, dass Gott auf verschiedene Art und Weise zu uns spricht, und uns in manchen Situationen grünes, in anderen rotes Licht gibt. Doch wie kann es konkret geschehen, dass Gott uns führt?

1. Gott führt uns, wenn wir demütig sind.

Es ist sehr wichtig, dass wir in unserem Herzen demütig sind, und uns Jesus, aber auch bestimmten Autoritäten in unserem Leben unterordnen. Ich persönlich bin überzeugt davon, dass wir neben der Erfahrung der Erlösung durch Jesus Christus auch die des »Gemeistert-Seins« machen müssen. Zu wem gehörst du, wer ist dein Meister? Wenn wir uns Jesu Führung anvertrauen, brauchen wir keine Angst zu haben. *Dann sagte Jesus: »Kommt alle her zu mir, die ihr müde seid und schwere Lasten tragt, ich will euch Ruhe schenken. Nehmt mein Joch auf euch. Ich will euch lehren, denn ich bin demütig und freundlich, und eure Seele wird bei mir zur Ruhe kommen. Denn mein Joch passt euch genau, und die Last, die ich euch auflege, ist leicht.«* (Matthäus 11,28-30). Manchmal denken wir, dass es schwer werden wird, wenn wir uns Jesus unterordnen, und unser Herz sucht nach Ausflüchten. Doch es ist das Beste, was wir tun können – nur so werden wir zur Ruhe kommen.

Uns Jesus unterzuordnen ist das Beste, was wir tun können – nur so werden wir zur Ruhe kommen.

Mit 19 Jahren wollten meine Freundin und ich mithilfe eines Stipendiums nach Amerika. Leider waren wir einige Wochen zu spät mit der Anmeldung. In meinem Herzen hörte ich aber die Worte: »Du wirst Amerika sehen für lange Zeit.« Ich habe mich dann nie mehr um eine Amerikareise beworben, auch nicht privat. Ich wusste, Gott hat die Sache in der Hand. Als mein Musiklehrer mich mit 32 Jahren fragte, ob ich mit nach Amerika möchte, sagte ich: »Ja, ich werde sicher mal Amerika sehen.« Inzwischen war auch meine Schwester dort verheiratet. Und er sagte: »Ich möchte dich mit einer Musikgruppe – es war eine Tiroler Volksmusikgruppe – in die USA schicken.« Zunächst war ich geschockt, denn ich hatte kein Vertrauen, dass mein Zitherspiel gut genug war für eine öffentliche Vorführung. Er meinte aber, ich hätte noch ein Jahr Zeit, und er hätte schon andere vor mir geschickt, die nicht so gut gewesen waren wie ich.

Trotzdem waren ihre Auftritte ein voller Erfolg in Amerika. Nun versuchte ich noch einzuwenden: »Aber ich weiß nicht, ob meine Eltern damit einverstanden sind oder mein Chef.« Und er sagte nur: »Geh und frag sie.«

Als ich zu meinem Chef ging, meinte er nur: »So eine Gelegenheit, drei Monate nach Amerika zu gehen, bekommst du nicht mehr. Nimm sie wahr und wenn du zurückkommst, kommst du in eine höhere Abteilung. Ich möchte sowieso, dass du meine Berufspartnerin wirst.«

Gott greift durch, wenn er etwas mit uns vorhat.

Ich war sehr überrascht über seine Reaktion. Als ich meine Eltern fragte, meinten sie: »Ja, Kind, so etwas erlebst du nie mehr. Geh doch. Du wirst ja das Alter mit uns verbringen. Nimm diese Chance wahr.«

So hat mich Gott auch durch die Menschen geführt. Darüber werde ich noch ausführlicher im nächsten Abschnitt sprechen.

Ich habe die Pläne voll und ganz Gott in die Hände gelegt. Als ich mich schließlich zu einem Ja durchgerungen hatte, bekam ich plötzlich solche Panikattacken bei der Vorstellung, öffentlich Solo zu spielen, dass ich nachts mit Schweißausbrüchen aufwachte. So schrieb ich dem Verantwortlichen einen Brief (das war im Mai, unsere Abreise sollte im Juli sein), dass er mich bitte von dieser Verpflichtung freistellen solle, weil ich es nervlich nicht schaffen würde. Er hat mir nie auf diesen Brief geantwortet. Stattdessen schickte er mir im Juni einen Express-Brief, ich solle meine Papiere an die amerikanische Botschaft in Wien schicken, damit sie an meinem Visum arbeiten könnten. Ich habe es so lange hinausgezögert, bis mir bewusst wurde: Jetzt habe ich meine Chance selbst verpasst!

Aber Gott greift durch, wenn er etwas mit uns vorhat. Noch in derselben Woche erhielt ich einen Brief von der Deutschen Botschaft in Wien, ich solle meinen Pass schicken. Mein Visum sei schon fertig. Gott hat klar geführt.

2. Gott führt uns durch andere Menschen.

Im Hebräerbrief Kapitel 13, Vers 17 lesen wir: *Gehorcht den Leitern eurer Gemeinde und tut, was sie sagen. Es ist ihre Aufgabe, über eure Seelen zu wachen, und sie wissen, dass sie Gott Rechenschaft geben müssen. Achtet darauf, dass sie dies mit Freude und ohne Sorgen tun können, denn das wäre sonst für euch sicher nicht gut.* Wir sehen an dieser Stelle, dass es wichtig ist, dass wir nicht als einsame Streiter im Reich Gottes arbeiten, sondern dass wir in Gemeinschaft leben und Menschen haben, die in unser Leben hineinsprechen dürfen. Wir sollen jemandem untergeordnet sein und es ist empfehlenswert, sich einen Mentor zu suchen.

Wenn ich auf mein Leben zurückblicke, stelle ich fest, dass mir einige schmerzhafte Erfahrungen erspart worden sind, weil ich einen lieben Mentor in meinem Leben hatte, der mir zur rechten Zeit das Richtige geraten hat. Ich kann jeden nur dazu ermutigen, sich auch so jemanden zu suchen. Es sollte jemand sein, zu dem du aufblickst, bei dem du die Früchte des Geistes (vgl. Galater 5,22) erkennst, dessen Leben für dich ein Vorbild ist. Wenn du dich einmal entschieden hast, dich ihm unterzuordnen (dazu gehört gleichzeitig die bewusste Entscheidung des Mentors, Verantwortung für dich wahrzunehmen), dann folge jedoch auch seinen Ratschlägen.

Als ich nach 15 Jahren in Amerika immer mehr von Menschen ermutigt wurde, wieder nach Europa zurückzukehren, weil auch in Europa die Botschaft des Glaubens gebraucht würde, ging ich zu meinen Pastoren und sagte: »Was sagt der Geist Gottes zu euch?« Und sie meinten: »Wir haben in letzter Zeit öfters bemerkt, dass du deutsche Worte in dein Englisch zu mischen beginnst, und wir wundern uns schon, ob Gott dich wieder zurückführt. Geh zurück. Zuerst einmal nur sechs Monate und dann sehen wir weiter.«

Ich bin zurückgegangen, der Herr hat mächtig gewirkt in dieser Zeit. Ich wurde noch einmal ausgesandt und alle waren sich sicher, dass Gott in der nächsten Periode seinen Willen deutlich machen würde. Kurz nach meiner Rückkehr nach Österreich begegnete ich meinem Mann und habe ihn geheiratet.

Es ist gut, wenn du dich einem Mentor unterordnest und auch seinen Anweisungen gehorchst.

Die ersten Mentoren, die wir in unserem Leben haben, sind unsere Eltern. Wenn du also noch jung bist, solltest du dich dazu entscheiden, die Autorität deiner Eltern anzuerkennen und auf sie zu hören. Sie haben einen sechsten Sinn, was ihre Kinder betrifft. Als ich das erkannte, habe ich beschlossen, meinen Vater zu ehren und nicht ohne seinen Segen zu heiraten, und das, obwohl er noch ungläubig war.

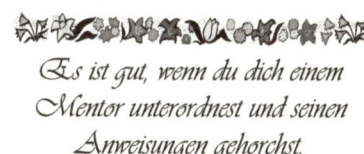

Es ist gut, wenn du dich einem Mentor unterordnest und seinen Anweisungen gehorchst.

Als schließlich der Mann kam, der um meine Hand anhielt, war ich schon 47 Jahre alt. Meine Eltern waren zunächst richtig schockiert und konnten gar nicht glauben, dass ich in meinem Alter noch jemanden gefunden hatte. Es war eine ganze Weile still, mein Papa dachte nach und schließlich sagte er: »Der spinnt genauso wie du. Ihr passt zusammen.« Am Hochzeitstag haben uns dann beide, mein Vater und meine Mutter, gesegnet. Sie legten uns die Hände auf und wir spürten Gottes Gegenwart.

3. Gott führt uns durch unsere Gaben.

In Sprüche 18,16 (L) heißt es: *Das Geschenk des Menschen schafft ihm Raum und bringt ihn zu dem großen Herren.* Du musst keine Türen aufstoßen. Die Gaben, die Gott dir gegeben hat, werden immer ein Geschenk für andere sein und dir so Wege erschließen, die dir sonst verschlossen geblieben wären. Gott führt uns zum Teil also automatisch durch das, was er uns schenkt. Entfalte deine Gaben und setze sie ein. Sie werden über deine Zukunft entscheiden. Gott hat uns nämlich genau mit den Dingen ausgestattet, die wir für unseren Lebensweg brauchen!

Meine Direktorin von der Hauptschule hat mir ins Poesiealbum geschrieben: »Gott hat dir viele Gaben und Talente gegeben, nütze sie, setze sie ein. Du selbst und viele andere werden dadurch glücklich werden.« Das hat bei mir eingeschlagen wie eine Bombe. Es ist wirklich so: Unsere Gaben öffnen uns Türen. Sie sind ein Geschenk und ein Segen für unsere Umgebung und der Schlüssel für unsere Zukunft auf dem Weg, den wir mit Gott gehen.

Gott hat uns genau mit den Dingen ausgestattet, die wir für unseren Lebensweg brauchen!

Gott hat mein Zitherspiel verwendet, um mich in die USA zu bringen. Dabei musste ich Zitherspielen lernen, weil meine Mutter es lernen wollte, aber keine Gelegenheit dazu hatte. Es war *ihr* Traum. Diese Zither wurde mir in den Jahren des Lernens zur großen Qual, aber später zu einem ganz großen Segen.

4. Gott führt uns durch unsere Gedanken.

Denn es heißt: »Wer kann wissen, was der Herr denkt? Wer kann sein Ratgeber sein?« Wir aber denken im Sinne von Christus (1. Korinther 2,16). Wir dürfen darauf vertrauen: Wenn wir unsere Gesinnung erneuern, lenkt Gott auch unsere Gedanken. *Deshalb orientiert euch nicht am Verhalten und an den Gewohnheiten dieser Welt, sondern lasst euch von Gott durch Veränderung eurer Denkweise in neue Menschen verwandeln. Dann werdet ihr wissen, was Gott von euch will: Es ist das, was gut ist und ihn freut und seinem Willen vollkommen entspricht* (Römer 12,2). Die Herausforderung besteht darin, Gottes Gedanken zu erkennen und ihnen zu vertrauen und zu folgen. Das ist ein Übungsprozess. Grundsätzlich gilt aber: Alles, was sich gegen die Wahrheit und Liebe Gottes auflehnt, ist nicht der Sinn Christi. So können wir manchmal schon sehr schnell entscheiden, was von Gott kommt und was nicht.

Die Herausforderung für uns besteht darin, Gottes Gedanken zu erkennen und ihnen zu vertrauen und zu folgen.

Schon öfter hat Gott mir plötzlich einen Gedanken gegeben, ich solle jemanden anrufen oder jemanden besuchen, und jedes Mal war es ein Volltreffer, wenn ich gehorcht habe. Die Menschen brauchten Hilfe und warteten auf ein Zeichen Gottes.

5. Gott führt uns durch »offene Türen«.

Paulus sagt: *Denn mir ist eine Tür aufgetan zu reichem Wirken, aber auch viele Widersacher sind da* (1. Korinther 16,9; L). Jede Gelegenheit, die Gott uns gibt, ihm zu dienen, ist eine offene Tür. Wenn wir Gott auch auf unbekannten Wegen folgen, wird das unseren Glauben stärken und aufbauen. Natürlich macht uns das zuerst auch Angst und fordert uns heraus. Aber Gott möchte mit jedem von uns Geschichte schreiben, eine neue Geschichte, ein neues Kapitel der Apostelgeschichte. Wenn wir Spuren hinterlassen wollen, können wir uns nicht erlauben, andere Menschen zu kopieren. Wir müssen vertrauen, dass Gott mit uns neue, ganz eigene Wege geht.

Gott möchte mit jedem von uns Geschichte schreiben.

Ursprünglich haben wir unsere Arbeit in Uganda nur mit Schulpatenschaften begonnen, weil es der schnellste Weg war, Hilfe zu bieten. Nachdem wir schon einige Tausend Kinder in ihrer Schulausbildung unterstützten, kamen immer mehr Freunde auf uns zu und meinten, wir sollten eigene Schulen bauen, damit wir die Kinder besser beeinflussen können. Und ich hatte im Herzen den Eindruck: Das ist das Sprechen Gottes. Deshalb machte ich mich kurze Zeit später auf, um in der Gegend zu fragen, wo Grundstücke zum Kauf angeboten werden. Dabei verirrte ich mich im Busch. An diesem Tag hatte ich noch ein Treffen mit dem Erzbischof der anglikanischen Kirche vereinbart. Da ich mich aber im Busch total verlaufen hatte und es in diesem Gebiet keine Funkverbindung gab, kam ich mit einer Stunde Verspätung zu diesem Treffen. Als er mich sah, meinte er: »Maria, was ist los? Du bist doch nie zu spät. Was ist passiert?« Ich sagte nur: »Ich suche ein Grundstück, und da war ich im Busch und habe mich verirrt. Es tut mir sehr leid. Ich konnte

123

auch nicht anrufen, weil es keine Funkverbindung gab.« Er meinte: »Du brauchst Land, um Schulen zu bauen? Da kann ich dir helfen.« Ein sehr reicher Ugander hatte der Kirche ca. 65 Hektar Land vermacht, um soziale Einrichtungen wie Schulen oder ein Krankenhaus zu bauen. Die Kirche hatte aber bis zu dem dortigen Zeitpunkt nichts getan, was den Afrikaner sehr wütend machte. Der Erzbischof war gerade vor seiner Pensionierung und es war ihm ein echtes Herzensanliegen, dass etwas mit dem Land geschieht. Als er dann meinen Herzenswunsch hörte, Waisenhäuser, Kindergärten, Berufsschulen, Volksschulen, ein Krankenhaus etc. zu bauen, da meinte er: »Das ist die Tür, die Gott dir öffnet. Wenn dieser Mann das ganze Grundstück auf euch umschreibt, dann lassen wir es los. Wir sind dankbar, dass wir es los sind, ihr habt Land und seid dankbar, dass ihr es habt, und wir sind euch dankbar, dass etwas geschieht.« Das war eine klare offene Türe. Und so ist es auch geschehen: Wir sind heute dabei, kräftig zu bauen.

Auch wenn Gott uns Türen öffnet, heißt das nicht, dass wir keine Angst mehr haben dürfen, denn das ist ganz normal. Denken wir nur an Petrus, als er aus dem Boot steigen und auf dem Wasser laufen sollte. Es war völlig unbekanntes Gebiet für ihn, Wasser trug nicht, das war zumindest seine bisherige Erfahrung. Doch solange er seine Augen auf Jesus gerichtet hielt, stand er auf dem Wasser wie auf festem Boden. Erst als er die Blicke wieder auf die Wolken am Horizont richtete und Angst in sein Herz kam, fing er an zu sinken. Das Wichtige ist aber: Er wagte es zunächst und ging los. Jesus ist bei uns, wenn wir dann nicht weiterwissen.

6. Gott führt uns durch geheiligte Wünsche.

Viele von uns haben ihre eigenen Wünsche ins Zentrum ihres Lebens gestellt und vertrauen Gott nicht mehr. Doch wenn Jesus der Mittelpunkt und der Meister ist, das Zentrum unserer Zuneigung und Hingabe, dann werden seine Wünsche zu unseren Wünschen und wir können unserer eigenen Intuition und damit ihm vertrauen.

Hier müssen wir sehr ehrlich mit uns selbst sein. Wenn wir jedoch in uns hineinblicken und mit Jesus gemeinsam auf einen Wunsch schauen, wird uns meist sehr schnell klar werden, woher er kommt und was unser Motiv ist.

Wenn Jesus der Mittelpunkt und das Zentrum unserer Zuneigung und Hingabe ist, dann werden seine Wünsche zu unseren Wünschen und wir können unserer eigenen Intuition und damit ihm vertrauen.

Es ist ein geheiligter Wunsch einer Frau, sich nach Ehe und nach Kindern zu sehnen. Ich wusste, dass das Wort Gottes sagt: »Es ist nicht gut, dass der Mensch allein sei«, und ich sehnte mich nach Kindern.

So hat Gott mir mit 47 Jahren einen sehr lieben Mann in mein Leben gebracht, mit dem ich in diesem vorgerückten Alter sechs wunderbare Ehejahre verbringen durfte. Und jetzt schenkt mir Gott noch Kinder, die wirklich zu meiner Familie gehören und denen ich von Herzen eine sehr dankbare und glückliche Mutter sein darf.

Ob dein Weg nach rechts oder links führt, wird eine Stimme hinter dir herrufen und dir ansagen: »Das ist der richtige Weg, den geh!« (Jesaja 30,21). Wir dürfen wirklich darauf vertrauen, dass Gott uns führt und leitet. Wir brauchen keine Angst haben. Manchmal müssen wir uns jedoch zuerst in Bewegung setzen und losgehen. Gott möchte, dass du aufstehst und dich bewegst. Erst dann hörst du vielleicht hinter dir die Bestätigung, dass du auf dem richtigen Weg bist. Das heißt es, im Glauben zu wandeln.

Sei geduldig, auch mit dir selbst. Je länger du mit Gott gehst, umso mehr wirst du seine Führung verstehen. Verbringe Zeit mit ihm und lerne auch von den Helden des Glaubens im Wort Gottes. Und hab keine Angst vor Fehlern: *Über die Wege der Gottesfürchtigen wacht der Herr, die Wege der Gottlosen aber führen ins Verderben* (Psalm 1,6). Es ist so entspannend zu wissen, dass Gott deinen Weg bereits kennt und dass er das gute Werk vollenden will und wird, das er in dir und mir begonnen hat.

Lola Gola – Was musst du loslassen? 🌿

1 Vertraust du Gott, dass seine Pläne besser sind, als du sie dir je selbst ausdenken könntest?

2 Vertraust du Gott, dass er um dich weiß, dass er dir genau die Gaben gegeben hat, die du brauchst für den Plan, den er für dein Leben hat?

Lass los ... alles Misstrauen, alle Ängste, dass er dich übersieht, dass er sich gar nicht um dich kümmert.

Lass los ... allen Kleinglauben.

Lass los ... alle Ent-täuschung, die du vielleicht bisher schon erlebt hast. Gottes Pläne sind gut und er führt dich!

Überlass dich jeden Tag ihm und wandle in den guten Werken, die er vorbereitet hat.

Gebet 🕊

Vater im Himmel, vergib mir, wo ich Entscheidungen getroffen habe, vor denen mein Herz mich warnte. Vergib mir, wo ich dir misstraut habe, dass du gute Pläne für mich hast. Ich empfange deine Vergebung für alles Misstrauen, allen Kleinglauben und für alle Bitterkeit. Ich will mich wieder ganz neu auf dich einlassen, denn du weidest mich auf einer grünen Aue und führest mich zum frischen Wasser! Du führst mich auf rechter Straße um deines Namens willen. Du leitest mich nach deinem Rat und nimmst mich am Ende mit Ehren an. Ich danke dir, Vater, dass ich dir ganz neu vertrauen kann, dass du mich führst. Gib mir ein demütiges Herz, dir zu vertrauen, und öffne mir die Augen und Ohren des Herzens, damit ich die guten Werke erkenne, die du vorbereitet hast und in denen ich wandeln soll. Danke, Vater, dass deine Wege höher sind als meine Wege und deine Gedanken höher als meine Gedanken. Danke, dass du auch auf krummen Zeilen gerade schreiben kannst, dass du aus dem Mist meines Lebens noch Dünger machen kannst und aus den Scherben meines Lebens Mosaike. Ich vertraue dir ganz neu, Vater. Danke.

Übung

3 Schreibe einmal all die Situationen in deinem Leben auf, bei denen dir bewusst wird:

Da hat Gott eingegriffen. Da hat Gott geführt. Da hat Gott seine Hand sehr massiv im Spiel gehabt.

12. Der Gott, der mich erzieht

Immer wieder bin ich falsche Wege gegangen, bis du mich bestraft hast; doch jetzt halte ich mich an dein Wort.

PSALM 119,67

Mein Sohn, lehne dich nicht dagegen auf, wenn der Herr dich zurechtweist und lass dich dadurch nicht entmutigen! Denn der Herr weist die zurecht, die er liebt, und er straft jeden, den er als seinen Sohn annimmt.

HEBRÄER 12,5B-6

Wer eine Zurechtweisung annimmt, geht den Weg des Lebens, doch wer sie missachtet, führt andere in die Irre.

SPRÜCHE 10,17

Wenn du lernen willst, musst du die Zurechtweisung lieben; es ist dumm, sie zu hassen.

SPRÜCHE 12,1

Sarah saß traurig vor mir und versuchte, nicht wieder zu weinen. »Ich verstehe es einfach nicht«, sagte sie, »wieso tut Gott mir das an? Ich bete und bete, trotzdem verändert sich nichts. Ich kann einfach nicht verstehen, warum er mir so einen Chef vorsetzt. Gott kann doch nicht wollen, dass ich für diesen Mann arbeite und solch unsinnige Aufträge erfülle. Das kann ich einfach nicht machen, der Mann hat doch keine Ahnung ...« Ermutigend sah ich Sarah an und begann, noch einmal zu erklären, dass Gott nicht immer so handelt, wie es für uns am bequemsten ist. Manchmal denken wir, wir wüssten selbst ganz genau, was gut für uns ist, und finden, dass Gott es uns schwer macht, weil er die Hindernisse einfach nicht aus dem Weg räumt. Er antwortet nicht so, wie wir es uns vorgestellt haben. Oft erleben wir sogar, dass Gott anscheinend gar nicht antwortet – sind wir ihm denn egal?

Was auch immer geschieht, wir dürfen darauf vertrauen, dass Gott immer die Kontrolle behält. Er weiß, warum er Dinge zulässt, und wie uns das auf unserem Weg weiterhelfen kann. Selbst wenn der Teufel versucht, uns das Leben schwer zu machen, kann Gott alles, was geschieht, zu unserem Vorteil benutzen.

Wer Kinder hat, weiß, dass man ihnen nicht alles erlauben darf. Selbstverständlich würden die Kleinen den ganzen Tag nur ihre Lieblingsgerichte und Süßigkeiten essen, aber Eltern werden das nicht zulassen, weil es nicht gesund ist. Ebenso dürfen Kinder nicht an allen Orten spielen, weil es gefährlich ist. Ein Vater, der seinem Sohn jeden Wunsch erfüllt, ist sicher kein guter Vater. Ein Kind muss lernen, selbstständig durch das Leben zu gehen, mit Hindernissen und Schwierigkeiten umzugehen und Verantwortung zu tragen.

Gott hat in jeden Menschen Gaben hineingelegt, aber viele Menschen tun nie etwas, sondern sitzen herum und lassen sich treiben. Sie beobachten und verhalten sich absolut passiv. Aber der liebende Vater im Himmel sieht auch das Herz dieser Leute an und weiß, dass sie nicht wirklich glücklich sind. Eigentlich könnten sie Freude und Zufriedenheit erleben und die Welt nach Gottes Willen verändern. Gott möchte seinen Kindern dabei helfen, genau das zu tun.

Gott hat in jeden Menschen Gaben hineingelegt, aber viele Menschen tun nie etwas, sondern sitzen herum und lassen sich treiben.

Ob Gott dich gebraucht oder nicht, hängt von viel mehr ab als nur von deiner Begabung. Es hat vor allem mit deinem Charakter zu tun. Deine Gaben können dich zu Zielen bringen, an denen dein Charakter dich nicht halten kann. Du kannst zum Beispiel Chef einer großen Firma werden, weil die Begabung dazu da ist, aber du wirst diesen Posten nicht behalten, wenn du zu undiszipliniert bist, zu spät kommst, das Geld nicht ordentlich verwaltest und deine Arbeit nicht pünktlich erledigst. Es hängt von deiner Reife ab, wie du dich benimmst, wie du reagierst, ob du den Platz ausfüllen kannst, den Gott für dich auf dieser Welt vorgesehen hat. Es hat mit deinem Herzen und deiner Herzenseinstellung zu tun.

Gott will an die tiefen, verborgenen Stellen unseres Herzens herankommen, an unsere Einstellung, wie wir denken, fühlen und handeln. Er will uns von allem befreien, was uns hindert, *der* Mensch zu sein, zu dem wir in Christus berufen sind. Er will uns freisetzen von einem ängstlichen, ärgerlichen, bitteren, traurigen, verzagten, nachtragenden, hoffnungslosen Geist und will uns den *Heiligen* Geist geben. Wir müssen wie David kühn beten: *Erforsche mich, Gott, und erkenne mein Herz, prüfe mich und erkenne meine Gedanken* (Psalm 139,23).

Wir können nicht vorwärtskommen, wenn wir uns nicht verändern. Und damit wir uns verändern, muss Gott uns zeigen, wo wir gerade stehen.

Wir können nicht vorwärtskommen, wenn wir uns nicht verändern. Und damit wir uns verändern, muss Gott uns zeigen, wo wir gerade stehen. Deshalb lässt er uns sozusagen manchmal gegen einen Baum rennen, damit wir erkennen, dass wir auf dem Holzweg sind.

Gott möchte uns mit seinen Augen leiten. Ich möchte dies am Beispiel meiner kleinen Tochter erklären: Meine Tochter kann an meinen Augen genau erkennen, ob ich mit ihr zufrieden bin oder nicht. Manchmal muss ich gar nichts mehr sagen, dann schaut sie mich an und weiß auch so, dass ich mit ihrem Verhalten nicht glücklich bin. Meistens reagiert sie so, dass sie ihr Verhalten ändert. Bei Gott ist es genauso: Wenn wir unsere Herzensaugen auf ihn gerichtet halten, werden wir in unseren Herzen sein Wohlwollen oder seinen ermahnenden Blick spüren. Wenn wir aber den Augenkontakt zu ihm nicht aufrechterhalten, dann wird er versuchen, uns durch sein Wort zur Umkehr zu leiten, und wenn das auch zu keiner Reaktion bei uns führt, dann setzt er stärkere Mittel ein, um uns vor dem Untergang zu schützen. Wenn du dich auf die liebevolle Erziehung Gottes einlässt, wirst du immer wieder dafür danken, dass du nicht mehr dort bist, wo du warst, und voller Zuversicht sagen, dass du noch nicht dort bist, wo du hin sollst und willst.

Wir brauchen ein liebevolles, treues, fröhliches, glaubendes, vertrauendes, mutiges, tatkräftiges, zartes, bereites, vergebendes, beständiges und weises Herz. Und um dein Herz zu reinigen und zu verändern, und deinen Charakter zu festigen, lässt Gott Prüfungen zu, damit die Unreinheiten sich offenbaren und für dich sichtbar werden.

Lasst uns einige solcher Prüfungen oder Tests anschauen:

1. Der Zeittest *Siehe Sarah Young »Ich bin bei dir« S. 29*

Meine Zeit steht in deinen Händen (Psalm 31,16a; L). Gott bewegt sich nicht in unserem Zeitverständnis. Er kommt nie zu früh und nie zu spät, er ist der Gott der letzten Sekunde. Wir müssen es lernen, dem Zeitplan Gottes zu vertrauen, und dazu müssen wir unsere Zeitvorstellungen innerlich loslassen. Unser Wille soll frei werden vom Eigenwillen, ansonsten nehmen wir immer wieder Dinge aus der Hand Gottes in unsere eigenen Hände. *Deshalb werdet nicht müde zu tun, was gut ist. Lasst euch nicht entmutigen und gebt nie auf, denn zur gegebenen Zeit werden wir auch den entsprechenden Segen ernten* (Galater 6,9).

> *Gott kommt nie zu früh und nie zu spät, er ist der Gott der letzten Sekunde.*

Als ich 1975 ziemlich verzagt auf einem großen Felsen in einem laut tosenden Fluss in den Smoky Mountains saß und Gott verzweifelt bat, mir zu zeigen, was er mit meinem Leben vorhatte, da ich mir nicht sicher war, ob er überhaupt Pläne für mich hatte, hörte ich mit Gewissheit in meinem Herzen: »Lies Jesaja 60,1-5.« Ich öffnete meine Bibel und las laut:

Steh auf und leuchte! Denn dein Licht ist gekommen und die Herrlichkeit des Herrn erstrahlt über dir. Denn die Erde ist von Finsternis zugedeckt und die Völker liegen in tiefer Dunkelheit, aber über dir strahlt der Herr auf. Man kann seine Herrlichkeit über dir schon erkennen. Völker strömen zu deinem

Licht. Mächtige Könige kommen zum Glanz, der über dir aufgeht. Sieh dich um, alle versammeln sich und kommen zu dir. Deine Söhne kommen aus fernen Ländern; deine Töchter werden auf den Armen getragen. Du wirst es sehen und deine Augen werden leuchten, dein Herz wird vor Freude hüpfen und weit werden, wenn dir die Reichtümer der Meeresländer zufallen und die Schätze der Völker in dein Land strömen.

Tief in meinem Herzen wusste ich, dass Gott mir diese Verheißung gab, aber meine Seele schmunzelte und fragte sich: »Wie kann so etwas geschehen?« Doch ich musste erst noch den Zeit-Test bestehen und Jahrzehnte warten, mich in Geduld üben und Gott vertrauen, bevor ich erleben durfte, dass Gott sein Versprechen wahr macht.

1985 wurde ich von Freunden zum Sterbebett einer 80-jährigen Frau nach München gerufen, und das am 24. Dezember! Mit nicht zu großer Begeisterung fuhr ich dorthin und war über das Timing etwas ungehalten. Als ich dort ankam, fand ich eine alte, liebenswerte Dame, mit der ich einen ganzen Tag seelsorgerlich verbrachte. Diese Dame (»Tante Emma«) bereitete ihr Herz für die Ewigkeit vor. Alle glaubten, dass sie in ihren letzten Lebensstunden war. Nach unserer Verabschiedung (wir waren sicher, dass wir uns auf dieser Erde nicht mehr sehen würden),

Gott ist gut und hält sein Wort und erfüllt es zu seiner Zeit.

kam noch der Pastor mit dem Abendmahl zu ihr. In dieser Zeit hatte sie den Eindruck, dass Gott noch Arbeit für sie habe. Als sie meinte: »Herr, ich bin schon sehr müde«, entgegnete er: »Ich habe schon durch einen müderen Gaul Räder in Bewegung gesetzt.« Sie war eine Frau des Gehorsams, willigte ein und unterzog sich verschiedener Therapien zur Wiederherstellung ihrer Gesundheit.

Nach einigen Monaten rief sie mich an (ich war nicht wenig überrascht) und sagte mir, sie würde meinen Dienst gern intensiv unterstützen. Ich wusste nicht, dass sie eine Prinzessin aus deutschem Adel und sehr weise war. Sie sagte mir: »Weißt du, einer 80-Jährigen kann man keinen Wunsch abschlagen.« Und das nutzte sie voll aus, um viele Adelige zu unseren Seminaren zu schicken, die wiederum andere einluden. So erfüllte sich die Verheißung des Herrn (Jesaja 60,3) trotz meiner Bedenken!

1995 wurde ich nach Uganda zum Predigen eingeladen. Da ergriff mich das unheilbare »Afrikafieber« – ich wollte immer wieder zurück auf diesen Kontinent. Dort kam im Jahr 2000 mein Sohn Richard in mein Leben und 2008 adoptierte ich Angel, die mir von ihrer Urgroßmutter drei Jahre zuvor übergeben worden war mit den Worten: »Maria, hier, deine Tochter!« Und nun lebt auch noch mein Sohn Patrick, Richards Zwillingsbruder, bei mir. Wieder kann ich nur staunen, wie Gott diese Verheißung aus Jesaja, dass meine Söhne und Töchter aus fernen Ländern zu mir kommen werden, wahr gemacht hat! Gott ist gut und hält sein Wort und erfüllt es zu seiner Zeit.

Als junge Frau wollte ich zehn Kinder. Im Laufe meines Lebens wurden mir jedoch immer wieder die Worte aus Jesaja 54,1 von Freunden zugesprochen: *»Freue dich, du Unfruchtbare, die nie gebar! Freue dich, jauchze und jubele, auch wenn du nie in Wehen lagst. Denn die allein stehende Frau, die keine Kinder bekommen konnte, hat jetzt mehr Kinder als die, die verheiratet ist«, spricht der Herr.* Ich wollte nicht mehr Kinder, sondern eigene,

Die richtige Zeit ist die Zeit, die Gott für richtig hält.

und diese Worte betrübten damals meine Seele. Ich habe kein einziges Kind geboren, aber heute nennen mich Tausende in Uganda »Mama Maria«. Gottes Wege sind höher als unsere Wege.

Wenn wir uns das Leben von Josef anschauen, sehen wir Ähnliches: Gott schenkte ihm als jungem Mann Träume und Visionen, die er mit seiner Familie teilte. Er war der vertrauteste und meistgeliebte Sohn seines Vaters. All das trug dazu bei, dass seine Brüder ihm feindlich gesinnt waren. Ungefähr 13 bis 15 Jahre verstrichen, bis Josef die Erfüllung der Verheißungen Gottes in seinem Leben verwirklicht sah. Obwohl er sich immer richtig verhielt, wurde er als Sklave verkauft und schließlich sogar ins Gefängnis geworfen. Aber Gott war mit Josef, sodass er ein Mann wurde, dem alles glückte (vgl. 1. Mose 39,2). Er wurde zum Erretter seines Volkes und seiner eigenen Familie. Gott nutzte die Zeit im Gefängnis, um zu ihm zu sprechen und ihn zu einem reifen Mann nach seinem Herzen werden zu lassen.

Die richtige Zeit ist die Zeit, die *Gott* für richtig hält. Gott führt uns aus aller Bedrängnis heraus, aber er sagt uns nicht, wann. Er prüft und erzieht uns in Zeiten, wenn wir uns fragen, wann Gott seine Verheißungen wahr macht. Wir müssen uns dann in Geduld üben, ausharren und ihm vertrauen. So wird unser Charakter gestärkt und wir werden vorbereitet für das, was Gott für uns hat.

Übung

Bitte Gott, dass er dir alle Gnade schenkt, die du brauchst, um ihm für die richtige Zeit zu vertrauen. Das Beste, das Gott für dich vorbereitet hat, dauert meistens etwas länger als das Gute. Habe daher Glauben und Geduld und warte auf das Beste.

2. Der Test der Dankbarkeit in allen Situationen

Was immer auch geschieht, seid dankbar, denn das ist Gottes Wille für euch, die ihr Christus Jesus gehört (1. Thessalonicher 5,18). Unter diesem Test beugt sich unsere Seele schwer. Es ist leicht, für alles Gute, Angenehme, Schöne zu danken ... Aber wie kann man für etwas danken, das wehtut, das man nicht will, das man nicht versteht und um das man nie gebeten hat? Doch wenn wir diesen Test bestehen, führt uns das sehr tief an das Herz Gottes heran und bewirkt, dass wir im Gehorsam und im Vertrauen wachsen.

Ein Vergleich, um das besser zu verstehen: Wir sind nicht mehr wert als ein Teebeutel, bevor er ins heiße Wasser kommt, als Gold vor dem Schmelztiegel, als die feinsten Blütenblätter vor der Presse oder ein roher Diamant, bevor er geschliffen wurde. Erst durch Druck und Hitze kommt der Geschmack, der Glanz, der Wohlgeruch, der Feinschliff.

Ich konnte lange nicht verstehen, dass das Leben aus dem Tod kommt, Erfolg aus der Niederlage, der Ostermorgen nach dem Karfreitag. Erst als ich Römer 8,28 wirklich verstanden hatte, war mein Herz frei, allezeit zu danken: *Und wir wissen, dass für die, die Gott lieben und nach seinem Willen zu ihm gehören, alles zum Guten führt.* Erst nachdem ich Gott bewusst für alle Mängel, Schmerzen, Demütigungen, Ängste, Verluste, Schuld im Gehorsam gedankt habe, hat sich in meinem Herzen ein Knoten nach dem andern gelöst – ich habe mein Leben angenommen aus Gottes Hand –, und Heilung wurde für mich möglich.

Erst nachdem ich Gott bewusst für alle Mängel, Schmerzen, Demütigungen, Ängste, Verluste, Schuld im Gehorsam gedankt habe, hat sich in meinem Herzen ein Knoten nach dem andern gelöst und Heilung wurde für mich möglich.

Heute weiß ich, dass Jesus aus jedem Minus in meinem Leben ein Plus gemacht hat und alles für die Entwicklung meines Herzens wichtig war:

- Nie hätte ich Jesus als meinen *Arzt* kennengelernt, wäre ich nicht *krank* gewesen.
- Nie hätte ich Jesus als meinen *Befreier* kennengelernt, wäre ich nicht *gebunden* gewesen.
- Nie hätte ich Jesus als meinen *Erlöser* kennengelernt, wäre ich nicht *schuldig* gewesen.
- Nie hätte ich Jesus als meinen *besten Freund* kennengelernt, wäre ich nicht *einsam* gewesen.
- Nie hätte ich Jesus als meinen *Versorger* kennengelernt, wäre ich nicht *arm* gewesen.

Besonders schwer fiel mir das Danken in der Zeit nach dem Tod meines Mannes. Es waren harte Gehorsamsschritte. Jeden Morgen, bevor ich aufstand, entschied ich mich für das Leben und den Segen (entgegen meinen Gefühlen, für die der Tod besser zu sein schien).

Ich dankte Gott für die Verheißung aus Psalm 23,1, dass der Herr mein Hirte im Heute und Jetzt ist und mir nichts mangeln wird. Mein Mann sagte mir in den Wochen vor seinem Heimgehen immer wieder: »Maria, Gott ist gut und macht keine Fehler.« Wie eine Schallplatte liefen diese Worte permanent in mir ab.

Gottes Wege sind viel höher als unsere Wege und seine Gedanken sind höher als unsere Gedanken.

Heute erkenne ich die Weisheit und Güte Gottes. Er hat mich durch alle schweren Stunden, Tage und Wochen hindurchgetragen, in mir Gaben zum Vorschein gebracht und mich in eine neue Berufung geführt, die ich mir nie erträumen hätte können. Durch meinen Mann hat er in meinem Leben die Weichen gestellt, auf denen ich heute sicher fahren kann.

Gottes Wege sind viel höher als unsere Wege und seine Gedanken sind höher als unsere Gedanken. Wir können für und in allem danken, auch wenn wir die Situation nicht verstehen, nicht mögen und dafür nicht gebetet haben. Gott ist gut und macht keine Fehler! Und er prüft uns dadurch, ob wir ihm auch in schweren Zeiten vertrauen können.

Übung

Schreibe auf ein Blatt Papier, wofür du noch nie Danke gesagt hast, weil es eigentlich keinen Grund dazu gab. Wenn du dabei weinen musst, lass das ruhig zu, sei ehrlich vor dir und Gott. Lade Jesus ein, in jede dieser Situationen zu kommen, und dann lass sie los.

3. Der Ablehnungstest und der Verleumdungstest

Liebe Brüder, wenn in schwierigen Situationen euer Glaube geprüft wird, dann freut euch darüber. Denn wenn ihr euch darin bewährt, wächst eure Geduld. Und durch die Geduld werdet ihr bis zum Ende durchhalten, denn

dann wird euer Glaube zur vollen Reife gelangen und vollkommen sein und
nichts wird euch fehlen (Jakobus 1,2-4).

Als Gott mich im Jahr 2000 auf dem Gebetsberg in Kampala/ Uganda fragte, ob ich ihm vertraue, dass er mir alles schenkt, was man zur Schulausbildung für 1 000 arme Kinder braucht, fing ich voller Glauben und Vertrauen an, in diese Richtung zu gehen. Und es begann sich zu entfalten. Wir wollten mit einer afrikanischen Gemeinde zusammenarbeiten und anfangs herrschte große Freude.

Nach einigen Monaten wurde ich aber angefeindet, verleumdet, meine Motive wurden infrage gestellt. Ich war sehr überrascht und hätte ich nicht ohne Zweifel gewusst, dass Jesus mich gerufen hat, hätte ich alles hingeworfen. Jesus ermutigte mich: »Lieb sie weiter, lass sie los, vergib ihnen, bete für sie und arbeite an dem, was ich dir aufgetragen habe.« In acht Monaten hatten wir Paten für 1 000 Kinder und das Werk explodierte förmlich.

Nach einem Jahr meldeten sich die Personen, die mich so verleumdet und abgelehnt hatten, und meinten, sie vermissten die Gemeinschaft mit mir. Auf meine Frage, warum sie mir so in den Rücken gefallen waren, bekam ich zur Antwort: »Maria, wir sind misstrauisch allen Menschen gegenüber, die offen und schnell sind. Und du bist beides. Vor dir sind schon viele gekommen, haben ihre Hilfe versprochen, viele Fotos von unseren armen

> *Wenn wir Rache, Vergeltung, Nichtvergeben oder unser Beleidigt-Sein loslassen, dann kann Jesus Beziehungen wiederherstellen und heilen.*

Kindern gemacht, und angekommen ist nichts bei uns. Plötzlich bekamen wir Angst, du könntest dasselbe tun, und deshalb sind wir dir in den Rücken gefallen. Heute sehen wir, dass du das tust, was du versprichst. Kein Weißer bereichert sich bei dir. Du bringst alles zu den Kindern. Vergib uns bitte!« Alle zerbrochenen Beziehungen wurden inzwischen geheilt.

Ähnliches darf ich immer wieder erleben: Wenn wir Rache, Vergeltung, Nichtvergeben oder unser Beleidigt-Sein loslassen, dann kann Jesus Beziehungen wiederherstellen und heilen. Ich weiß nicht, was passiert wäre, wenn ich mich damals hätte einschüchtern lassen, auf Rache gesonnen hätte oder in mir Bitterkeit gewachsen wäre. Jesus sagte mir einmal: »Solange man dich noch beleidigen kann, hast du es nötig!« Das hat mich total schockiert! Beleidigt sein ist eine Auswirkung von Stolz, denn man sieht seine Rechte und Ansprüche missachtet. Jesus wünscht sich aber ein demütiges Herz. Daher lässt er manchmal zu, dass wir abgelehnt oder sogar verleumdet werden. Nur so können wir erkennen, was unsere wirklichen Motive sind und alles auf Jesus werfen, auch unsere Ehre und unser Ansehen vor Leuten loslassen.

Übung

1 Schreibe auf, von wem du abgelehnt, beleidigt, verleumdet wurdest? Lass die Schmerzen und den Kummer darüber bewusst los und vergib deinen Gegnern.

Lola Gola – Was musst du loslassen?

2 Wie geht es dir mit dem Gedanken, dass Gott dich erzieht, um das Beste aus dir herauszuholen? Überlege einmal, welche Situationen es in deinem Leben gab oder jetzt gerade gibt, die dich an den Zeit-, Dankbarkeits- oder Ablehnungstest erinnern. Du musst Angst, Ärger, Bitterkeit, Trauer, Verzagtheit, Hoffnungslosigkeit und Zorn auf andere Menschen loslassen.

Vertrau darauf, dass Gott alles zur richtigen Zeit für dich tut und alle Widerstände benutzt, um mit dir in deinem Leben ans Ziel zu kommen. Lass die scheinbare Kontrolle über dein Leben ganz los und gib sie in die Hand des Vaters, der nur das Beste für dich tun wird.

Trenne dich von dem Gedanken, dass du längst erwachsen bist und dein Leben im Griff hast – wenn du ehrlich bist, scheint das doch nur so. Lass dein Erwachsensein los und sei dir bewusst, dass du ganz und gar Kind Gottes bist und dein Papa genau weiß, was gut für dich ist. Alle Dinge werden dir zum Besten dienen, vertraue darauf!

Gebet

Lieber Vater im Himmel, der Gedanke, dass du mich erziehst, ist mir manchmal sehr schwer. Lieber möchte ich alles selber im Griff haben und kontrollieren. Aber du bist mein guter Vater, der alle Ereignisse und Umstände meines Lebens so führen wird, dass sie mir am Ende zum Besten dienen werden. Darauf will ich fest vertrauen. Ich will meinen kindlichen Trotz, alle Rebellion und allen Stolz loslassen, mit dem ich mich selbst verwirklichen möchte, und deiner Erziehung zustimmen. Bitte verwandle mich in den Menschen, als den du mich gedacht hast. Bitte lass meinen Charakter stark und treu werden, damit ich dir am besten dienen kann. Hilf mir auch zu erkennen, wo ich noch verändert werden muss, und gib mir den Mut und die Kraft, diesen Weg auch zu gehen. Danke, lieber Herr, dass du mein Leben im Gesamtüberblick siehst und ich dir vertrauen kann. Amen.

13. Der Gott, der meine Worte ernst nimmt

Der Mund des Narren ist sein Untergang; seine Lippen bringen ihn ins Verderben.

SPRÜCHE 18,7

Richte ihnen Folgendes aus: So wahr ich lebe, werde ich euch genau das antun, mit dem ihr mir in den Ohren gelegen habt, spricht der Herr.

4. MOSE 14,28

Die Worte des Gottesfürchtigen führen zum Leben, der gottlose Mensch aber vertuscht seine bösen Absichten.

SPRÜCHE 10,11

Wer gern redet, muss die Folgen tragen, denn die Zunge kann töten oder Leben spenden.

SPRÜCHE 18,21

Weise Rede ist wertvoller als Gold und Edelsteine.

SPRÜCHE 20,15

So kann auch die Zunge, so klein sie auch ist, enormen Schaden anrichten. Ein winziger Funke steckt einen großen Wald in Brand! Die Zunge ist wie eine Flamme und kann eine Welt voller Ungerechtigkeit sein. Sie ist der Teil des Körpers, der alles beschmutzen und das ganze Leben zerstören kann, wenn sie von der Hölle selbst in Brand gesteckt wird.

JAKOBUS 3,5-6

Gott nimmt unsere Worte ernst und die Bibel lehrt uns, dass wir haben können, was wir aussprechen. In Matthäus 21,21 heißt es: *Ihr könnt sogar zu diesem Berg sagen: ›Hebe dich empor und wirf dich ins Meer‹, und es wird geschehen.* Wenn ich nicht in meinem Herzen zweifle, sondern Glauben habe, dann wird es geschehen.

Ich habe viele Berge in meinem Leben gesehen, die sich hinweggehoben haben, aber nicht immer in *meiner* Zeitvorstellung. Ich habe

140

erlebt, dass Menschen vom Tod auferweckt wurden, dass Menschen geheilt wurden, Blinde sehend und viele Menschen befreit wurden.

Das Problem mit dem Vers aus Matthäus 21 ist allerdings, dass unsere Zunge oft eine »gespaltene« Zunge ist. Ein Teil spricht Gottes Wort, und den zweiten Teil verwenden wir, um das zunichtezumachen, was wir gesprochen haben. Das kann einer der Gründe sein, warum unsere Gebete häufig nicht beantwortet werden.

Gott ehrt immer das Herz, das Hunger nach ihm hat. Oft sagen wir etwas, und im nächsten Augenblick machen wir es wieder zunichte. Bete also das Wort Gottes und nimm es nicht wieder durch das zurück, was du nachher sagst! Wir binden uns selbst mit dem, was wir sagen. Wir sind gebunden durch unsere eigenen Worte, durch die Worte unseres eigenen Mundes. Wir müssen uns auch immer wieder bewusst ma-

Gott ehrt immer das Herz, das Hunger nach ihm hat.

chen, dass wir nach unseren Worten gerichtet werden. Wenn wir einmal vor dem Herrn stehen und nicht Vergebung empfangen haben, werden wir Rechenschaft abgeben müssen für jedes unnütze Wort, das wir je gesprochen haben.

Immer wieder taucht in der Bibel der Satz auf: *»Gott sprach und es ward.«* Er gab uns die Macht der Worte. Und jetzt sind wir an der Reihe, dass unsere Worte mit dem Willen und der Wahrheit Gottes übereinstimmen.

Vor einigen Jahren kam eine Frau sehr müde, sehr entmutigt, sehr traurig und wirklich sehr am Rande der Verzweiflung zu einem Seminar, das ich gehalten habe. Sie sagte zu Gott: »Ich gehe hier nicht weg, bis du mir dein Wort gibst.« Ihre Tochter war mit einem Punker liiert und ihr Sohn schrieb lauter Sechsen in der Schule. Es dauerte nicht lange, und sie hörte vom Herrn das Wort: *Die Kinder der Gottesfürchtigen werden gesegnet werden* (Psalm 112, 2b). Dadurch wurde ihr Herz mit neuer Kraft erfüllt und das Licht brach durch. Sie sah die Lösung! Sie war in Sekunden frei von ihrer Depression, frei von ihren Zweifeln und ihrer Entmutigung. Alles, was sie denken und reden konnte, war: *Die Kinder der Gottesfürchtigen werden gesegnet werden.* Diese Wahrheit hat sie ergriffen. Voller Ermutigung fuhr sie anschließend nach Hause. Dort angekommen, verkündete ihr die Tochter, dass sie den Punker heiraten wolle. Die ganze Aufmerksamkeit der Mutter blieb aber trotzdem nur auf dem, was Gott ihr offenbart hatte: *Die Kinder der Gottesfürchtigen werden gesegnet werden.* Auch als ihr Sohn weiterhin nur Sechsen in der Schule schrieb, hielt sie an dem Zuspruch Gottes fest.

Nach einiger Zeit wurde die Tochter drogenabhängig, aber die Mutter blieb bei dem Wort, das Gott ihr gegeben hatte, sprach es aus und vertraute, dass das die Wahrheit war, die stärker war als alle Umstände, die sie so negativ beeinflussen wollten. Die Tochter war kein halbes Jahr verheiratet, als sie tränenüberströmt und reumütig nach Hause kam und sagte, dass sie ein neues Leben beginnen wolle. Sie bat die Mutter, ihr zu helfen, mit Jesus zu leben. Wieder erinnerte sich die Mutter an das Wort: *Die Kinder der Gottesfürchtigen werden gesegnet werden.* Sie stand der Tochter bei und half ihr. Schließlich kehrte diese um, sagte sich los von all den negativen Bindungen und fing ein Leben der Freude an. Ein halbes Jahr später erschien der Ehemann bei der Familie und sagte, dass auch er mit Gott leben wolle.

Irgendwann fing der Sohn an, bessere Noten zu schreiben, und am Ende des Jahres stand unter einer Arbeit sogar »sehr gut«. Immer wieder hatte die Mutter gesagt: *Die Kinder der Gottesfürchtigen werden gesegnet werden* – und ihre Worte hatten Macht. Sie wurden in ihrer Familie zum großen Segen.

In Matthäus 19,26 werden wir daran erinnert, dass Gott nichts unmöglich ist: *Jesus sah sie eindringlich an und sagte: »Menschlich gesehen ist es unmöglich. Aber bei Gott ist alles möglich.«* In Epheser 4,29 lesen wir: *Verzichtet auf schlechtes Gerede, sondern was ihr redet, soll für andere gut und aufbauend sein, damit sie im Glauben ermutigt werden.* Seither spreche ich auch über meinen Kindern immer wieder aus, dass die Kinder der Gottesfürchtigen gesegnet sind.

In Jakobus 3,5 werden wir daran erinnert, dass wir mit unseren Worten nicht nur Positives erreichen können: *So kann auch die Zunge, so klein sie auch ist, enormen Schaden anrichten. Ein winziger Funke steckt einen großen Wald in Brand!* Ich glaube, dass besonders Frauen darauf achten müssen, welche Worte sie über ihre Ehepartner, ihre Kinder und auch über sich selbst sprechen. Das habe ich selbst schon einmal erlebt:

Mein Mann und ich hatten uns eines Tages entschlossen zu prüfen, welche Worte wir über uns selbst und über andere sprechen. Kurz darauf sagte ich: »Ach, ich bin doch so blöd!« Daraufhin sagte er: »Stopp! Ich bin mit keiner blöden Frau verheiratet. Was du getan hast, war nicht gerade geschickt, aber du bist deshalb nicht blöd. Du bist erfüllt mit der Weisheit Gottes.« Das hat mir unwahrscheinlich wohlgetan. Ich habe dann das Gleiche bei ihm angewandt. Er konnte auch zu mir sagen, wenn ich einmal über ihn erzürnt war: »Wie geht es dir heute, heilige Maria?« Das hat mich sehr rasch dazu gebracht, mich nicht mehr über ihn zu ärgern und mit ihm über das Problem zu sprechen.

Wir kommen in unserem Alltag, in unserer Familie oder an unserem Arbeitsplatz immer wieder an unsere Grenzen und können Worte sagen, die wie ein winziger Funke einen großen Waldbrand anrichten können.

Wir müssen uns aber auch klarmachen, dass wir immer wieder in unserem Alltag, in unserer Familie oder an unserem Arbeitsplatz an unsere Grenzen stoßen und Worte sagen können, die wie ein winziger Funke einen großen Waldbrand anrichten können. Was können wir in solchen Situationen, bei solchen Versuchungen tun? Was tat Jesus bei Versuchungen? Lesen wir dazu Lukas 4,1-13:

Vom Heiligen Geist erfüllt, verließ Jesus den Jordan. Der Geist brachte ihn in die Wüste, wo der Teufel ihn vierzig Tage lang in Versuchung führte. Während dieser ganzen Zeit aß er nichts, sodass er schließlich sehr hungrig war. Da sagte der Teufel zu ihm: »Wenn du der Sohn Gottes bist, verwandle doch diesen Stein in Brot.« Aber Jesus erwiderte: »Nein! In der Schrift steht: ›Die Menschen brauchen mehr als nur Brot zum Leben.‹« Da führte der Teufel ihn auf die Höhe und zeigte ihm alle Königreiche der Welt in einem Augenblick. Und er sagte zu ihm: »Ich will dir Macht über diese Länder und all ihre Reichtümer geben, denn ich verfüge über sie und kann sie geben, wem ich will. Das alles werde ich dir schenken, wenn du niederkniest und mich anbetest.« Jesus erwiderte: »In der Schrift steht: ›Du sollst den Herrn, deinen Gott, anbeten und nur ihm dienen.‹« Da versetzte der Teufel ihn nach Jerusalem auf den höchsten Punkt des Tempels und sagte: »Wenn du der Sohn Gottes bist, spring hier hinunter! Denn in der Schrift steht: ›Er befiehlt seinen Engeln, dich zu beschützen und zu bewahren. Sie werden dich auf ihren Händen tragen, damit deine Füße niemals stolpern.‹« Jesus erwiderte: »In der Schrift steht auch: ›Fordere den Herrn, deinen Gott, nicht heraus.‹« Als der Teufel aufgehört hatte, Jesus zu versuchen, verließ er ihn für einige Zeit.

Der Teufel kennt die Schrift, aber Jesus konnte jedem Angebot des Teufels ein Wort Gottes entgegenhalten, sodass der Feind weichen musste. Nimm also auch das Wort Gottes in dein Herz. Dort kann es nicht zerstört werden.

Auch in deinem Alltag ergeben sich Situationen, in denen du abgelehnt oder verleumdet wirst und in denen du dich bedroht siehst. Mein Lieblingsvers in solchen Situationen ist: *Doch keine Waffe, die gegen dich geschmiedet wird, wird erfolgreich sein. Und wer dich vor Gericht verklagt, den wirst du widerlegen. Alle diese Dinge werden den Dienern des Herrn zu Gute kommen; von mir wird ihre Rechtfertigung ausgehen. Ich, der Herr, gebe darauf mein Wort!* (Jesaja 54,17).

Wenn mich in irgendeiner Situation Angst befällt, dann verlasse ich mich auf diese Bibelstellen: *Denn Gott hat uns nicht einen Geist der Furcht gegeben, sondern einen Geist der Kraft, der Liebe und der Besonnenheit* (2. Timotheus 1,7) oder *Der Herr ist mein Licht und mein Heil, vor wem sollte ich mich fürchten? Der Herr beschützt mich vor Gefahr, vor wem sollte ich erschrecken?* (Psalm 27,1).

Du findest noch viele Worte des Lebens, die du für deine Lebenssituation anwenden oder die du dir mehrmals am Tag selbst zusprechen kannst, zum Beispiel wenn du ...

... Weisheit und Führung brauchst:

- *Wenn der Geist der Wahrheit kommt, wird er euch in alle Wahrheit leiten. Er wird nicht seine eigenen Anschauungen vertreten, sondern wird euch sagen, was er gehört hat. Er wird euch von dem erzählen, was kommt* (Johannes 16,13).
- *Der Herr wird alles zu einem guten Ende bringen. Herr, deine Gnade gilt für alle Zeit. Verlass mich nicht, denn du hast mich erschaffen* (Psalm 138,8).
- *Vertraue von ganzem Herzen auf den Herrn und verlass dich nicht auf deinen Verstand. Denke an ihn, was immer du tust, dann wird er dir den richtigen Weg zeigen* (Sprüche 3,5-6).
- Weitere Bibelstellen: Psalm 119,105; Johannes 10,3-4; Römer 12,2

... materielle Bedürfnisse hast:

- *Er wird euch großzügig mit allem versorgen, was ihr braucht. Ihr werdet haben, was ihr braucht, und ihr werdet sogar noch etwas übrig behalten, das ihr mit anderen teilen könnt* (2. Korinther 9,8).
- *Mein Gott wird euch aus seinem großen Reichtum, den wir in Christus Jesus haben, alles geben, was ihr braucht* (Philipper 4,19).
- *Der Herr ist mein Hirte, ich habe alles, was ich brauche* (Psalm 23,1).
- Weitere Bibelstellen: Psalm 37,4; Lukas 6,38; 2. Korinther 8,9; Galater 3,13

... Trost und Stärke brauchst:

- *Seid nicht traurig, denn die Freude am Herrn ist eure Zuflucht!* (Nehemia 8,10.
- *Du meine Stärke, dir singe ich Loblieder, denn du, Gott, bist meine Zuflucht. Herr, du zeigst mir deine Gnade* (Psalm 59,10).
- *Gott spricht: »Ich selbst werde euch trösten, wie eine Mutter ihr Kind tröstet«* (Jesaja 66,13).
- Weitere Bibelstellen: Psalm 27,1-2; Matthäus 5,4; 1. Johannes 4,4

Lola Gola – Was musst du loslassen?

Werde dir klar darüber, wie viele unnütze und böse Worte du sprichst. Sei ehrlich zu dir selbst und gib vor Jesus zu, wie oft du schlecht über andere Menschen redest, wie oft du seine Zusagen und Verheißungen an dich nicht glaubst, weil du sagst: »Das wird nie etwas, das kann ich nicht, ich bin eben so ...«

Denke auch darüber nach, ob es Worte in deinem Leben gibt, die schwer wie ein Fluch auf dir liegen. Hast du selbst einen Schwur getan, oder hat jemand über dich etwas gesagt, was dich nun belastet? Sage dich von diesen Worten los und bitte Gott um Vergebung, wenn du unbedacht geäußert hast, was nun dir und anderen schadet.

Gebet

Mein lieber Vater im Himmel, ich bin sehr betroffen von der Erkenntnis, dass die Worte, die ich sage, so wichtig sind. Es tut mir leid, dass ich oft nicht über das nachdenke, was ich sage, dass ich einfach Dinge weitererzähle, die vielleicht nicht stimmen. Es tut mir leid, dass ich schlecht über mich und andere rede, und ich bitte dich um Vergebung für all die unbedachten Worte der Vergangenheit. Bitte erinnere mich an Dinge, die ich gesagt habe, und die jetzt verhindern, dass ich die Fülle deines Segens erhalte. Hierfür möchte ich dich um Vergebung bitten: _____ . Ich möchte nicht mehr unter der Macht böser Worte stehen, die nur Schaden anrichten, und will von jetzt an unter deinem Segen leben. Hilf mir dabei, Gutes zu sagen und die Wahrheit in Liebe auszusprechen. Wenn ich in Versuchung komme, wieder unnütz oder böse zu reden, dann erinnere mich doch daran, dass ich lerne, meine Zunge im Zaum zu halten. Danke, lieber Vater, dass du gut über mich denkst und deinen vollen Segen über mir aussprichst. Amen.

Übung

Sage heute jedem Familienmitglied und jedem Freund, dem du begegnest, ein gutes Wort, zum Beispiel: »Ich schätze an dir deine ...« oder »Ich freue mich, dass du mein Sohn bist!« oder »Es tut mir so gut, dir zu begegnen, weil du ...«

Sei heute besonders aufmerksam und achte auch die Worte, die du aussprichst. Wenn du in Versuchung kommst, über andere schlecht zu sprechen oder zu lästern, fange einfach sofort ein anderes Thema an. Du kannst zum Beispiel das Wort aus Jakobus 3 laut aussprechen (*Ein winziger Funke steckt einen großen Wald in Brand! Die Zunge ist wie eine Flamme und kann eine Welt voller Ungerechtigkeit sein.*), was sicher zu interessanten Gesprächen führt.

14. Der Gott, der mich frei macht

Ich bin der Herr. Meine Geduld, meine Liebe und Treue sind groß. Ich vergebe Sünde und Unrecht. Und trotzdem lasse ich die Sünde nicht ungestraft, sondern bestrafe die Kinder für die Sünden ihrer Eltern bis in die dritte und vierte Generation.

4. Mose 14,18

Und diejenigen von euch, die dann noch übrig sind, werden als Folge ihrer Sünden und auch als Folge der Sünden ihrer Vorfahren im Land ihrer Feinde dahinsiechen.

3. Mose 26,39

Unsere Vorfahren waren dem Herrn untreu und taten, was unserem Gott missfiel. Sie verließen den Herrn und sein Heiligtum; sie kehrten ihm den Rücken. Die Türen an der Vorhalle verschlossen sie und löschten die Lichter, verbrannten nicht länger Weihrauch und brachten dem Gott Israels im Heiligtum keine Brandopfer mehr dar. Deshalb ist der Herr auf Juda und Jerusalem zornig geworden. Wie ihr sehen könnt, hat er sie zum Gegenstand von Grauen, Hohn und Abscheu gemacht. Unsere Vorfahren sind deshalb in der Schlacht gefallen, unsere Söhne, Töchter und Frauen gingen in die Gefangenschaft.

2. Chronik 29,6-9

Viele Menschen glauben, dass ihre Entscheidung für Jesus bereits genug ist und dass damit alles geschehen ist. Ja, es stimmt: Wenn wir Jesus annehmen, sind wir eine neue Schöpfung im Geist geworden, aber unsere Seele ist trotzdem oftmals noch mit alten Sünden, Gewohnheiten und Verhaltensweisen belastet. Sie beeinflussen unsere Erinnerungen, Gefühle und unsere Entscheidungsfähigkeit stark. Die Sünde geht nicht von sich aus ans Kreuz, wir müssen sie dorthin tragen. Wenn wir Vergebung annehmen, uns mit dem

Die Sünde geht nicht von sich aus ans Kreuz, wir müssen sie dorthin tragen.

Wort Gottes füllen und danach handeln, wird das einen geheiligten Lebensstil zur Folge haben.

Vorfahrenschuld – unbereinigte Sünde oder Flüche der Vorfahren –, die nicht ans Licht gebracht wird, kann für uns bedrückende Auswirkungen haben und unser geistliches Leben bremsen oder sogar blockieren. Was unsere Eltern und Großeltern getan haben, was sie in ihrem Leben gesät haben, bleibt nicht ohne Auswirkungen für uns. Beispiele für ein solch negatives Erbe sind folgende Haltungen und Einstellungen der Eltern oder Großeltern: die Befürwortung des Nationalsozialismus, Judenhass, Kommunismus, Humanismus, Okkultismus, Habsucht, Scheidungen, Abtreibungen, Dominanz, Bitterkeit, Herrschsucht, Jähzorn etc.

Für manche ist ein solches Denken vielleicht sehr ungewohnt und zunächst einmal fremd. Doch selbst in der Psychologie geht man davon aus, dass wir Verhaltensmuster etc. von unseren Eltern übernehmen. Ein Beispiel für eine Haltungssünde: Eine junge Frau erlebt, wie ihr Vater trinkt, die Mutter schlägt und die Familie nicht versorgt. Sie entwickelt in ihrem Herzen eine bittere Wurzel und erwartet von anderen immer nur Negatives. Ihre unbewusste Einstellung gegenüber Männern ist: Sie sind lieblos, man kann ihnen nicht vertrauen, sie trinken und bedrohen die Familie. Deshalb heiratet sie ganz bewusst einen lieben jungen Mann, der verantwortungsbewusst scheint. Nach einiger Zeit beginnt er jedoch dieselben Verhaltensweisen zu entwickeln wie ihr Vater. Was ist geschehen? Durch ihre negative Haltung, durch ihre Bitterkeit und ihre negative Erwartung hat sie ihren Mann letztlich vergiftet und er wurde so wie ihr Vater.

Was unsere Eltern und Großeltern getan haben, was sie in ihrem Leben gesät haben, bleibt nicht ohne Auswirkungen für uns.

Es ist tatsächlich so: Das, was wir säen, ernten wir, auch im negativen Sinn. Wenn jemand mit der Einstellung durch die Gegend läuft, dass ihn ohnehin niemand mag, dass er von allen abgelehnt wird, ist seine ganze Ausstrahlung wahrscheinlich entsprechend. Sein Gesichtsausdruck ist verschlossen, er wirkt nicht offen, und so geht tatsächlich niemand auf ihn zu. Seine Erwartungshaltung bestätigt sich. Und gerade solche falschen Grundüberzeugungen über uns selbst sind oft ein Erbe, das uns unsere Eltern hinterlassen haben.

Ich hatte einen sehr dominanten Vater. Nachdem ich in die Berufswelt eingetreten war, wurde jeder Chef innerhalb von sechs bis zwölf Monaten so wie er. Irgendwann kam mir der Gedanke, dass das Problem bei mir liegen könnte. Auf einer Konferenz, bei der es um die Verarbeitung von ungelösten Jugendkonflikten ging, wurde mir bewusst, wo der Ursprung lag. In meinem Herzen verachtete ich meinen Vater. Ich hatte innerlich für mich festgelegt: Alle Männer sind dominant. Das war wie ein Gift in mir und hat dann auch das entsprechende Verhalten bei meinen Chefs ausgelöst. Erst als ich meinem Vater vergab und auch für die Vorfahrenschuld stellvertretend um Vergebung bat, wurde mir jeder Chef zum Freund.

Es heißt nicht, dass wir unsere Eltern ablehnen und sie kritisieren und verdammen sollen, wenn wir solche Dinge genau ansehen. Wir sollen sie als Personen annehmen und auch die Umstände akzeptieren. Es geht nicht darum, einen Schuldigen zu finden; trotzdem muss man ehrlich hinsehen, und das kann manchmal auch schmerzhaft sein. Dann sollte man stellvertretend um Vergebung bitten und alle Sündenlasten an Jesus abgeben. Es geht hier nicht nur um das reine Bekenntnis von Schuld: Durch die Sünden haben unsere Vorfahren unter Umständen dem Teufel eine Tür geöffnet – das Anrecht, das er so bekommen hat, dürfen und müssen wir als Christen wieder unter die richtige Herrschaft bringen.

Wenn ein Problem durch normale Seelsorge nicht gelöst wird, kann es sein, dass der Grund für Not und Unfreiheit in unserem Leben Schuld ist, die wir geerbt haben. Auch in der Bibel gibt es Beispiele hierfür:

König Hiskia bittet in 2. Chronik 29 um Vergebung für die Schuld seiner Vorfahren. *Unsere Vorfahren waren dem Herrn untreu und taten, was unserem Gott missfiel. Sie verließen den Herrn und sein Heiligtum; sie kehrten ihm den Rücken* (Vers 6). Er veranlasst die Reinigung des Tempels und weiht ihn wieder ein: *Die Priester schlachteten die Tiere als*

Sündopfer und versprengten ihr Blut über dem Altar zur Wiedergutmachung für die Schuld von ganz Israel, denn der König hatte geboten, dass das Brandopfer und das Sündopfer für ganz Israel dargebracht werden sollte (Vers 24).

Ähnliche Gebete finden wir auch bei Daniel (Kapitel 9, Vers 8): *O Herr, wir und unsere Könige, Fürsten und Vorfahren müssen uns schämen, weil wir gegen dich gesündigt haben,* bei Esra (Kapitel 9, Vers 7) und Nehemia: *Am 24. Tag desselben Monats versammelten sich die Israeliten, in grobes Tuch gekleidet und mit Asche auf dem Kopf, und sie fasteten. Wer israelitischer Herkunft war, sonderte sich von allen Ausländern ab und bekannte seine Sünden und die Sünden seiner Vorfahren* (Nehemia 9,1-2).

Um solche Festungen in unseren Familien zu zerstören, brauchen wir ein gereinigtes und glaubendes Herz. Das heißt, dass wir darauf vertrauen müssen, dass wir für unsere Familien in den Riss treten dürfen und konkret Buße tun können, um die Anrechte Satans zu brechen, die er an unserer Familie hat. Wir müssen uns unserer geistlichen Autorität bewusst sein, um den Feind zu vertreiben.

Wir dürfen, müssen und sollen für das Verantwortung übernehmen, was unsere Vorfahren getan haben, indem wir die Risse mit Jesus zusammen ausbessern.

In Jesaja 58,12 lesen wir eine Verheißung: *Deine Leute werden die Ruinen aus alter Zeit wieder aufbauen. Die Grundmauern vieler vergangener Generationen werdet ihr wieder errichten. Dann wird man euch folgendermaßen nennen: Die die Risse ausbessern und die Straßen erneuern, um sie bewohnbar zu machen.* Ja, wir dürfen, müssen und sollen auch für das Verantwortung übernehmen, was unsere Vorfahren getan haben, indem wir die Risse mit Jesus zusammen ausbessern.

Für mich war es hilfreich, einen Stammbaum bis in die vierte Generation zu zeichnen und mich bei meinen Verwandten über wichtige negative Haltungen, Ereignisse, Krankheiten, Todesfälle etc. zu informieren. Ich bat Gott darum, Einblicke zu bekommen, was sich von Generation zu Generation wiederholt hatte. Zum Beispiel waren das in meiner Familie Unreinheit im sexuellen Bereich, Scheidungen, Offenheit für Okkultismus, Leistungsdruck, Dominanz, Neid, Eifersucht, depressives Verhalten, Flucht in die Arbeit und in Hobbys. Gerade, wenn sich bestimmte Dinge in unserer Familie wiederholen und wir ein Muster erkennen, ist es sehr wahrscheinlich, dass es sich hier um Vorfahrenschuld handelt.

Wie können wir frei werden? Wie können wir loslassen? Wie können wir Gott lassen? Wir bekennen möglichst detailliert unsere eigene Schuld und stellvertretend auch die Schuld unserer Vorfahren und bitten um Vergebung und um Reinigung der Familie an Geist, Seele und Leib. Dabei sollten wir klar den Namen der einzelnen Familienmitglieder nennen und um was es genau geht. Wir fordern auch den Boden zurück, den der Feind in unserem Leben und in dem unserer Familie beherrscht hat an Geist, Seele und Körper. Auch hier sollten wir die Personen nennen, die in das Freisetzungsgebet miteingeschlossen sein sollen.

> *Wir bekennen möglichst detailliert unsere eigene Schuld und stellvertretend auch die Schuld unserer Vorfahren und bitten um Vergebung und um Reinigung der Familie an Geist, Seele und Leib.*

Wenn wir Vater und Mutter nicht ehren und uns gegen sie erhoben haben, wenn wir sie verachten und uns ihnen gegenüber verschlossen haben, ist die Verheißung, dass es uns gut geht und wir lange leben, nicht wirksam (vgl. 2. Mose 20,12). Nicht nur Gott, sondern auch sie selbst um Vergebung zu bitten, ist der erste Schritt.

Wir dürfen sicher sein, dass Jesus gnädig ist, denn er hat nicht nur für unsere Schuld bezahlt, sondern auch für die unserer Vorfahren. Ich musste immer wieder neu erkannte Familiengötzen ans Kreuz bringen und bitten, dass er unsere Familie mit neuen Eigenschaften segnet, mit guten Früchten. Es ist wichtig, in Jesu Namen und in seiner Autorität Satan seinen Platz zuzuweisen und Jesu Sieg über Familiengötzen, Flüchen, inneren Schwüren etc. auszurufen. So reißen wir die Festungen nieder, die in unserer Familie bestanden haben. Wir trennen uns von jedem negativem Erbe, erleben Freiheit. Schließlich bitten wir den Heiligen Geist, uns neu zu füllen und uns zu versiegeln. Wir lassen das Alte los und nehmen das Neue, den

Frieden, die Freude, die Liebe Gottes an – neue Gesundheit, neue Gefühle, neues Denken, einen neuen geheiligten Willen. Wir fangen an, mit Jesus zu herrschen und stellen uns glaubensvoll auf das Wort Gottes aus der Apostelgeschichte. *Glaube an Jesus, den Herrn, dann wirst du gerettet, zusammen mit allen in deinem Haus* (Apostelgeschichte 16,31).

Gebet

Ein vorgeschlagenes Gebet zur Trennung vom Einfluss der Sünden der Vorväter:

Himmlischer Vater, allmächtiger Gott! Im Namen des Herrn Jesus Christus komme ich jetzt zu dir in Demut und Ehrfurcht. Ich habe erkannt, wie sehr ich selbst und meine Vorfahren väterlicher- und mütterlicherseits gegen dich gesündigt haben. Wir haben uns von dir abgewendet und Dinge getan, die dir ein Gräuel sind. Vom Heiligen Geist überführt, bekenne ich (setze deinen Namen ein) diese Sünden wie folgt: _____

_____

Allmächtiger Vater, ich beuge mich für meine Schuld und stellvertretend für die Sünden meiner Ahnen und empfange jetzt deine Vergebung für mich und meine Familie durch das vergossene Blut deines Sohnes, unseres Herrn Jesus Christus.

Herr Jesus Christus, du hast mir Gnade geschenkt, sodass ich dich als meinen Herrn und Erlöser erkennen und bekennen konnte. Dadurch hast du den Fluch der Generationen von mir genommen, denn du bist selbst durch deinen Tod am Kreuz zum Fluch geworden.

So trenne und löse ich mich jetzt vom Einfluss der Sünden meiner Vorväter auf beiden Seiten meiner Ahnen bis in die zehnte Generation zurück.

Im Namen des Herrn Jesus Christus nehme ich allen Boden zurück in meinem Geiste, meinem Denken, Fühlen und Wollen und meinem Körper, der durch die Sünden meiner Vorväter an Satan und seine Mächte übergeben war, und ich stelle diesen Boden unter die Herrschaft des Herrn Jesus Christus.

Im Namen Jesu Christi gebiete ich allen Mächten der Finsternis, die durch diese Sünden Anrechte auf mein Leben hatten, mich jetzt zu verlassen und an den Ort zu gehen, den Jesus für sie bestimmt hat, und dort zu bleiben.

Danke, Vater, dass du mich und meine Familie durch das Blut deines Sohnes, unseres Herrn Jesus Christus von aller Ungerechtigkeit erlöst hast.

Durch mein Bekenntnis vor dir, Vater, vor dem Reich der Dunkelheit und vor diesen Zeugen, bin ich und sind meine Kinder frei, im Namen des Herrn Jesus Christus.

Amen.

Übung

Vielleicht kannst du dich tatsächlich in den nächsten Wochen daranmachen, einen Stammbaum zu erstellen. Wo erkennst du in deiner Familie falsche Haltungen, sich wiederholende negative Erfahrungen, Gebundenheiten wie Jähzorn, Streit, Alkoholismus, Neid, Eifersucht, Habsucht, Erbstreitigkeiten, sexuelle Unreinheit, Abtreibung, Selbstmord?

15. Der Gott, der mir sein größtes Geheimnis offenbart

Danach sprach Jesus das folgende Gebet: »O Vater, Herr des Himmels und der Erde, ich danke dir, dass du die Wahrheit vor denen verbirgst, die sich selbst für so klug und weise halten. Ich danke dir, dass du sie stattdessen denen enthüllst, die ein kindliches Gemüt haben. Ja, Vater, so wolltest du es!

MATTHÄUS 11,25-26

In dieser Stunde jubelte Jesus im Geist und sprach: Ich preise dich, Vater, Herr des Himmels und der Erde, dass du dies vor Weisen und Verständigen verborgen hast und hast es Unmündigen offenbart. Ja, Vater, denn so war es wohlgefällig vor dir.

LUKAS 10,21 (ELB)

Jesus jubelte also über etwas, er sang. Wahrscheinlich wirbelte er im Kreis herum vor seinen Jüngern! Er jubelte im Geist, nicht in Gedanken, er jubelte hörbar und sichtbar, vielleicht hat er sogar geklatscht oder getanzt wie ein chassidischer Rabbi – orientalisch, leidenschaftlich, mit Freude und Hingabe.

Was veranlasste ihn zu diesem Jubel? Jesus sagte: *»Vater, du hast es den Weisen und Verständigen verborgen.«* Was ist das Geheimnis, das sich nur den Einfachen, Einfältigen, den »einfach Gebliebenen« und den »einfach Gewordenen« erschließt? All jenen, die wissen, dass sie mit all ihrer Anstrengung, all ihrer Leistung, all ihrem Geld, all ihrer Wissenschaft, all ihrer Vernunft, all ihrer Macht in der Welt auf dem Gebiet des Reiches Gottes nichts vermögen? In Johannes 15,5 sagt der Herr: *Ich bin der Weinstock; ihr seid die Reben. Wer in mir bleibt, und ich in ihm, wird viel Frucht bringen. Denn getrennt von mir könnt ihr* **nichts** *tun.* Das ist das Geheimnis! Im Kolosserbrief 1,24-27 schreibt Paulus:

Ich freue mich, wenn ich für euch leiden darf. So setze ich meinen Körper für das ein, was an den Leiden Christi für seinen Leib, die Gemeinde, noch fehlt. Gott hat mich beauftragt, seiner Gemeinde zu dienen und bei euch seine

Botschaft zu verkünden. **Diese Botschaft war in der Vergangenheit über viele Jahrhunderte und viele Generationen hinweg wie ein Geheimnis verborgen; jetzt aber wurde es denen enthüllt, die zu ihm gehören [seinen Heiligen].** *Denn Gott wollte ihnen sagen, dass der Reichtum der Herrlichkeit Christi auch für die anderen Völker bestimmt ist. Das ist das Geheimnis:* **Christus lebt in euch; und darin liegt eure Hoffnung: Ihr werdet an seiner Herrlichkeit teilhaben.**

Das Evangelium der Frohen Botschaft bedeutet, dass wir das Leben aus dem Glauben aufgrund eines großen Vertrauens an Gott leben.

Was ist also dieses Geheimnis des Reiches Gottes? Es ist das Evangelium der Frohen Botschaft, die uns verkündigt, dass Jesus Christus in uns, mit uns und durch uns leben will und wir in ihm. Das Evangelium der Frohen Botschaft bedeutet, dass wir das Leben aus dem Glauben aufgrund eines großen Vertrauens an Gott leben. Das verstehen nur die, die wissen, dass sie *nichts* wissen, *nichts* können und *nichts* haben, was im Reich Gottes zählt.

Es ist eine große Gnade, wenn wir die Last unserer Selbstgerechtigkeit, unserer Selbstrechtfertigung und Selbstverwirklichung erkannt haben, losgelassen haben und immer wieder loslassen. Die Vielbeschäftigten, die Funktionäre, die immer nur aktiv sein müssen, haben es deshalb sehr schwer. Solange sie nicht gescheitert sind, ist ihnen dieses Geheimnis, das Jesus zum Jubeln bringt, verborgen.

»Ich **preise** *dich, Vater, Herr des Himmels und der Erde, weil du dies den Weisen und Klugen verborgen hast, und hast es den Unmündigen offenbart. Ja, Vater, so hat es dir gefallen.«* Das klingt fast so, als seien die Fleißigen, die Anständigen und die Treuen diejenigen, die zu kurz kommen. Ja, sie werden eingeladen, diese Last fallen zu lassen.

Mein Leben war ein Leben der Leistung. Ich habe mich schon sehr früh entschlossen, ein braver Mensch zu werden. Und da muss man natürlich immer das tun, was am schwersten ist, und man darf niemanden enttäuschen (ich habe es trotzdem immer wieder getan). Aber jede Not war meine Verpflichtung: Ich glaubte, dass ich alle Probleme um mich herum lösen müsste. »Nein« war für mich als

Christ ein Wort, das man nicht sagen durfte. Je mehr ich mich in diesem Rad bewegte (ohne wirklich weiterzukommen), desto anstrengender wurde mein Leben, und umso weiter fühlte ich mich von Gott entfernt. Schließlich brach ich zusammen und habe zum Herrn gesagt: »Herr, ich strenge mich ja so an.« Und er meinte: »Ja, *du* bist sehr anstrengend.« Ich habe alles getan, um etwas zu bekommen, nämlich die Liebe Gottes, seine Anerkennung und seine Annahme. Aber in Matthäus 11,28 lesen wir Jesu Worte: *Kommt alle her zu mir, die ihr müde seid und schwere Lasten tragt, ich will euch Ruhe schenken. Nehmt mein Joch auf euch. Ich will euch lehren, denn ich bin demütig und freundlich, und eure Seele wird bei mir zur Ruhe kommen. Denn mein Joch passt euch genau, und die Last, die ich euch auflege, ist leicht.*

Ja, mein Joch war alles andere als leicht, und heute begegnen mir immer wieder Menschen, die ein schweres falsches Joch tragen, ein Joch, das man ihnen auferlegt hat oder das sie sich selbst auferlegt haben, aber das ihnen nicht Gott auferlegt hat.

Warum legen wir uns solche Joche auf?

Wenn in unserem Herzen noch verborgener Stolz ist, Verzweiflung, Angst vor Ablehnung, Suche nach Selbsterlösung oder Festlegungen wie: »Ich werde es euch beweisen! Ich werde es besser machen! Ich brauche niemanden, ich schaffe das allein!«, dann begeben wir uns unter solch ein Joch.

Vor vielen Jahren kam einmal ein Mann zu uns in die Seelsorge, der als jüngstes Kind nach einer Anzahl von Schwestern geboren war. Er wurde in den Kriegsjahren geboren und es gab nur wenig Kleidung. So musste der Junge noch in den ersten Schuljahren Mädchenkleider tragen, was sehr viel Gespött und sehr große Demütigungen für den kleinen Jungen bedeutete. Des-

Wenn in unserem Herzen noch verborgener Stolz ist, Verzweiflung, Angst vor Ablehnung oder Suche nach Selbsterlösung, dann begeben wir uns unter ein Joch.

halb schwor er sich in der Volksschule: »Ich werde es euch beweisen! Ich werde der Reichste aus dieser Klasse werden!«

Als er zu uns kam, war er einem Herzinfarkt nahe, weil er unter ständigem Leistungsdruck war. Mein Mann Herbert fand schließlich die Wurzel für diesen Leistungsdruck, die Wurzel des verborgenen Stolzes: »Ich werde es euch beweisen.« Natürlich gab es noch eine tiefere Wurzel: den Schmerz der Demütigung und des Gehänselt-Werdens. Deshalb baute er diese Schutzmauer um sich herum, die dann zur Trennmauer wurde. Er *wurde* der Reichste, aber es hätte ihn fast das Leben gekostet!

Jetzt war er bereit, diesen Jungen, die ihn so lächerlich gemacht hatten als Kind, zu vergeben, sie loszulassen und aus seinem Herzen freizugeben. Kaum hatte er seine Vergebung ausgesprochen, als ein tiefer Friede in sein Herz einzog. Er ist weiterhin tüchtig geblieben und er ist weiterhin gesegnet, aber er lebt jetzt ohne den Stress dieses falschen Joches.

Viele Menschen sind unter einem ähnlichen Joch gefangen. Sie haben ständig den Eindruck, dass sie jemand mit einer Peitsche antreibt. Solche Menschen können nichts gratis empfangen. Sie wollen das Unbezahlbare bezahlen, nämlich die Gnade Gottes. Diesen falschen Geist, den Jochgeist, hat Jesus jedoch bereits besiegt und entmachtet! Auch als Nachfolger Jesu Christi stehen wir immer wieder in der Gefahr, dass wir uns unter dieses falsche Joch bringen lassen, dass wir in den Kreis dieser Mühseligen und Beladenen kommen.

Vor einigen Jahren habe ich mich bei Gott beklagt, dass ich mich sehr überfordert fühlte, und er meinte nur: »Bildest du dir immer noch ein, dass du etwas leisten kannst?«

Zu diesen versteckten Lasten gehören auch alle unsere Ängste: Angst vor dem Leben, Angst vor dem Sterben, Angst vor der Zukunft, Angst vor dem Alleinsein, Angst vor dem Versagen, Angst vor Menschen, Angst, es nicht zu schaffen, Angst, nicht gut genug zu sein, Angst vor Armut. Menschen, die diesen Geist der Armut haben, können nicht loslassen, was sie haben, weil sie Angst haben, dass sie nicht bekommen, was sie brauchen. Wenn wir Buße tun für unseren Neid, Geiz etc., umkehren und Gott vertrauen und ein Leben des Gebens beginnen, dann fangen die Ströme des Lebens an, auch in unser Leben zu kommen.

Dann gibt es da noch diesen gesetzlichen Geist, diesen religiösen Geist, der uns manchmal in den Nacken springt und uns permanente Unzufriedenheit mitteilt. Nie ist er zufrieden, dieser Geist, er will immer noch mehr, und so treibt er uns vorwärts bis zu Erschöpfung. Zuerst kommt

Gott will nicht, dass wir in einem Angstverhältnis mit ihm leben.

die geistliche Erschöpfung, dann die seelische und spätestens, wenn die körperliche Erschöpfung eingetreten ist, wachen wir auf.

Dieses falsche Joch, dieser falsche Geist überfordern uns, und das will Jesus von uns nehmen. Gott will nicht, dass wir in einem Angstverhältnis mit ihm leben. Wir sollen zwar Respekt vor ihm haben, aber Jesus selbst demonstrierte uns, wie wir ganz Mensch sein können und Gott Gott sein lassen können in einem Menschen. Jesus kam nicht, um sich als Gott zu verhalten. Das hätte uns nicht geholfen, denn wir sind nicht Gott, sondern Menschen. Eine meiner Mitarbeiterinnen hat es auf ihrem Computer stehen: »Mach's wie Gott, werde Mensch.« Jesus lebte als Mensch in vollkommener Einheit mit dem Vater. Gott hat den Menschen in seinem Ebenbild erschaffen, und als Gott Adam anschaute, den er in seinem eigenen Ebenbild erschaffen hatte, nannte er ihn »sehr gut«! In Adam sah er sich selbst wie in einem Spiegel. Und als Gott den Menschen schuf, wollte er ein Geschöpf, das spontan die Gegenwart des Schöpfers in sich ausdrückte. Und das trifft für Jesus zu. Er erlaubte dem Vater andauernd, alles in ihm zu sein. Er sagte auch selbst: »Ohne den Vater kann ich nichts tun.«

Wir müssen Gott erlauben, in uns Gott zu sein, denn ohne Jesus können wir nichts tun. Aber erst, wenn wir an den Punkt der Kapitulation kommen und zugeben können: »Ich bin's nicht, ich hab's nicht und ich kann's nicht«, können wir erkennen, dass wir in unserer Kraft ein Versager sind und bleiben, aber dass Jesus Christus für die Versager gekommen ist, um durch sie und mit ihnen zu leben!

Dann ist auch die Anforderung, die Gott an einen Menschen stellt, von Gottes Standpunkt aus gesehen vollkommen logisch: *Ihr sollt aber vollkommen sein, so wie euer Vater im Himmel vollkommen ist* (Matthäus 5,48).

Wir müssen Gott erlauben, in uns Gott zu sein, denn ohne Jesus können wir nichts tun.

Wenn du und ich so heilig und vollkommen sind wie der Vater, dann sind wir »o.k.«. Dieses Einswerden mit Jesus ist eine Offenbarung des Heiligen Geistes.

Es ist aber wichtig, dass wir uns selbst nicht vergessen, denn Christus braucht uns genauso, wie wir ihn brauchen. Ich möchte das an zwei Beispielen verdeutlichen, die ich von Mitarbeitern gehört habe:

Eine Frau sang im Gottesdienst wunderschön und jemand kam auf sie zu und sagte: »Dein Singen war wunderbar heute.« Und sie antwortete: »Das war nur Jesus.« Woraufhin die andere Frau sagte: »Ich könnte wetten, dass ich dich dort stehen gesehen habe.«

Ein Pastor steht nach dem Gottesdienst am Ausgang des Gotteshauses. Eine Frau kommt auf ihn zu und sagt: »Ihre Predigt heute war wunderbar.« Und er sagt: »Das war nur Jesus.« Daraufhin sagt sie: »Na, so gut war's auch wieder nicht.«

Wenn Menschen dir Komplimente geben und dich loben, kannst du ruhig sagen: »Danke!« In deinem Herzen gib die Ehre gleich weiter an den Herrn Jesus und behalte du die Freude!

Aber es kann auch anders ausgelegt werden: Als ich in Amerika mit meinem kleinen VW Käfer eine Amerikanerin auf der Autobahn mitnahm (die Amerikaner sind die zuvorkommendsten Autofahrer der Welt), sah ich, wie sie sich mit der rechten Hand ganz verkrampft am Griff oben im Auto festhielt (die Knöchel waren schon ganz weiß). Ich sagte: »Du musst doch keine Angst haben. Jesus fährt das Auto!« Darauf bemerkte sie: »Ich wusste gar nicht, dass er so ein schlechter Autofahrer ist.« Auch das kann man erleben.

Lola Gola – Was musst du loslassen?

Kannst du unverdient empfangen? Oder hast du das Gefühl, dass du dir alles verdienen musst, auch die Liebe Gottes?

Bist du müde und schwer beladen? Was ist dein Joch? Was musst du Jesus abgeben?

Fühlst du dich sehr fern von Gott, obwohl du dich sehr anstrengst, ihm nahe zu sein?

Gebet

Lieber Vater im Himmel, ich danke dir, dass du mich geschaffen hast. Ich danke dir, dass ich ein Original Gottes bin. Ich danke dir, dass du mich schon im Mutterleib beim Namen gerufen hast.

Ich danke dir, dass du mich bedingungslos liebst. Ich bekenne, Vater, dass ich versucht habe, meine Identität durch das zu suchen, was ich leiste oder nicht leiste, und durch das, was ich kann oder nicht kann, was ich besitze oder nicht besitze und wen ich kenne oder nicht kenne.

Ich kehre heute um und tue Buße für jedes seelische, geistliche und körperliche Fehlverhalten in meinem Leben, wo ich etwas tun wollte, um etwas von dir oder von den Menschen zu bekommen. Ich bekenne, dass ich in meiner eigenen Kraft ein Versager bin und bleibe. Ich glaube, dass mein alter Mensch mit Christus gekreuzigt und begraben wurde und ich mit Christus in ein neues Leben auferstanden bin.

Herr Jesus, ich öffne dir mein Herz und empfange dich nicht nur als meinen Erlöser und Herrn, sondern als mein ganzes Leben. Du bist meine Kraft, du bist meine Schönheit, du bist meine Reinheit, du bist meine Heiligkeit, meine Vollmacht, meine Autoriät, mein Friede und meine Herrlichkeit. Du bist meine Weisheit, du bist meine Geduld, du bist mein Friede, du in mir bist die Hoffnung auf Herrlichkeit. Und ich vertraue dir, dass du alle meine Bedürfnisse gemäß deines Reichtums in Herrlichkeit stillst. Amen.

Auszug aus einem Traktat über Hudson Taylor[2]:

Wie soll ein Christ Frucht bringen? Dadurch, dass er sich müht, das zu erreichen, was ihm umsonst gegeben wird? Durch Meditationen über Wachsamkeit, über Gebet, über das, was er tun und lassen soll, über Versuchungen und Gefahren? Nein! Er muss seine Gedanken und seine Liebe voll und ganz auf Christus konzentrieren, sein ganzes Wesen ihm völlig übergeben und dauernd auf ihn schauen, um in seiner Gnade zu bleiben. Christen, die in diesem Zustand einmal fest geworden sind, sind still und ruhig wie Kinder in den Armen der Mutter. Christus mahnt sie zur rechten Zeit und am rechten Ort an ihre Aufgaben und Pflichten. Er tadelt sie wegen jeden Fehlers, er berät sie in jeder Schwierigkeit und spornt sie zu allem an, was nötig ist. In ewigen und zeitlichen Dingen machen sich solche Christen keine Sorgen um das Morgen, denn sie wissen, dass Christus für sie heute ebenso gut erreichbar ist wie morgen. Und dass die Zeit seiner Liebe keine Grenzen setzt. Ihre Hoffnung und ihr Vertrauen beruhen einzig darauf, was er für sie tun kann und will, nicht darauf, was sie nach ihrer Meinung selbst für ihn tun könnten und wollten. Ihr Schutz gegen jede Versuchung und Sorge ist immer neue kindliche Übergabe ihres ganzen Seins an IHN.

Das ist das ausgetauschte Leben, das bleibende, Frucht bringende Leben, das Leben, das Christus ist und das jeder Gläubige besitzen sollte.

Galater 2,20 kann im Leben jedes Christen herrliche Wirklichkeit sein: *Ich lebe, aber nicht mehr ich selbst, sondern Christus lebt in mir. Ich lebe also mein Leben in diesem irdischen Körper im Glauben an den Sohn Gottes, der mich geliebt und sich selbst für mich geopfert hat.*

---

2   Traktat Nr. 710, Missionswerk »Die Bruderhand« e.V., Wienhausen

16. Der Gott, der mich in die Demut führt

Alle, die den Herrn achten, hassen das Böse. Deshalb hasse ich Hochmut, Stolz, ein Leben voller Unrecht und Lüge.

SPRÜCHE 8,13

Stolz kommt vor dem Verderben und Hochmut vor dem Fall. Es ist besser, bescheiden zu sein und mit den Armen zu leben, als Beute zu teilen mit den Stolzen.

SPRÜCHE 16,18-19

In der Begegnung mit den vielen Menschen in meinem Leben fällt mir immer wieder auf, dass Stolz ein Hindernis ist, um zur ganzen Fülle eines gesegneten Lebens zu gelangen. Ich meine damit nicht unbedingt die Bedeutung des Wortes »Stolz«, wie es im landläufigen Sinne zu verstehen ist: Jemand brüstet sich mit seinen Leistungen oder prahlt mit dem, was er hat und tut. Das kann auch ein großes Problem im Umgang mit Gott und den Menschen werden. »Stolz« im biblischen Sinne meint aber noch viel mehr und betrifft viel tiefer gehende Gedanken, Gefühle und die Worte und Taten eines Lebens.

Stolz und Rebellion sind meistens sehr eng miteinander verbunden. Stolz ist die Ur-sünde des Menschen, sein Be-streben, unabhängig zu sein, und zwar in erster Linie von Gott. Eins der ersten Wörter

Stolz ist die Ursünde des Menschen, sein Bestreben, unabhängig zu sein, und zwar in erster Linie von Gott.

der Kinder ist zumeist »alleine«. Das ist diese Unabhängigkeit in purer Form. Das muss man keinem Kind beibringen, das kommt ganz natürlich.

Ein stolzer Mensch erhebt sich letztlich über Gott und über die Menschen. Die Pharisäer zurzeit Jesu haben zum Beispiel geglaubt, dass sie mit ihrem Erfüllen der Gesetze Gott gefallen könnten. Sie waren sich sicher, dass sie den Weg zu Gott im Griff hätten. Sie wussten, dass sie Gott brauchten, aber sie waren der Meinung, dass

163

sie den Weg selbst in der Hand hätten. Das sind oft sehr unbewusste Bemühungen, etwas mit dem zu gelten, was man leistet. Stolz ist eben eine Lüge, es ist ein Selbstbetrug. Man ist auf etwas stolz, was gar nicht der Wahrheit entspricht. Damit ist auch unbewusst der Machtgedanke verbunden.

In unserer Kultur sind wir zu dem Gedanken erzogen: »Ich bin, was ich tue.« Wir werden gelobt für das, was wir tun. Wir werden schon von klein auf gedrillt, dass das, was wir tun, uns eine Identität gibt. Das Kind trinkt das Fläschchen leer – was ist die Antwort? – braves Kind. Es macht das erste Mal ins Töpfchen – braves Kind. Immer, wenn es etwas tut, hört es: braves Kind, gut gemacht. Und damit formen wir eine Identität: Du bist, was du tust. Wenn du tust, was jemand von dir will, dann bist du brav, dann bist du etwas. Aber das ist eine Lüge. Wir sind nicht, was wir tun. Wir sind, was Christus für uns getan hat.

Stolz macht uns blind uns selbst und unserem Verhalten gegenüber. Sprüche 16,18 macht dies deutlich: *Stolz kommt vor dem Verderben und Hochmut vor dem Fall. Es ist besser, bescheiden zu sein und mit den Armen zu leben, als Beute zu teilen mit den Stolzen.* Hinter Hochmut und Überheblichkeit stehen oft Verletzungen. Häufig handelt es sich dabei um Verletzungen aus der Kindheit: Wir haben Defizite in der Erziehung, in unserer Beziehung zu den Eltern, Geschwistern, Lehrern, Mitschülern. Wenn ein Kind zu wenig Liebe empfängt, zu wenig Fürsorge, zu wenig Geborgenheit, zu wenig Aufmerksamkeit erhält, dann fühlt es sich minderwertig. Vielleicht war seine Geburt anfangs gar nicht erwünscht oder das Kind wurde von den Mitschülern belächelt, bemitleidet, gehänselt, ausgelacht. Vielleicht stimmt äußerlich etwas nicht, ein angeborenes Defizit: eine große Nase, krumme

Wir sind nicht, was wir tun. Wir sind, was Christus für uns getan hat.

Beine, man ist zu dick oder zu dünn. Und dann reagiert der Mensch mit Stolz. Er wird selbstsüchtig und ichbezogen, denn er versucht sich vor den erneuten Verletzungen zu schützen.

Schauen wir uns Sprüche 8,13 an: *Alle, die den Herrn achten, hassen das Böse. Deshalb hasse ich Hochmut, Stolz, ein Leben voller Unrecht und Lüge.* Der Herr stellt sich dem Stolzen entgegen, aber dem Demütigen schenkt er Gnade. Ein stolzer Mensch baut seine ganze Identität auf einem falschen Fundament auf. Seine Grundlage ist das, was er hat, was er tut, was er kann und nicht das, was Christus für ihn getan hat. Satans Wesen ist Stolz. Seit dem Sündenfall der Menschen ist Stolz ein ererbtes Urproblem. In Jesaja 14,12-14 lesen wir: ***Wie bist du doch vom Himmel herabgestürzt, du strahlender Stern, Sohn des Morgens! Du wurdest jäh auf die Erde geschleudert, du Völkerbezwinger!*** *Denn du dachtest dir: Ich werde zum Himmel aufsteigen und mir einen Thron über den Sternen Gottes machen. Ich werde weit im Norden auf dem Berg der Versammlung sitzen. Ich werde in die Wolken aufsteigen und mich dem Höchsten gleichmachen.*

Überheblichkeit äußert sich primär dadurch, dass sich Menschen über Gottes Schöpfungsordnungen und über sein Wort stellen. Das Wort Gottes sagt: *Alle Menschen haben gesündigt und das Leben in der Herrlichkeit Gottes verloren* (Römer 3,23). Wenn Menschen wirklich demütig gegenüber Gott wären, würden sie nicht so leicht sündigen, weil sie Jesus als ihr Leben haben. Aber stolze Menschen sind eben nicht demütig, sondern sie lügen und betrügen – vor allem sich selbst.

Stolz zu sein bedeutet, dass man selbstsüchtig, ichbezogen, eigensinnig und arrogant ist. Ein stolzer Mensch befindet sich auf einer antigöttlichen Ebene – er will selbst Gott sein und über sein Leben und die Menschen bestimmen. Er tut so, als wüsste er selbst genau, was gut für ihn ist. Ein Sprichwort sagt: »Dummheit und Stolz wachsen auf einem Holz.« Dummheit, Blindheit und Stolz treten also gemeinsam auf.

Der Stolze ist sich selbst gegenüber blind. Das trifft auch auf die Pharisäer zurzeit Jesu

Stolz zu sein bedeutet, dass man selbstsüchtig, ichbezogen, eigensinnig und arrogant ist.

zu. Die waren so überzeugt, dass sie recht hatten, und sahen nur die Fehler der anderen, sodass sie blind für die eigenen Fehler waren. Das lässt sich an Johannes 8,1-11 zeigen: *Jesus ging zum Ölberg zurück, doch schon früh am Morgen war er wieder im Tempel. Bald hatte sich eine Menschenmenge um ihn versammelt, und er setzte sich und unterwies sie. Während er sprach, brachten die Gesetzeslehrer und Pharisäer eine Frau herein, die sie beim Ehebruch ertappt hatten. Sie stellten sie in die Mitte.* Da glaubten die Pharisäer, dass sie Jesus jetzt eine Falle stellen könnten. *»Meister«, sagten sie zu Jesus, »diese Frau ist auf frischer Tat beim Ehebruch ertappt worden. Nach dem Gesetz Moses muss sie gesteinigt werden. Was sagst du dazu?« Damit wollten sie ihn zu einer Aussage verleiten, die sie gegen ihn verwenden konnten. Doch Jesus bückte sich und schrieb mit dem Finger in den Staub.* Ich glaube, Jesus hat Frauennamen in den Sand geschrieben. Und die Pharisäer haben es gelesen und jeder wurde überführt. *Aber sie ließen nicht locker und verlangten eine Antwort. Schließlich richtete er sich auf und sagte: »Wer von euch ohne Sünde ist, der soll den ersten Stein auf sie werfen!« Damit bückte er sich wieder und schrieb weiter in den Staub.* Jesus schrieb die Namen einfach weiter: Miriam, Ruth usw. *Als die Ankläger das hörten, machten sie sich einer nach dem anderen davon, die Ältesten zuerst. Schließlich war Jesus allein mit der Frau, die noch immer an der gleichen Stelle in der Mitte stand. Da richtete Jesus sich wieder auf und sagte zu ihr: »Wo sind sie? Hat dich keiner von ihnen verurteilt?« »Niemand, Herr«, antwortete sie. »Dann verurteile ich dich auch nicht«, erklärte Jesus. »Geh und sündige nicht mehr.«* Dank Jesus ist ein neuer Weg möglich.

Die Überführung durch den Heiligen Geist bringt uns sehr deutlich mit der Wahrheit in Kontakt. Wir werden jedoch nicht verurteilt, sondern uns wird ein neuer Weg zur Umkehr angeboten.

Erscheinungsformen des Stolzes

Es gibt verschiedene Erscheinungsformen des Stolzes. Oft ist es schwer zu erkennen, dass der Stolz uns daran hindert, Gottes Segen in unserem Leben ganz fließen zu lassen.

1. Ichbezogenheit, »Ich-Liebe«:

»Ich, mich, meiner, mir – Herr, segne doch uns vier.« Man will überall im Zentrum stehen, sich überall bestätigen, seine Bedürfnisse müssen zuerst befriedigt sein. Die eigenen Nöte sind die größten. Oder es ist so, dass jemand die Flucht nach vorne macht und sich nur um andere kümmert, sich aber letztendlich doch nur selbst damit bestätigen will.

2. Introversion:

Man kehrt sich nach innen, man verschließt sich, flüchtet in die eigene Scheinwelt und befasst sich nur noch mit sich selbst. Wen eine solche Verhaltensweise prägt, der wird nur sehr schwer ein Jünger Jesu werden. Denn wenn jemand etwas mehr liebt als Jesus – hier eben sein Eigenleben –, dann kann er kein Nachfolger von Jesus sein. Wer sein Eigenleben nicht aufgibt, wird es verlieren. Eigenleben ist die Einbildung von dem, was du brauchst, wann du es brauchst und wie du es brauchst. Du versuchst dann dein Defizit mit etwas zu stop-

Wenn jemand etwas mehr liebt als Jesus – zum Beispiel sein Eigenleben –, dann kann er kein Nachfolger von Jesus sein.

fen, was du dir selbst verschaffen kannst: Vergnügen, Abenteuer, Geld, Drogen, Essen, Schokolade, Trinken, aber auch Positionen. »Ich brauche eine Position, damit ich jemand bin.« Das ist eine große Lüge. Viele Leute streben sehr oft nach Machtpositionen, weil sie ihnen eine gewisse Sicherheit versprechen.

3. Kritiksucht:

Wenn man sehr stolz ist, sieht man nur die Fehler des anderen, nicht seine eigenen. Statt selbst Buße zu tun, wählt man die Flucht nach vorne und richtet und verurteilt die Menschen um sich herum. Man sieht den Splitter des anderen und übersieht den eigenen Balken.

4. Keine oder mangelnde Sündenerkenntnis:

Der Stolze hat es sehr schwer, die eigene Sünde zu erkennen und sie, wenn er sie denn erkannt hat, Jesus zu bekennen. Stolzen Menschen fällt es schwer, die Bibel zu lesen, das Wort Gottes zu verstehen und sich in christlicher Gemeinschaft wohlzufühlen. Sie haben generell

Mühe mit geistlichen Dingen, weil sie eben zu sehr mit sich selbst beschäftigt sind. Echte Sündenerkenntnis ist nur dort denkbar, wo zuvor echter Zerbruch des eigenen Ichs und des eigenen Wesens erfolgt ist. Wir müssen von unserer eigenen Sünde richtig betroffen werden. Richtig betroffen sind wir dann, wenn das Wort Gottes unser ganzes Wesen erschüttert. Weiche dem nicht aus! Denn diese Betroffenheit löst Umkehr aus.

Stolze Menschen verstehen nicht, was Gnade bedeutet. Personen, die die Gnade Gottes wirklich verstehen wollen, stelle ich häufig die Frage: »Bist du bereit, dass wir beten, dass der Heilige Geist dir zeigt, wer du ohne Jesus bist?« Das, was die Personen dann von sich selbst sehen, ist zwar sehr unangenehm, schockierend und erschütternd, aber sie erkennen dann: Ohne Jesus bin ich absolut verloren. Das ist sehr hart, aber wir brauchen diese Erkenntnis. Du wirst Gnade nie im Herzen begreifen, bevor du nicht erkannt hast, wer du ohne Gnade bist, wenn du nicht weißt, dass du ein hoffnungsloser Rebell, ein Verbrecher bist, der nur durch die Gnade freigesprochen werden kann.

Du wirst Gnade nie im Herzen begreifen, bevor du nicht erkannt hast, wer du ohne Gnade bist.

Ich war tief erschüttert, als ich erkannte, dass ich mich mein ganzes Leben lang angestrengt habe, gute Werke zu tun, aber dies mit »dreckigen Händen« tat, aus egoistischen Motiven heraus und weil ich die Gnade Gottes noch nicht verstanden hatte. Wie sauber schauen diese guten Werke dann aus? Sie sind alle dreckig. Ich habe erkannt, dass alles null und nichtig vor Gott war. Das war sehr erschütternd, aber Gott sei Dank war es ein neuer Anfang für mich.

5. Aggressionen:

Wenn verletzte oder stolze Menschen, bewusst oder unbewusst, in die Enge getrieben werden, wenn sie nicht zu ihrem Recht kommen, ihre egoistischen Ziele nicht erreichen können und an deren Verwirklichung gehindert werden, reagieren sie mit Aggressionen, mit

Zorn und Wutausbrüchen. Viele wenden den Zorn dann aber auch nach innen; sie leiden schließlich an Depressionen.

6. Empfindlichkeit:

Stolze Menschen sind sehr empfindlich. Ich möchte sogar so weit gehen und sagen, dass Empfindlichkeit ein anderes Wort für Stolz ist. Stolze Menschen muss man mit Glacéhandschuhen anfassen. Beim geringsten Anlass erfolgt eine negative Reaktion. Sie sind beleidigt und betroffen.

Solange man uns noch beleidigen kann, können wir üben, demütig zu werden.

Es hat mir jemand mal gesagt: »Maria, solange man dich noch beleidigen kann, hast du es nötig.« Solange man uns noch beleidigen kann, können wir üben, demütig zu werden. Da erkennen wir jedes Mal Stolz. Wir sehen uns in unseren Rechten verletzt. Sobald jemand die alten Wunden – bewusst oder unbewusst, gewollt oder ungewollt – trifft, reagieren wir sofort mit Empfindlichkeit. Empfindliche Menschen sind immer verletzte Menschen. Darum ist es so wichtig, dass wir uns mit diesen Wunden unseres Lebens auseinandersetzen und nicht sagen, die Zeit werde es schon heilen. Das stimmt nicht! Wir werden uns an dieser Stelle nicht verändern, wenn wir uns nicht die Mühe machen, uns mit den Ursachen unserer Empfindlichkeit auseinanderzusetzen.

7. Hemmungen:

Der Grund dafür, dass stolze Menschen gehemmt sind, besteht darin, dass sie Angst vor Versagen und Bloßstellung haben. Natürlich kann dies oft auch auf Vorgeschichten beruhen, bei denen man schon einmal blamiert wurde. Wer hiervon betroffen ist, hat häufig Hemmungen, Jesus und den Glauben an ihn zu bekennen. Damit ist unsere Eigenliebe größer als unsere Liebe zu Gott. Unsere Menschenfurcht ist größer als unsere Gottesfurcht.

8. Selbstmitleid:

Empfindlichkeit, mit der man sich nicht auseinandersetzt, wird sich als Selbstmitleid offenbaren. Menschen, die sich nur noch selbst bemitleiden, wählen dann die Flucht nach innen: »Ich armer Mensch!«

Auch einige der alttestamentlichen Propheten litten an Selbstmitleid, zum Beispiel Elia und Jona. Wie sehr tat sich Jona selbst leid, als der Herr einen Wurm schickte, sodass die Schatten spendende Pflanze verdarb! Jona fand es furchtbar. Und trotzdem hat Gott ihn gebraucht, um Tausende von Menschen zu verändern.

9. Extremes, auffälliges Verhalten:

Ein Beispiel für Personen mit auffälligem Verhalten sind Punker. Ich glaube, dass die Punker mit ihrem extremen Rasieren, ihrem Irokesenschnitt oder manchmal auch langen Zöpfen und was ansonsten noch an Auffälligkeiten dazugehört, eigentlich nur deutlich machen wollen: »Bemerkt mich doch.«

Generell gilt für Menschen mit auffälligem Verhalten: Sie wollen sich Anerkennung, Liebe und Aufmerksamkeit erkaufen. Weil ein großes Defizit an Liebe vorhanden ist, werden sie in den Stolz getrieben. Sie stellen sich in die Mitte, um aufzufallen. Letztendlich steckt dahinter auch eine Spur von Minderwertigkeit.

10. Minderwertigkeit:

Viele denken oft, sie seien demütig, weil sie sich so minderwertig fühlen und sich noch selbst herabsetzen. Aber Menschen mit Minderwertigkeitsgefühlen sind oft über alle Maßen stolz. Ich selbst hatte jahrelang einen Minderwertigkeitskomplex, bis ich darauf gekommen bin, dass ich minderwertig bin. Da habe ich den Komplex verloren. Ich hatte erkannt, dass ich in meiner eigenen Kraft nichts wert bin, aber Christus in mir vollwertig ist. Wir können Christus erst in der Fülle annehmen und erkennen, indem wir umkehren und unseren Platz räumen, um Jesus in uns Raum zu geben. Jesus muss unser Herz ganz erfüllen, dann kann ich auch mich selbst annehmen.

11. Frustriertheit:

Stolze Menschen sind immer auch frustrierte Menschen, weil sie ihre Ziele zu hoch gesteckt haben und sie sie nicht erreichen. Sie können ihren eigenen Willen nicht verwirklichen. Sie haben falsche Beweggründe, klagen Gott an und hadern mit ihm. Und dann glauben sie noch die Lügen des Feindes, der flüstert: »Aus dir wird sowieso nie etwas, du bist unbrauchbar, ein Nichtsnutz, ein Versager.« Wenn der Feind das zu dir sagt, dann antworte: »Das ist aber nur die halbe Wahrheit. Ja, ich bin ein Versager, aber in mir, dem Versager, lebt Jesus, der Vollkommene.« Der Teufel flüstert dir immer nur die halbe Wahrheit ein. Bleibe nicht bei der halben Wahrheit hängen, sondern halte dir vor Augen, wie Jesus dich sieht!

Stolze Menschen sind immer auch frustrierte Menschen, weil sie ihre Ziele zu hoch gesteckt haben und sie sie nicht erreichen.

12. Lüge und Selbstbetrug:

Stolz und Lüge liegen sehr nahe beieinander. Im Selbstbetrug lebt man oft, wenn man sich zum Beispiel einredet: »Aus mir wird nie etwas werden. Ich tauge zu nichts.« Das ist eine Lüge, ein Selbstbetrug. Stolze Menschen bauen ihr Haus auf den Erfahrungen, die sie gemacht haben. Demütige Menschen aber bauen ihr Haus auf Jesus Christus.

Als Gott mich aus den USA wieder zurück nach Europa schicken wollte, habe ich gesagt: »Herr, das musst du verstehen, die haben dort drüben so viel Religion, dass sie gegen den Glauben immun sind.« Ich habe meinen Glauben auf den Erfahrungen, die ich bisher gemacht hatte, aufgebaut. Da machte mir Gott deutlich: »Geh trotzdem. Du wirst deine Wunder erleben.« Und dann habe ich gesehen, dass der Herr die 15 Jahre, die ich in den USA war, in Europa am Werk war, aber ich mit meinem Glauben nicht nachgekommen bin. Ich habe meinen Glauben auf meine Erfahrungen gesetzt. Als ich dann nach Europa zurückgekommen bin, habe ich erlebt, dass dort eine ganz andere Atmosphäre vorhanden war, als ich erwartet hatte, und Jesus auch der Herr von Österreich und Deutschland und der Schweiz ist.

13. Depressionen:

Im Volksmund bezeichnet man Depressionen auch als Schwermut. Ein schwermütiger Mensch ist eigentlich ein stolzer Mensch, der mit seiner Schwermut alles kontrolliert. Schwermut ist ein Fehlverhalten. Ich war auch lange schwermütig, deshalb kenne ich mich in diesem Bereich recht gut aus. Anfangs dachte ich noch, ich sei so tiefsinnig. Ich hatte für mich beschlossen: Ich bin eben nicht so leichtsinnig wie andere Leute, sondern ich bin schwermütig. Und dann hat mir jemand ein Buch geschenkt, dessen Hauptaussage war, dass das Glücklichsein eine Entscheidung sei. Demjenigen, der mir dieses Geschenk machte, hätte ich es am liebsten um die Ohren gehauen. »So eine Frechheit, mir ein solches Buch zu schenken«, dachte ich. Wenn das tatsächlich eine Entscheidung wäre, hätte ich mich schon längst dafür entschieden. Aber es ist tatsächlich eine Entscheidung, nur hatte ich sie nicht getroffen, denn ich hatte mich dazu entschieden, mein Leben auf meinen Erfahrungen aufzubauen. Irgendwann ist das Ganze eingestürzt. Da habe ich gespürt, dass nur Jesus mein Fundament sein kann.

14. Sich gegen die Wahrheit und Liebe Gottes stellen:

Wenn wir uns gegen die Wahrheit und die Liebe Gottes stellen, sind wir stolz. Es kann noch so demütig aussehen und doch voller Stolz sein. Das gilt auch dann, wenn Menschen sich selbst herabsetzen: »Ja, ich bin so hässlich. Schau mich doch nur an.« Mit solchen Äußerungen lehnen wir uns gegen die Schöpfung Gottes auf. Wenn er dich so gemacht hat, wie du bist, Halleluja. Er findet dich schön, und wenn Gott dich schön findet, wieso findest du das nicht?

Ich habe solche negativen Gedanken über mich selbst auch schon gehabt. Ich habe an mir nichts Schönes gesehen, außer meine Augenbrauen. Die habe ich noch nie zupfen müssen. Für meine Augenbrauen war ich Gott dankbar, aber an allem anderen habe ich etwas auszusetzen gehabt. Meine Nase war mir zu groß, die Augen zu klein, der Hals war mir zu lang, und zu dünn fand ich mich auch. Ich dachte, ich sei wirklich ein hässliches Geschöpf. Aber als ich dann entdeckte und verstanden habe, dass Gott mich so gemacht und so gewollt hat, wie ich bin, habe ich gesagt: »Na bitte, wenn ich dir gefalle, dann gefalle ich mir auch. Und jeder, dem das nicht passt, der soll sich bei dir beklagen. Du hast mich ja so erschaffen.« Und von dem Tag an habe ich mich angenommen, wie ich bin, und meine Einstellung über mich selbst hat sich verändert. Auch das Spotten der anderen hörte auf, weil ich mich selbst angenommen hatte.

15. Selbstmordgedanken:

Sich zu entschließen, seinem Leben ein Ende setzen zu wollen, ist Stolz auf einer sehr hohen antigöttlichen Ebene. Man nimmt sich lieber das Leben, als sich zu demütigen. Das ist die letzte egoistische Entscheidung. Man richtet sich lieber selbst, als sich der Herrschaft Gottes zu beugen und sich dem Wort Gottes unterzuordnen. Der Selbstmord ist nichts anderes als eine feige Flucht vor der Verantwortung vor Gott.

Wenn Menschen zu mir kommen und mir von ihren Selbstmordgedanken erzählen, antworte ich ihnen: »Es ist zwar richtig, dass du sterben musst, aber du kannst gleichzeitig leben. Du musst gegenüber deinem alten Leben sterben und es ans Kreuz bringen. Dann darfst du ein neues Leben mit Christus leben.« Das verstehen sie immer.

Mehrfach klopft Gott an jedes Herz und sagt: »Hier bin ich.« Und dann hängt es von uns ab, unser Ja dazu zu geben. Dann ist ein Neuanfang möglich.

Lola Gola – Was musst du loslassen? oder: Wege aus dem Stolz

In Psalm 18,28 heißt es: *Du rettest den Elenden, aber die Stolzen erniedrigst du.* Sprüche 16,5 warnt uns: *Der Herr verachtet den Stol-*

Du hast also Gott selbst als Gegner, wenn du stolz bist. Es ist keine Frage, wer da der Sieger sein wird.

zen; sicher ist, dass er seine Strafe bekommt. Jakobus 4,6 macht deutlich: *Gott stellt sich den Stolzen entgegen, den Demütigen aber schenkt er Gnade.* Du hast also Gott selbst als Gegner, wenn du stolz bist. Es ist keine Frage, wer da der Sieger sein wird. Ich möchte einige Wege erklären, wie wir unser Stolzsein ablegen können.

1. An deinen Früchten wirst du erkennen, ob du stolz bist. Darum solltest du häufig intensive Gemeinschaft mit Gott haben und den Heiligen Geist bitten, dass er dir dein Herz offenbart, wie David gesagt hat: *Gott, erschaffe in mir ein reines Herz und gib mir einen neuen, aufrichtigen Geist* (Psalm 51,12).

Weil Stolz blind macht, müssen wir bitten: »Heiliger Geist, halte mir einen Spiegel vor, damit ich erkenne, ob ich stolz bin.« Es ist natürlich sehr wichtig, dass wir dann ehrlich mit uns selbst sind. Ehrlichkeit ist eine Voraussetzung.

Folgende Verse kannst du immer wieder beten: *Erforsche mich, Gott, und erkenne mein Herz, prüfe mich und erkenne meine Gedanken. Zeige mir, wenn ich auf falschen Wegen gehe und führe mich den Weg zum ewigen Leben* (Psalm 139,23-24). Das sind Gebete, die du jeden Tag beten kannst. Sei bereit für das, was Gott dir zeigen möchte!

2. Vergib denen, die dich verletzt haben! Anderen nicht zu vergeben bewirkt, dass wir stolz werden bzw. bleiben. Lass die, die dich verletzt haben, los und vergib ihnen. Gib dem Herrn die ganzen Verletzungen, indem du betest: »Herr, vergeben habe ich, das war mein Anteil. Ich habe die Menschen freigegeben, ich segne sie, aber bitte heile du jetzt meine Verletzungen und meine Verwundungen.«

Wir müssen uns immer wieder klarmachen, dass Vergebung ein Prozess ist. Mit einem Pauschalgebet ist das nicht immer erledigt. Ich bin der Meinung, dass es ein lebenslanger Prozess ist.

3. Bereue das, was du falsch gemacht hast, und verändere dein Handeln!

Wer glaubt, nach einer kurzen Buße von Stolz befreit zu sein, betrügt sich selbst. Es gibt eine Geschichte von einem Missionar in Indien, der predigte, dass Jesus für die Sünder gekommen sei und immer wieder das Wort »Sünder« betonte. Nach einer Predigt kam einer zu ihm und sagte: »Also, es tut mir leid, aber Jesus ist für mich nicht gekommen.« Der Missionar antwortete: »Wieso nicht?« Der andere erklärte: »Weil ich kein Sünder bin.« Darauf fragte der Missionar: »Ja, hast du noch nie gelogen?« »Nein, noch nie.« »Warst du deinen Eltern nie ungehorsam?« »Nein, nie.« »Und deiner Frau warst du nie untreu?« »Nein, nie.« »Hast du nie nach einer andern Frau lüstern geschaut?« »Nein, nie.« Schließlich wollte der Missionar wissen: »Bist du sehr stolz darauf?« Da antwortete der Mann: »Ja.«

4. Lerne, demütig zu sein!

Wenn wir einmal erkennen, wer wir ohne Jesus sind und eine neue Beziehung zu Jesus beginnen, dann sind wir die demütigsten Menschen. Dann wissen wir: »Ich kann nichts, habe nichts, bin nichts, außer Jesus gibt es mir, tut es durch mich und ist es in mir.« Das ist Demut. Wenn wir demütig sind, dann stimmen wir mit dem Wort Gottes überein. Wenn ich von ganzem Herzen verkündigen und glauben kann, dass das Wort Gottes über mich sagt: »Du bist einmalig gemacht und schön in Gottes Augen!«, dann bin ich demütig. Ich bin auch dann demütig, wenn ich verkündigen und glauben kann, dass Gott sagt, dass ich ohne ihn nichts tun kann. Demut heißt, sich dem Worte Gottes unterzuordnen und das zu glauben, was Gott sagt. Gottes Wort sagt über dich und mich: Wir sind Königskinder, wir sind gesalbt, wir sind Propheten, wir sind von Gott geliebt. Wenn wir glauben, was Gott über uns sagt, dann sind wir demütig. Menschen empfinden das allerdings häufig als Stolz.

Als ich meinen Eltern das erste Mal sagte: »Ich weiß, dass ich in den Himmel komme«, glaubten sie, ich spinne. »Wie kannst du so etwas behaupten? Du bist doch genauso ein Sünder wie wir«, lautete ihre Reaktion. Darauf antwortete ich: »Ja, aber mir ist vergeben. Jesus Christus ist für meine Schuld gestorben, damit ich für ewig leben kann.« Vor Menschen wirkt eine solche Aussage stolz. Echte Demut wirkt vor den Menschen stolz. Dagegen ist das, was bei den Menschen in der Welt so demütig wirkt, Stolz.

Wenn dir dein Stolz, dein Selbstmitleid, die Kritiksucht und Aggressionen nicht zur echten Last werden und sie dir nicht in der Tiefe deines Herzens wehtun, wirst du nicht frei und demütig. Bitte Gott immer wieder um ein demütiges Herz, einen völligen Zerbruch des alten Verhaltens. Ein Weizenkorn bringt nur Frucht, wenn es zuvor stirbt.

Echte Demut können wir nur dann leben, wenn wir uns ganz an Jesus und an sein Wort halten, ihm glauben und ihm vertrauen. Echte Demut ist eine Herzenshaltung. Wir müssen permanent von Jesus lernen, um in einem siegreichen, erfüllten Leben zu leben und einen fruchtbaren Dienst tun zu können.

Nimm die Demütigungen Gottes an. Du wirst sehen, dass er dich erhöht. Wer sich selbst erhöhen will, ist noch nicht reif für diese Position, die er anstrebt. Demut zu lernen ist ein langer Prozess.

5. Lebe den bedingungslosen Gehorsam gegenüber Gottes Wort.

Wer demütig werden will, muss lernen, gehorsam zu sein. Wenn du dem Wort Gottes gehorsam bist, dann beziehst du das Wort auf dich selbst. Lass das Wort Gottes an dich heran, lass es dich treffen. Und dann handle nach dem, was du gelernt und erkannt hast.

6. Entscheide dich zur Unterordnung.

Wenn du die Autoritäten in deinem Leben noch als bedrohlich empfindest, dann hast du dich Jesus noch nicht von ganzem Herzen untergeordnet. Jesus hat sich dem Vater hundertprozentig untergeordnet. War der Vater für ihn eine Bedrohung? Nein. Wenn du im Herzen Jesus untergeordnet lebst, wirst du Autoritäten als deinen Schutz ansehen können.

Wenn ich mit dem Auto fahre, die Geschwindigkeitsbegrenzung einhalte und meinen Führerschein und die Fahrzeugpapiere bei mir habe, dann kann ich von Polizeiautos umgeben sein – das macht mir überhaupt nichts. Da fühle ich mich nur beschützt. Nur wenn ich ungehorsam bin, empfinde ich Autorität als Bedrohung.

Auch in der Gemeinde ist Unterordnung ein wichtiges Thema, um nicht länger stolz zu sein. Es ist wichtig, dass wir uns den Ältesten der Gemeinde unterordnen. Genauso wichtig ist es aber auch, dass wir in unseren Familien Unterordnung leben. Das ist zwar häufig besonders schwierig und kann ein sehr lang andauernder Prozess sein, aber es lohnt sich, hier viel Kraft zu investieren. Dabei ist es wichtig, die Eltern und auch die Geschwister so anzunehmen, wie sie sind, und nicht von ihnen zu verlangen, dass sie perfekte Personen sind oder dass sie unsere Wünsche und eigenen Ansprüche erfüllen. Nimm sie aus der Hand Gottes an.

7. Wenn man stolz ist, ist man nur für sich.

Fang an, dich für andere zu interessieren, denn in Philipper 2,4 heißt es: *Denkt nicht nur an eure eigenen Angelegenheiten, sondern interessiert euch auch für die anderen und für das, was sie tun.* In 1. Korinther 13,5 werden wir daran erinnert: *Die Liebe ist nicht selbstsüchtig.* Wer stolz ist, sieht letztlich nur sich selbst, auch wenn er noch so fromm ist, sich sozial engagiert und sich für andere einsetzt.

8. Bete für andere.

Für andere zu beten hilft dir, von dir selbst wegzuschauen. Es hilft dir, zuerst Gott zu lieben, dann den Nächsten und am Schluss dich selbst. Wenn du für andere betest, dass es ihnen gut geht, wenn du andere segnest, wenn du dich an anderen freust, drehst du dich nicht mehr nur um dich selbst.

Sich an anderen zu freuen ist eine Gnade, die Gott mir gegeben hat. Ich habe erst mit 47 geheiratet, aber ich habe bis zu diesem Zeitpunkt jedes glückliche Ehepaar so genossen, als wäre es meine Ehe. Ich konnte mich an ihnen so freuen! Auch wenn ich gute Beziehungen zwischen Eltern und Kindern oder zwischen Geschwistern sehe, tut mir das unglaublich gut. Es freut mich einfach. Andere dagegen denken sofort: Warum kann ich das nicht haben? Sie werden sauer und eifersüchtig, wenn sie das sehen.

Ich kann dich nur dazu ermutigen, dich an dem zu freuen, wie Gott andere segnet! Wenn du dich freust, dass Gott andere segnet, kann er dich auch segnen. Es ist eine gute Maßnahme, um dem Stolz das Genick zu brechen. Aus eigener Kraft schaffst du das nicht, aber durch die Kraft des Heiligen Geistes kannst du dich auch an den Segnungen anderer erfreuen.

Der Demütige liebt, segnet und bittet. Der Stolze liebt sich selbst, aber der Demütige liebt zuerst Gott.

9. Trachte nicht nach hohen Dingen.

In Matthäus 6,33 heißt es: *Wenn ihr für ihn lebt und das Reich Gottes zu eurem wichtigsten Anliegen macht, wird er euch jeden Tag geben, was ihr braucht.* Demütige Menschen suchen zuerst das Reich Gottes und seine Gerechtigkeit, dann fällt ihnen alles andere zu, in geistlicher und weltlicher Hinsicht.

Demütige Menschen trachten *»nach dem, was droben ist, nicht nach dem, was auf Erden ist«* (Kolosser 3,2; L). Wer allerdings stolz ist, braucht selber ständig die Bestätigung der Welt. Er ist ehrgeizig und stiehlt Gott die Ehre.

10. Nimm dich aus Gottes Hand an!

Wenn du dich selbst mit deinen Begabungen, deiner Intelligenz, deiner Vergangenheit, deinem Stand – ledig, verheiratet, geschieden, verwitwet –, deinem körperlichen Aussehen, deinem Beruf, deinem Status aus Gottes Hand annehmen kannst, wirst du nie unter göttlichen Fluch geraten. Das heißt, der Teufel hat kein Anrecht, dich zu peinigen. Die göttliche Therapie heißt: Nimm dich so an, wie du gestaltet und begabt bist, und danke Gott von ganzem Herzen, dass er dich so geschaffen hat. Im Psalm 139 heißt es: *Ich danke dir, dass du mich so herrlich und ausgezeichnet gemacht hast!*

Sich anzunehmen ist ein Gehorsamsschritt. Schau einmal jeden Tag in den Spiegel und sage: »Herr, eine Wucht, was du geschaffen hast, wie du mich erschaffen hast. Dafür danke ich dir, Herr Jesus. Du musst einen guten Tag gehabt haben, als du mich geschaffen hast!«

Gebet

Herr Jesus, ich habe erkannt, dass mein Verhalten oft auf Stolz gegründet ist. Es tut mir leid, dass ich so sehr damit beschäftigt bin, nur an mich zu denken, bitte vergib mir das! Ich bringe dir jetzt alle stolzen Verhaltensweisen, die mich belasten, ganz besonders ... Bitte hilf du mir zu einem Leben, in dem du allein im Mittelpunkt stehst. Du sorgst ja für mich, du kümmerst dich um mich, bei dir habe ich mein Zuhause – danke dafür, Herr Jesus. Ich bitte dich darum, dass du mir dabei hilfst, aus dem Stolz herauszukommen. Erinnere mich immer wieder daran, wenn ich in alte Verhaltensweisen zurückfalle, und lehre du mich, demütig zu sein. Ich weiß, dass du nur mein Bestes im Sinn hast. Du bist der Gott, der mich aufrichtet, der Herr, der mein Haupt erhebt. Ich will dir vertrauen und jeden Tag dich allein ehren. Amen.

Übung

Wähle eine Aufgabe aus, die ich unter »Lola Gola – Was musst du loslassen?« beschrieben habe, und mache dich heute daran, sie zu erfüllen! Vielleicht betest du für andere oder du besuchst jemanden und fragst nur danach, wie es ihm geht.

Wenn du noch jemandem vergeben musst, dann schreibe ihm einen Brief – auch, wenn der Empfänger schon verstorben ist. Du wirst merken, wie gut dir die Vergebung tut!

17. Der Gott, der mir eine neue Identität gibt

Als Mose erwachsen geworden war, ging er zu seinen Landsleuten und sah,
wie hart sie arbeiten mussten. Dabei beobachtete er auch, wie ein Ägypter
einen Hebräer schlug. Mose schaute sich nach allen Seiten um. Und als er
sich vergewissert hatte, dass niemand in der Nähe war, erschlug Mose den
Ägypter und verscharrte ihn im Sand. Am nächsten Tag ging Mose wieder
hinaus und sah, wie zwei Hebräer miteinander stritten. »Warum schlägst
du einen Mann aus deinem eigenen Volk?«, fragte er denjenigen, der im Un-
recht war. »Wer hat dich denn zu unserem Aufseher und Richter ernannt?«,
entgegnete der Mann. »Willst du mich etwa auch umbringen wie den Ägyp-
ter?« Mose erschrak und dachte: »Nun ist die Sache doch herausgekommen!«
Als der Pharao davon erfuhr, wollte er Mose töten lassen. Mose jedoch floh vor
dem Pharao in das Land Midian. Dort setzte er sich an einen Brunnen. Der
Priester von Midian hatte sieben Töchter. Sie kamen zu diesem Brunnen und
schöpften Wasser, um die Tränkrinnen für die Tiere ihres Vaters zu füllen. Da
kamen andere Hirten und wollten sich vordrängen. Mose kam jedoch den
Mädchen zu Hilfe und tränkte ihre Herde. Als die Mädchen zu ihrem Vater
Reguël heimkamen, fragte er sie: »Warum kommt ihr heute so früh nach
Hause?« – »Ein Ägypter hat uns gegen die Hirten verteidigt«, erzählten sie
ihm. »Er hat sogar das Wasser für uns geschöpft und die Herde getränkt.«

2. MOSE 2,11-19

Mose saß an diesem Brunnen in der Kleidung eines Ägypters. War
er deshalb ein Ägypter? Nein! Er trug die falsche Kleidung. Er trug
die Kleidung eines Sohnes der Welt. Aber eigentlich war er der Sohn
eines Leviten. Er war schon, als er noch im Mutterleib war, dazu
auserwählt, der Führer einer Nation zu sein. Durch die Führung
Gottes wurde er am ägyptischen Königshof erzogen und bekam –
menschlich gesehen – die beste Ausbildung, die man zu jener Zeit
bekommen konnte, um ein Regent zu werden. Er war erzogen als
Ägypter und er trug die Kleidung eines Ägypters.

Als Mose die erste Gelegenheit bekam, als Führer zu handeln,
reagierte er sehr impulsiv. Er sah, wie ein Ägypter einen seiner
Landsleute quälte, und er setzte sich sofort selbst als Richter ein

und erschlug den Ägypter. Die Berufung wurde dennoch nicht von ihm genommen, aber Gott führte ihn in die Wüste. Zu dieser Zeit trug er noch die falsche Kleidung, die nicht seiner wahren Identität entsprach. Die Frage, die sich hier für uns stellt, lautet:

Worin suchst du deine Identität?

Worin suchen wir unsere Identität?

In unseren westlichen Ländern versuchen viele Menschen, ihre Identität durch Leistung, gute Noten, Ehrgeiz, sportliche Leistungen, Hobbys oder schwere Arbeit zu erhalten. Oft suchen wir unsere Identität auch in unseren Gaben.

Meine Identität ergab sich jahrelang aus meinem sozialen Einsatz. Aber es war nur ein Gewand der Selbstgerechtigkeit. Ich sah mich selbst immer als die Hilfsbereite, die Sozialarbeiterin, bis der Herr zu mir sagte: »Ich will nicht deine guten Werke: Ich will *dich*!«

Worin suchst du deine Identität?

Die Identität des Mose lag in seiner Erziehung als ägyptischer Königssohn. Aber mit dieser Identität konnte Gott nicht mit ihm arbeiten. Damit konnte er ihn nicht für seine Berufung gebrauchen. Deshalb musste Gott Mose in die Wüste führen. Auch uns muss Gott manchmal in die Wüste führen. Dort haben wir eine Privataudienz mit Gott und wir können ihm unsere volle Aufmerksamkeit schenken.

Mose war 40 Jahre in der Wüste. Und nach diesen 40 Jahren hatte er die Identität eines Hirten angenommen und besaß nicht mehr die Identität eines Königssohns. Er sah jetzt aus wie ein Hirte, sprach wie ein Hirte, dachte wie ein Hirte, fühlte wie ein Hirte und verhielt sich wie ein Hirte. In 2. Mose 3 lesen wir: *Mose hütete die Herde seines Schwiegervaters Jitro, des Priesters von Midian. Eines Tages trieb er die Tiere durch die Wüste und kam zum Horeb, dem Berg Gottes. Da erschien ihm der Engel des Herrn in einer Feuerflamme, die aus einem Dornbusch schlug. Mose sah, dass der Busch zwar in Flammen stand, aber nicht verbrannte.*

Jetzt hören wir zum ersten Mal, dass Mose in eine direkte Beziehung zu Gott tritt. Er fängt an, mit Gott zu reden, und Gott offenbart ihm sein Herz. Gott sprach zu Mose: »Ich bin, der ich bin – der ewig Gegenwärtige.« Wir sehen, dass der lebendige Gott beginnt, zu Mose zu sprechen. Diese »Dornbusch-Erfahrung« war sehr wesentlich für Mose. Er begegnet hier einem brennenden Busch, der zwar brennt, aber nicht *ver*brennt. Die ganze Angelegenheit wird noch unglaublicher für Mose: Gott gibt ihm den Auftrag, nach Ägypten zurückzukehren: *Doch*

Mose hatte gelernt, auf Gott mehr zu hören als auf seine eigene Logik.

Mose protestierte erneut: »Aber sie werden mir nicht glauben und nicht auf mich hören. Sie werden einwenden: ›Der Herr ist dir nicht erschienen!‹« Da fragte der Herr ihn: »Was hast du da in der Hand?« »Einen Hirtenstab«, antwortete Mose. »Wirf ihn auf den Boden«, befahl ihm der Herr (2. Mose 4,1-3a).

Mose hatte alles von seinem ägyptischen Lebenswandel während der 40 Jahre in der Wüste aufgegeben, er war jetzt durch und durch Hirte und hatte alles losgelassen – fast alles. Er hielt noch den Hirtenstab fest, der ihm die Identität eines Hirten bescheinigte. Ich kann mir vorstellen, dass er zu Gott gesagt haben könnte: »Ich habe jetzt alles losgelassen, und der Stab bedeutet doch gar nichts.« Obwohl Mose vielleicht nicht ganz verstand, warum er den Stab loslassen und auf den Boden werfen sollte, gehorchte er. Er warf ihn auf die Erde und er wurde eine Schlange. Mose floh vor ihr und war entsetzt. Gott sagte: »Nimm sie beim Schwanz.« Als jahrelanger Hirte wusste Mose: Wenn du eine Schlange siehst, fasse sie niemals am Schwanz an, denn dann wird sie dich beißen! Aber Mose hatte nun gelernt, auf Gott mehr zu hören als auf seine Logik. Er fasste die Schlange beim Schwanz und sie wurde zum Stock!

In der Wüste will Gott, dass wir ihn und uns selbst entdecken. Deshalb hat Mose in der Wüste beide Identitäten abgelegt: die Identität des Königssohnes und auch die des Hirten. Dadurch machte er sich völlig abhängig von Gott. Er wurde eins mit Gott.

In der Wüste will Gott, dass wir ihn und uns selbst entdecken.

Schauen wir uns einmal an, wie Jesus mit seiner Identität umgegangen ist, worin er seine Identität gefunden hat. Jesus war ein Zimmermann aus Nazareth und über ihn sagten die Leute: Was kann schon aus Nazareth Gutes kommen? Als er mit seinen Jüngern durch die Lande zog, hatte er keinen festen Wohnsitz, außer für kurze Zeit in Kapernaum. In einem geliehenen Stall ist er zur Welt gekommen, er hat in fremden Häusern gewohnt, er ist auf einem geliehenen Esel geritten und in einem geliehenen Grab begraben worden.

Jesus wusste: Seine Identität hängt von seiner Beziehung mit dem Vater ab.

Jesus war ein Straßen- und Wanderprediger, dessen Mitarbeiter alles andere als perfekt waren: Dauernd verwickelten sie sich in Eifersüchteleien, wer zu seiner Rechten und wer zur Linken sitzen würde. Als er sie am dringendsten brauchte, schliefen sie. Einer verriet ihn, einer verleumdete ihn, einer beging sogar Selbstmord.

Aber hat das Jesus wirklich bestimmt, hat das seine Identität ausgemacht? Sicherlich nicht, denn Jesus wusste: Seine ganze Identität hängt von seiner Beziehung mit dem Vater ab. Er wusste, dass der Vater ihn liebt und dass der Vater für ihn ist. Auch wenn die ganze Welt ihn ablehnen würde, war er sich sicher, dass der Vater große Freude an ihm haben würde! Wie sieht es mit unserer Identität aus? Als Weltverbesserer, als Zyniker, als Stimmungskanone, als Schweigsamer, als Menschengefälliger, als Liebessüchtiger, als Misstrauischer, als Hilfsbereiter suchen wir oft unsere Identität zu finden. Ja, selbst Krankheit kann uns eine Identität geben. Manchmal versuchen wir auf diesem Wege Liebe durch Leiden zu erhalten. Auf der einen Seite tut uns diese Liebe gut, auf der anderen Seite führt sie zur Sucht. Es ist ein zwanghaftes Verhalten: Man macht Menschen von sich abhängig. Auch Depressionen oder Selbstmitleid setzen wir manchmal – oft unbewusst – dafür ein.

Worin findest du deine Identität? Dr. Neil T. Anderson hat einmal gesagt: »Das Verständnis deiner Identität in Christus ist absolut fundamental, um ein sieghaftes und ausgewogenes Leben in Christus zu führen.«

Dr. Timothy Warner erklärt, welcher Lügen sich der Satan häufig bedient, um uns unserer wahren Identität, die Gott uns geben möchte, zu berauben[3]:

Die *Lügen des Satans* sind:

- Du bist ein Sünder, weil du manchmal sündigst.
- Deine Identität wird bestimmt von dem, was du getan hast.
- Deine Identität wird bestimmt von dem, was die Leute über dich reden.
- Dein Verhalten sagt dir, was du über dich selber glauben musst.

Die *Wahrheit Gottes* ist:

- Du bist ein Heiliger, von Gott für gerecht erklärt, der manchmal sündigt.
- Deine Identität wird bestimmt von dem, was Gott für dich getan hat.
- Deine Identität wird bestimmt von dem, was Gott über dich sagt.
- Dein Glaube über dich selbst bestimmt dein Verhalten.

Unsere Identität in Christus besteht darin, dass wir von ihm angenommen, in Sicherheit und bedeutungsvoll sind. Deswegen gelten die folgenden Aussagen auch für dich:

In Christus bin ich ...[4]

... angenommen:
- Ich bin Gottes Kind (vgl. Johannes 1,12).
- Ich bin Gottes Freund (vgl. Johannes 15,15).
- Ich bin gerechtfertigt (vgl. Römer 5,1).
- Ich bin eins mit dem Herrn (ein Geist) (vgl. 1. Korinther 6,17).

---

3 Postkarte »Meine Identität« © Freiheit in Christus, Frutigen, www.freiheitin-christus.ch

4 Postkarte »Meine Identität« © Freiheit in Christus, Frutigen, www.freiheitin-christus.ch

- Ich bin teuer erkauft und gehöre nun Gott an (vgl. 1. Korinther 6,20).
- Ich bin ein Glied am Leib Christi (vgl. 1. Korinther 12,27).
- Ich bin ein Heiliger (vgl. Epheser 1,1).
- Ich habe direkten Zugang zu Gott (vgl. Epheser 2,18).
- Ich bin erlöst und mir ist vergeben (vgl. Kolosser 1,14).
- Ich habe Anteil an der Fülle Christi (vgl. Kolosser 2,10).

... in Sicherheit:
- Ich bin für immer frei von aller Verdammnis (vgl. Römer 8,1).
- Ich bin gewiss, dass alles zu meinem Besten dient (vgl. Römer 8,28).
- Ich bin von jeglicher Anklage befreit (vgl. Römer 8,33).
- Ich kann nicht von Gottes Liebe getrennt werden (vgl. Römer 8,35).
- Ich bin befestigt, gesalbt und versiegelt in Christus (vgl. 2. Korinther 1,21).
- Ich bin mit Christus in Gott verborgen (vgl. Kolosser 3,3).
- Ich bin gewiss, dass Gott das in mir angefangene, gute Werk auch vollenden wird (vgl. Philipper 1,6).
- Ich bin ein Bürger des Himmels (vgl. Philipper 3,20; Epheser 2,6.19).
- Ich habe nicht den Geist der Angst erhalten, sondern der Kraft, der Liebe und der Selbstbeherrschung (vgl. 2. Timotheus 1,7).
- Ich kann Barmherzigkeit und Gnade finden, wenn ich Hilfe nötig habe (vgl. Hebräer 4,16).
- Ich bin von Gott geboren und der Böse kann mich nicht antasten (vgl. 1. Johannes 5,18).

... bedeutungsvoll:
- Ich bin das Salz und das Licht der Welt (vgl. Matthäus 5,13).
- Ich bin erwählt und bestimmt, bleibende Frucht zu bringen (vgl. Johannes 15,16).
- Ich bin ein persönlicher Zeuge Christi (vgl. Apostelgeschichte 1,8).

- Ich bin Gottes Bauwerk und sein Tempel (vgl. 1. Korinther 3,16).
- Ich bin ein Botschafter der Versöhnung Gottes (vgl. 2. Korinther 5,18).
- Ich bin Gottes Mitarbeiter (vgl. 2. Korinther 6,1; 1. Korinther 3,9).
- Ich bin mit Christus im Himmelreich eingesetzt (vgl. Epheser 2,6).
- Ich bin Gottes Werk (vgl. Epheser 2,10).
- Ich kann frei und zuversichtlich zu Gott kommen (vgl. Epheser 3,12).
- Ich vermag alles durch Christus, der mich stark macht (vgl. Philipper 4,13).

Für unsere Identität in Christus ist es wichtig, unsere alte Identität wie ein altes Kleid abzulegen und unsere neue Identität, die Christus uns schenken will, anzuziehen. Bist du bereit, deine »alten Kleider« auszuziehen und dir von Gott eine Identität geben zu lassen, also »Gottes Kleid der Gerechtigkeit« anzuziehen? In Offenbarung 7,13-17 lesen wir:

Dann fragte mich einer der vierundzwanzig Ältesten: »Wer sind diese, die in Weiß gekleidet sind? Woher kommen sie?« Und ich sagte zu ihm: »Mein Herr, du weißt es.« Da sagte er zu mir: »Das sind diejenigen, die aus der großen Prüfung kommen. Sie haben ihre Kleider im Blut des Lammes gewaschen und weiß gemacht. Deshalb stehen sie nun vor dem Thron Gottes und dienen ihm Tag und Nacht in seinem Tempel. Und er, der auf dem Thron sitzt, wird über ihnen wohnen. Sie werden nie wieder hungern oder Durst leiden, und sie werden vor der brennenden Sonne und jeder Gluthitze geschützt sein. Denn das Lamm, das in der Mitte auf dem Thron ist, wird ihr Hirte sein und für sie sorgen. Es wird sie zu den Quellen führen, aus denen das Wasser des Lebens strömt. Und Gott wird alle ihre Tränen abwischen.«

Gott möchte uns neu bekleiden, aber vorher müssen wir alles Alte, das wir tragen, vor ihm ablegen. Dann erst werden wir dieses neue Kleid genießen können. Täglich ermutigt uns Gott, die »göttliche Unterwäsche« anzuziehen, wie sie in Kolosser 3,12 (L) beschrieben wird: *So zieht nun an als die Auserwählten Gottes, als die Heiligen und Geliebten, herzliches Erbarmen, Freundlichkeit, Demut, Sanftmut, Geduld.* Darüber können wir dann die »geistliche Waffenrüstung« anziehen, die uns hilft, durch den Tag zu gehen: die Stiefel der Bereitschaft, das Evangelium zu verkünden, den Brustpanzer der Gerechtigkeit, den Gürtel der Wahrheit, den Helm des Heils, den Schild des Glaubens und das Schwert des Geistes (vgl. Epheser 6,14-17).

Lola Gola – Was musst du loslassen?

Worin findest du deine Identität? Wie würde dich deine Umgebung einstufen?

Bist du bereit, die »alten Kleider« auszuziehen und Jesus als deine Gerechtigkeit in dein Leben hineinzulassen?

Bist du bereit, alle alten Identitäten, durch die du bisher Anerkennung und Wert erhalten hast, abzulegen und das Angebot der Gotteskindschaft anzunehmen und eine geliebte Tochter/ein geliebter Sohn des Königs aller Könige zu werden?

Welche »alten Kleider« trägst du noch, die dich nicht in deiner echten Identität als Sohn/Tochter des Königs aller Könige erscheinen lassen?

Gebet

Vater im Himmel, ich bekenne, dass ich mir falsche Identitäten angezogen habe, um dich, die Menschen und mich selbst zu beeindrucken und um Anerkennung zu finden. Ich bekenne dieses Verhalten als Lüge, und ich trete heute ein in die Wahrheit. Vor dir gilt nur eine Gerechtigkeit, und zwar die Gerechtigkeit deines Sohnes Jesus Christus. Herr Jesus, ich empfange jetzt diese Gabe der Gerechtigkeit. Ich empfange dich als meine Gerechtigkeit, dich als den auferstandenen Herrn Jesus Christus. Ich empfange dein Erlösungsleben und ich empfange dich als mein Leben. Durchdringe mich von Kopf bis Fuß mit deinem Auferstehungsleben. Heiliger Geist, durchforsche mich und zeige mir, wo ich noch Masken und falsche Kleider trage, damit ich sie am Kreuz ablegen kann.

Du, Herr Jesus, bist mein Leben, und du in mir bist meine einzige Hoffnung auf Herrlichkeit. Mein Körper ist ein Tempel. Wohne in diesem deinem Tempel und mache es dir gemütlich. Amen.

18. Der Gott, der meinen Glauben erweitert

Und es geschah, als der HERR den Elia im Sturmwind zum Himmel auf-
fahren lassen wollte, da gingen Elia und Elisa von Gilgal fort. Und Elia
sagte zu Elisa: »Bleib doch hier! Denn der HERR hat mich nach Bethel
gesandt.« Elisa aber sagte: »So wahr der HERR lebt und deine Seele lebt,
wenn ich dich verlasse!« Und sie gingen nach Bethel hinab. Da kamen die
Söhne der Propheten, die in Bethel waren, zu Elisa heraus und sagten zu ihm:
»Hast du erkannt, dass der HERR heute deinen Herrn über deinen Kopf hin
wegnehmen wird?« Er sagte: »Auch ich habe es erkannt. Seid still!« Und Elia
sagte zu ihm: »Elisa, bleib doch hier! Denn der HERR hat mich nach Jericho
gesandt.« Er aber sagte: »So wahr der HERR lebt und deine Seele lebt, wenn
ich dich verlasse!« Und sie kamen nach Jericho. Da traten die Söhne der
Propheten, die in Jericho waren, zu Elisa und sagten zu ihm: »Hast du er-
kannt, dass der HERR heute deinen Herrn über deinen Kopf hin wegnehmen
wird?« Er sagte: »Auch ich habe es erkannt. Seid still!« Und Elia sagte zu
ihm: »Bleib doch hier! Denn der HERR hat mich an den Jordan gesandt.« Er
aber sagte: »So wahr der HERR lebt und deine Seele lebt, wenn ich dich
verlasse!« Und so gingen sie beide miteinander. Und fünfzig Mann von den
Söhnen der Propheten gingen mit und blieben abseits stehen, als die beiden an
den Jordan traten. Da nahm Elia seinen Mantel und wickelte ihn zusammen
und schlug auf das Wasser. Und es teilte sich hierhin und dorthin, und die
beiden gingen hinüber auf dem Trockenen. Und es geschah, als sie hinüber-
gegangen waren, da sagte Elia zu Elisa: »Bitte, was ich für dich tun soll,
bevor ich von dir weggenommen werde!« Elisa sagte: »Dass mir doch ein
zweifacher Anteil von deinem Geist gegeben werde!«

2. KÖNIGE 2,1-9; ELB

Wir lesen hier von vier Stationen, die Gott mit Elia und Elisa ging,
bevor Elisa einen zweifachen Anteil von Elias Geist bekommen sollte, das heißt bevor ein doppelter Segen zu fließen begann: Gilgal,
Bethel, Jericho und der Jordan.

1. Gilgal — Beschneidung (des Herzens)

Der erste Ort, zu dem Elia und Elisa gingen, war Gilgal. Wofür steht Gilgal? Das lesen wir in Josua 5,8-9: *Nachdem alle Männer beschnitten worden waren, blieben sie im Lager, bis ihre Wunden verheilt waren. Dann sagte der Herr zu Josua: »Heute habe ich die Schande eurer Sklavenzeit in Ägypten von euch abgewälzt.« Deshalb heißt dieser Ort bis heute Gilgal.*

Gilgal war also die Stätte der Beschneidung. Diese Beschneidung fand äußerlich statt, aber Gott geht es auch um die Beschneidung des Herzens. Davon lesen wir in Römer 2,28-29: *Denn nicht der ist ein wahrer Jude, der von jüdischen Eltern geboren oder nach jüdischem Brauch beschnitten wurde. Nein, ein wahrer Jude ist der, dessen Herz vor Gott gerecht ist. Und die wahre Beschneidung ist keine äußere Handlung, sondern eine Veränderung des Herzens durch den Geist Gottes und geschieht nicht durch Einhaltung jedes einzelnen Buchstabens des Gesetzes. Wer diese Veränderung erfahren hat, bekommt die Anerkennung Gottes und nicht die der Menschen.*

Immer wieder wird in der Bibel darauf hingewiesen, wie wichtig die »Beschneidung des Herzens« ist:

- *So **beschneidet** denn die Vorhaut eures Herzens und verhärtet euren Nacken nicht mehr.* (5. Mose 10,16; ELB)
- *Und der HERR, dein Gott, wird dein Herz und das Herz deiner Nachkommen **beschneiden,** damit du den HERRN, deinen Gott, liebst mit deinem ganzen Herzen und mit deiner ganzen Seele, dass du am Leben bleibst.* (5. Mose 30,6; ELB)
- *In ihm seid ihr auch **beschnitten** worden mit einer **Beschneidung,** die nicht mit Händen geschehen ist, sondern im Ausziehen des fleischlichen Leibes, in der Beschneidung des Christus.* (Kolosser 2,11)

Was bedeutet also »Beschneidung«? Beschneidung heißt, dass wir ein neues Herz bekommen und von innen her erneuert werden. Nicht unsere Zeremonie der Taufe, der Konfirmation oder der Firmung oder sogar des Kirchenbesuches macht uns zum Christen, sondern die innere

> *Beschneidung heißt, dass wir ein neues Herz bekommen und von innen her erneuert werden.*

Herzensumkehr. Unser Kirchenbesuch macht uns so wenig zum Christen, wie ein Besuch bei McDonald's zum Hamburger! Die Taufe ist ein äußeres Zeichen unserer inneren Veränderung, um durch den Tod und die Auferstehung Jesu Christi in ein neues Leben aufzubrechen. Die Konfirmation oder die Firmung ist eine Sendung, jetzt als Jünger Jesu hinauszugehen und Jesu Leben in der Welt zu bezeugen.

In Kolosser 2,12 heißt es: *Denn als ihr getauft wurdet, wurdet ihr mit Christus begraben. Und ihr wurdet mit ihm zu neuem Leben auferweckt, weil ihr auf die mächtige Kraft Gottes vertraut habt, der Christus von den Toten auferweckt hat.* Gilgal ist also ein Ort, wo wir den alten Menschen ablegen mit allem Negativen, mit allem Egoistischen, mit aller Selbstbezogenheit, mit aller Sünde, um Jesus immer ähnlicher und mit ihm eins zu werden. Wenn dies der Ort ist, wo wir zum Vertrauen auf Gott aufbrechen und an dem wir ihm begegnen können, dann ist es eigentlich ein Ort des Zerbruchs und zugleich eines Neuanfangs.

Aber wie können wir Jesus ähnlicher werden? Wir alle lieben den Herrn und sehnen uns danach, ihm zu folgen. Wir sehnen uns auch nach der Kraft, mit der wir alle Schwierigkeiten, Tests und Konflikte siegreich überwinden können. Das »Geheimnis des siegreichen Lebens« zu lernen ist unser aller Wunsch, die wir den Herrn Jesus Christus kennengelernt haben. Das gilt für alle Generationen: Wir glauben, wir wären zu allem bereit, wenn wir hier auf Erden in Liebe und Frieden leben könnten. Wir Christen wissen, dass alles, was in unser Leben kommt, auch wenn es noch so ungerecht oder sinnlos aussieht, zunächst von Gott zugelassen werden muss. Gott gibt uns durch alles, was in unserem Leben geschieht, herrliche Gelegenheiten zu lernen, so zu reagieren, dass wir Stück für Stück dem Charakter unseres Herrn und Heilandes Jesus Christus ähnlicher werden.

Ich war 47 Jahre alt, als ich heiratete, und das war eine große Umstellung in meinem Leben, denn bis dorthin lebte ich mehr oder weniger alleine. Das Wichtigste für mich – außer Jesus – waren meine Freunde. Ich lebte ein einfaches Leben, war sehr viel unterwegs und hatte einen ausgiebigen Reisedienst im Reich Gottes. Ich ahnte, dass eine große Umstellung auf mich zukommen würde, dass ein Lebensabschnitt zu einem Ende kommen und ein neuer beginnen und dass mein Herz Veränderung brauchen würde.

Kurz vor meiner Eheschließung hatte ich einen Traum: Ich sah mich auf der Erdkugel stehen mit vielen, vielen Nabelschnüren, die von meinem Körper zu all den Freunden gingen, die ich weltweit hatte. Und ich sah, wie Jesus mit einem Schwert kam und jede Nabelschnur durchtrennte.

Diese Beziehungen mussten jetzt an die zweite Stelle treten, denn die erste Stelle gehörte von nun ab meinem Mann. Es war ein richtiger Identitätswechsel. Wir kannten uns nur einige Monate, und davon haben wir uns nur kurze Zeiten gesehen. Ich hatte nicht einmal Zeit, meinen neuen Namen vorher zu üben. Mein Mann Herbert hatte mir für sein Konto die Unterschriftsberechtigung gegeben, und einige Wochen nach meiner Eheschließung, wenn ich ganz schnell irgendwo unterschreiben musste, unterschrieb ich immer noch mit Maria *Bruni* anstatt mit Maria *Prean*. Der Bankbeamte machte mich dann darauf aufmerksam, und es war für mich dann klar, dass ich in eine neue Identität eingetreten bin.

So ist es auch oft bei uns, wenn wir aus einem Leben des Fleisches in ein Leben des Geistes übertreten: Unter Druck kann es sein, dass wir immer noch mit der alten Natur antworten, nämlich mit dem Fleisch. Aber der Herr möchte, dass wir aus dem Geiste leben. Dass wir das Alte ausziehen und Neues annehmen. Ich musste meine Identität als Ledige ablegen und die Identität einer verheirateten Frau annehmen – was letztendlich ein sehr guter Tausch war. Ich war auch der Meinung, dass ein Mann von hinten und vorne bedient werden muss, dass er seine Mahlzeiten pünktlich auf dem Tisch haben möchte und dass man ihn den ganzen Tag umsorgt. Das ging meinem Mann bald auf die Nerven. Ich habe ihn sogar »erwischt«, wie er ein paar Teller abgewaschen und einmal sogar einen Knopf angenäht hat. Mit meinem familiären Hintergrund war es undenkbar, dass ein Mann Geschirr abwäscht oder Knöpfe annähte! Und ich sagte zu Herbert: »Warum hast du mich geheiratet? Du weißt ja alles besser und kannst alles besser als ich.« Er meinte: »Nicht, damit ich eine Bedienstete habe, sondern damit wir in Gemeinschaft leben, in einer Partnerschaft.« Das brauchte eine Beschneidung meines Herzens, damit ich auch in dieser Ehe loskam von einem Arbeitsverhältnis in ein Liebesverhältnis.

Im Hohelied der Liebe lesen wir von dem tiefen Wunsch, der in jedes Menschenherz eingepflanzt ist, nämlich mit Gott in dauernder ununterbrochener Einheit verbunden zu sein. Er hat uns für sich selbst geschaffen, und unsere Herzen können nie zur Ruhe oder zur vollen Befriedigung kommen, bis sie in Gott ruhen. Ein Satz, der auf einem Haus in Vorarlberg steht, drückt dies besonders gut aus: »Es wohnt kein Glück im schönsten Haus, füllt Gott nicht deine Seele aus.«

Der einzige Weg zu lernen, mit Gott eins zu werden, ist, wenn wir Tag für Tag die Prüfungen und Umstände, die Gott zulässt, annehmen und Gottes Willen akzeptieren.

Es ist Gottes Wille, dass einige seiner Kinder dieses tiefe Einswerden mit ihm selbst durch das Erleben der natürlichen menschlichen Liebe in der Ehe lernen. Für andere ist es genauso sein Wille, dass sie die gleiche perfekte Einheit erfahren, indem sie diesen natürlichen und instinktiven Wunsch nach Ehe und Elternbereitschaft niederlegen und die Umstände ihres Lebens annehmen. Der Instinkt nach Liebe, der ganz tief in das menschliche Herz verankert ist, ist der beste Weg zu lernen, wie man Gott lieben lernt.

Das »siegreiche Leben« und die Einheit mit Jesus Christus können nicht durch Bibellesen und durch das Verkündigen, dass wir der Sünde gestorben und mit Christus gekreuzigt sind, erreicht werden. Der einzige Weg, dieses Einswerden mit Gott zu lernen, ist, wenn wir Tag für Tag die Prüfungen und Umstände, die Gott zulässt, annehmen; wenn wir unseren Willen auf den Altar Gottes legen und Gottes Willen akzeptieren durch die Menschen, mit denen wir leben und arbeiten, und durch die Dinge, die geschehen.

Wir müssen von uns selbst befreit werden: von allem, was Sünde ist, von unserer Selbstbezogenheit und unserem Egoismus. Alle Menschen, die mit Gott hundertprozentige Sache machen wollen, erkennen früher oder später: »Ich bin nichts, ich kann nichts und ich habe nichts, was ich brauche, um im Reich Gottes zu dienen.« Gott möchte uns frei machen. In diesem Prozess des Zerbruchs oder des Freiwerdens von uns selbst bereitet Gott uns für das andere Königreich, das Reich Gottes, vor. Jesus möchte uns von allem befreien, was uns sowieso nichts bringt: Stolz, Rebellion, Eitelkeit, Ängste, Unsicherheit usw. Paulus schreibt in Römer 7,18: *Ich weiß, dass ich durch und durch verdorben bin, soweit es meine menschliche Natur betrifft. Denn immer wieder nehme ich mir das Gute vor, aber es gelingt mir nicht, es zu verwirklichen.* Jesus fordert uns in Matthäus 10,39 auf: *Wer an seinem Leben hängt, wird es verlieren; aber wer es für mich aufgibt, wird es finden.*

Durch den Prozess der Beschneidung, bei dem Gott an die Substanz unseres Herzens geht, werden wir unserem Herrn Jesus Christus immer ähnlicher.

2. Bethel *Vision, Auftrag, Berufung*

Nachdem Elia und Elisa Gilgal verlassen haben, gehen sie nach Bethel. Von Bethel ist auch die Rede, als Jakob von Gott eine Vision bekommt: *Im Traum sah er [Jakob] eine Leiter, die von der Erde bis in den Himmel reichte. Und er sah die Engel Gottes auf ihr hinauf- und hinabsteigen. Er nannte die Stätte Bethel »Haus Gottes«; davor hieß das nahe gelegene Dorf Lus* (1. Mose 28,12.19).

Wir brauchen eine Vision Gottes für uns und Gott hat eine Vision für jeden von uns. Er ist ein Gott, der seine Kinder liebt, und ein liebender Vater hat Träume für seine Kinder. In Jeremia 29,11-13 heißt es: *Denn ich weiß genau, welche Pläne ich*

Du brauchst eine Vision, wie Gott dich sieht, denn deine Meinung über dich selbst bestimmt dein Verhalten. Deine Identität wird bestimmt von dem, was Gott über dich sagt und was Gott für dich getan hat.

für euch gefasst habe, spricht der Herr. Mein Plan ist, euch Heil zu geben und kein Leid. Ich gebe euch Zukunft und Hoffnung. Wenn ihr dann zu mir rufen werdet, will ich euch antworten; wenn ihr zu mir betet, will ich euch erhören. Wenn ihr mich sucht, werdet ihr mich finden; ja, wenn ihr ernsthaft, mit ganzem Herzen nach mir verlangt. Auch in Jeremia 33,3 verspricht uns Gott, dass er eine Vision für uns hat: *Ruf mich, dann will ich dir antworten und will dir gewaltige und unglaubliche Dinge zeigen, von denen du noch nie gehört hast.*

Du brauchst zuerst eine Vision, wie Gott dich sieht, denn deine Meinung über dich selbst bestimmt dein Verhalten. Deine Identität wird bestimmt von dem, was Gott über dich sagt und was er für dich getan hat.

Gott hat eine Berufung für einen jeden von uns und die erste Berufung in unserem Leben ist, so zu werden wie Jesus Christus. Sein Charakter soll sich immer mehr in uns manifestieren. Und dann hat Gott einen Auftrag für jeden von uns in dieser Welt, den kein anderer erfüllen kann. *Schönheit Gottes verschenken*

Ich darf heute in Uganda mit meinem wunderbaren Team Tausenden von Kindern dienen, aber diese Berufung wurde mir schon in die Wiege gelegt. Als Kind wurde ich oft gewählt, die Mama von einer Gruppe zu sein. In meinem Beruf als Mittelschullehrerin war mein Spitzname »Mutti«. Immer wieder bekam ich die Schriftstelle aus Jesaja 54,1: *Freue dich, du Unfruchtbare, die nie gebar! Freue dich, jauchze und jubele, auch wenn du nie in Wehen lagst. Denn die allein stehende Frau, die keine Kinder bekommen konnte, hat jetzt mehr Kinder als die, die verheiratet ist.* Bei Prophetien kam immer wieder, dass ich eine Mutter der Nationen sein werde. Ich konnte es mir sehr schlecht vorstellen, dass das alles stimmt, weil ich ja nie ein Kind geboren habe, aber diese Berufung war schon im Mutterleib in mein Herz geschrieben. Und heute bin ich eine sehr, sehr glückliche und dankbare Mutter von drei Kindern, die ich mein Eigen nenne, und von Tausenden anderen Kindern, die mich auch Mama nennen.

Gott bezeichnet dich als stark. Für ihn bist du wunderbar. Er nennt dich seinen Partner.

Schauen wir uns einmal jemanden an, der einen ganz bestimmten Auftrag von Gott erhielt und somit zu einem Gesandten Gottes wurde: Gideon. In Richter 6, Verse 12 und 14 wird beschrieben, welche Vision er von Gott erhielt: *Der Engel des Herrn erschien ihm und sagte: »Der Herr ist mit dir, tapferer Held!« Da wandte sich der Herr zu ihm und sagte: »Geh mit der Kraft, die du hast, und rette Israel vor den Midianitern. Ich sende dich aus!«*

Gideon hielt sich versteckt vor den Midianitern und drosch im Geheimen Getreide. Er war voller Angst und Furcht, aber Gott nennt ihn »streitbarer Held«. Genauso bezeichnet er dich als *stark*. Für ihn bist du *wunderbar*. Er nennt dich *seinen Partner*. Du bist ein Gesandter Gottes!

Ein großer Erweckungsprediger hat einmal gesagt: »Gib mir fünf Frauen und Männer, die Gott mehr lieben als sich und alles andere, und die die Sünde mehr hassen als alles andere, und ich werde mit ihnen die Welt verändern!« Wir leben in einer Zeit, in der wir diese Entschiedenheit in jedem einzelnen Gläubigen brauchen. Paulus sagt uns im Epheserbrief 1,18-20a: *Ich bete, dass eure Herzen hell erleuchtet werden, damit ihr die wunderbare Zukunft, zu der er euch berufen hat, begreift und erkennt, welch reiches und herrliches Erbe er den Gläubigen geschenkt hat. Ich bete, dass ihr erkennen könnt, wie übermächtig groß seine Kraft ist, mit der er in uns, die wir an ihn glauben, wirkt. Es ist dieselbe gewaltige Kraft, die auch Christus von den Toten auferweckt.* Wir sind Berufene und Gesandte in dieser Welt mit einem Auftrag, der weit über unser persönliches Wohlergehen hinausgeht. In 2. Petrus 1,10 heißt es dazu: *Deshalb, liebe Freunde, bemüht euch zu zeigen, dass Gott euch berufen und erwählt hat! Wenn ihr das tut, werdet ihr niemals stolpern oder von Gott abfallen.* Und Jesus sagt zu unserer Berufung in Johannes 15,16: *Nicht ihr habt mich erwählt, ich habe euch erwählt. Ich habe euch dazu berufen, hinzugehen und Frucht zu tragen, die Bestand hat, damit der Vater euch gibt, was immer ihr ihn in meinem Namen bittet.*

Quäle dich nicht mit der Frage, *warum* Gott dich berufen hat. Nimm es an, *dass* er dich berufen hat. Wir sind Berufene des Königs aller Könige. Dabei gibt es drei Gruppen von Menschen:

• Die erste Gruppe sind Menschen, durch die Dinge geschehen.

- Die zweite Gruppe sind Menschen, die beobachten, was geschieht.
- Und die dritte Gruppe sind Menschen, die sich wundern, was geschieht.

Wenn du mit offenen Ohren und Augen des Herzens durch den Tag gehst, wirst du erkennen, wo Gott gute Werke vorbereitet hat, damit du darin wandelst.

Zu welcher Gruppe gehörst du? Es erfordert deine Entscheidung, dein »Ja, Herr, hier bin ich. Gebrauche mich!« Wenn du dann täglich mit offenen Ohren und Augen des Herzens durch den Tag gehst, wirst du erkennen, wo Gott gute Werke vorbereitet hat, damit du darin wandelst.

3. Jericho *Furcht*

Der dritte Ort auf Elias und Elisas Reise war Jericho. Über Jericho wird in Josua 5,13 gesagt: *Als Josua in der Nähe von Jericho war, sah er plötzlich einen Mann, der ihm mit gezücktem Schwert in der Hand gegenüberstand. Josua ging auf ihn zu und fragte: »Gehörst du zu uns oder zu unseren Feinden?« »Weder noch«, antwortete er. »Ich bin der Anführer der Heerscharen des Herrn und bin eben eingetroffen.« Da warf sich Josua voller Ehrfurcht vor ihm nieder. »Welche Befehle hast du für mich, deinen Diener«, fragte er.*

Hier sehen wir, wie Josua seinen Meister findet, er vor ihm niederfällt und sich ihm unterordnet. Auch wir müssen unseren Meister in unserem Leben finden.

Die Frage ist nur, zu wem wir gehören und wer der Chef in unserem Leben ist.

Die Frage ist nur, zu wem wir gehören und wer der Chef in unserem Leben ist.

Wenn es nicht Jesus Christus und sein Wort sind, dann haben wir falsche Meister. Manche glauben, Gott hilft denen, die sich selbst helfen. Nein, Gott hilft denen, die ihm voll und ganz vertrauen! Wir müssen frei werden von dieser Menschenfurcht, Menschengefälligkeit, Menschenhörigkeit und Menschenabhängigkeit und zu einem Herzen der Gottesfurcht durchbrechen. Wir müssen unter der Autorität Gottes erwachsen werden, damit wir selbst Autorität ausüben dürfen.

Manchmal haben wir Angst vor Gott, Angst davor, dass er uns etwas antun könnte, wenn wir uns bedingungslos ausliefern. Wenn du noch eine Angst bei dir entdeckst, dann kannst du sicher sein, dass du dich ihm noch nicht bedingungslos ausgeliefert hast. Gib diese Angst dem Herrn.

Meine größte Angst war jahrelang, dass Gott mich ins Kloster ruft – als Nonne! Und ich war schon lange Christ, bis ich es wagte, mich dieser Angst zu stellen. Es geschah während einer Predigt in Dallas/Texas im Jahr 1972. Ich wurde mir so gewiss, dass Gott mich mehr liebt als ich mich selbst liebe, dass ich mich dieser Angst stellen und Gott sagen konnte: Selbst wenn es ins Kloster geht, ich vertraue dir! Aber es war eine Lüge, die ich jahrelang geglaubt habe! Es war eine Eingebung des Feindes. Gott hatte nie solche Pläne mit mir.

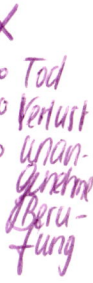

Die Bibel macht uns immer wieder Mut, Gott zu fürchten, zu respektieren, denn auf der Furcht des Herrn liegen viele Verheißungen. Hier sind einige Beispiele:

- *Fürchtet den HERRN, ihr seine Heiligen! Denn keinen Mangel haben die, die ihn fürchten.* (Psalm 34,10; ELB)
- *Durch Güte und Treue wird Schuld gesühnt, und durch die Furcht des HERRN meidet man das Böse.* (Sprüche 16,6; ELB)
- *Die Ehrfurcht vor dem Herrn schenkt Leben und Sicherheit und bewahrt vor Unglück.* (Sprüche 19,23)
- *Die Folge der Demut und der Furcht des HERRN ist Reichtum und Ehre und Leben.* (Sprüche 22,4)

Wenn du in der Furcht des Herrn lebst, dann heißt das nicht, dass du dich vor Gott *fürchtest*, sondern dass du ihn *respektierst* und dass er in deinem Leben die Vorrangstellung und das letzte Sagen hat. In 2. Mose 20,20 lesen wir dazu: *»Habt keine Angst«, beruhigte Mose sie, »denn Gott ist gekommen, um euch auf die Probe zu stellen: Eure Ehrfurcht vor ihm soll euch davon abhalten, Schuld auf euch zu laden!«*

Oft sind wir bereit, von Gott zu hören, aber dann wollen wir entscheiden, ob wir gehorchen wollen oder nicht.

Wir sollen vor Gott keine Angst haben, sondern ihn respektieren. Viele Menschen dienen Gott in einer beratenden Herzenshaltung. Oft sind wir bereit, von Gott zu hören, aber dann wollen *wir* entscheiden, ob wir gehorchen wollen oder nicht.

Ich kann mich erinnern, dass Gott vor vielen Jahren einmal zu mir sagte: »Wenn du mir jetzt nicht gehorchst, dann nehme ich dich nach Hause.« Das heißt nicht, dass ich meine Erlösung verloren hätte, sondern er hätte meinen Besuch auf dieser Welt einfach vorzeitig abgebrochen. Und *was* wäre mir da entgangen! Das ist genauso, wenn Eltern mit ihren Kindern bei Bekannten oder Verwandten zu Besuch sind, die Kinder sich schlecht benehmen und die Eltern nach einer gewissen Zeit der Geduld sagen: »Jetzt ist es genug! Wir gehen jetzt nach Hause.«

4. Jordan *ausgetauschtes Leben*

Die letzte Station von Elia und Elisa war der Jordan, und von dieser Erfahrung des Jordans lesen wir im Galaterbrief 2,19b-20: *Ich aber bin mit Christus gekreuzigt, sodass ich jetzt nicht mehr unter dem Gesetz stehe, sondern für Gott lebe. Ich lebe, aber nicht mehr ich selbst, sondern Christus lebt in mir. Ich lebe also mein Leben in diesem irdischen Körper im Glauben an den Sohn Gottes, der mich geliebt und sich selbst für mich geopfert hat.*
Der Jordan ist ein Beispiel für das ausgetauschte Leben. In einem Traktat über Hudson Taylor wird der Weg in dieses ausgetauschte Leben mit folgenden Worten beschrieben: »Aus Mutlosigkeit und Niederlagen sind sie zum Sieg, aus Schwachheit und Müdigkeit zur Kraft gekommen, aus einem untätigen und scheinbar nutzlosen Leben heraus haben sie sich in begeisterungsfähige Menschen verwandelt. Die Stufen dieser Entwicklung sind:
Ichbetontheit, eigene Kraftanstrengung, wachsende innere Unzufriedenheit, Mutlosigkeit, die sich auch nach außen hin zeigt, Ver-

suchungen, alles aufzugeben, weil es keinen Ausweg mehr zu geben scheint – und dann die Entdeckung, dass der Geist Gottes ihre Kraft, ihr Führer, ihre Zuversicht und ihr Begleiter, mit einem Wort – ihr Leben ist.

Das Leben, das in ihm bleibt, ist reich und erfüllt, so wie die Seele, die aus vollen Zügen von dem Wasser des Lebens trinkt, die Fülle hat und nimmermehr dürstet. Das Leben, das Christus ist, ist bleibend und überströmend. Voller Genüge und Reichtum. Das ist das ausgetauschte Leben. Das bleibende und fruchtbringende Leben, das Leben, das Christus ist und das jeder Gläubige besitzen sollte.«[5]

Lola Gola – Was musst du loslassen?

1 An welchem Ort befindest du dich: Gilgal, Bethel, Jericho oder am Jordan?

Gilgal: Gott beschneidet dein Herz – er möchte dein ungeteiltes Vertrauen. Er möchte, dass du »Ja« sagst zu allen Umständen, in denen du lebst. Er möchte, dass du eins wirst mit ihm.

Bethel: Nimm deine Berufung an! Gott liebt dich, er braucht dich und möchte dich einsetzen. Lass dich auf das ein, was Gott für dich vorbereitet hat!

Jericho: Zu wem gehörst du und wer ist der Meister deines Lebens? Hast du vor etwas Angst, was Gott in deinem Leben oder mit deinem Leben tun könnte, wenn du ihm bedingungslos vertraust? Bist du bereit, Gott ganz zu vertrauen und ihm zu glauben, dass er dich mehr liebt, als du dich selbst liebst? Willst du dich ihm freiwillig unterordnen?

Löse dich von deinen Ängsten und Sorgen: Jesus ist stärker als alles, wovor du dich fürchtest, denn er ist der Meister deines Lebens, der schon alles überwunden hat!

---

5 Traktat Nr. 710, Missionswerk »Die Bruderhand« e.V., Wienhausen

Jordan: Lerne jeden Tag, alles, was du fühlst und denkst, zu Jesus zu bringen. Er will es austauschen in sein Leben und sein Leben durch dich leben.

Gebet

Herr Jesus, ich danke dir, dass du mich liebst und meinen Lebensweg mit mir gehst. Danke, dass du mich in allen Situationen begleitest. Bitte zeig mir, an welcher Stelle meines Glaubenslebens ich innerlich stecken geblieben bin, damit ich weitere Schritte im Vertrauen auf dich gehen kann. Hilf mir doch dabei, dir ganz und gar zu vertrauen, und schenke mir ein ungeteiltes Herz, das sich zuallererst danach sehnt, bei dir zu sein und mit dir zu leben. Danke, dass deine Liebe mir Kraft und Mut schenkt, immer mehr dir, Herr Jesus, ähnlicher zu werden. Ich danke dir, Herr, dass deine Gnade allezeit genügt und du mich von Kraft zu Kraft, von Glauben zu Glauben und Herrlichkeit zu Herrlichkeit führst. Amen.

19. Der Gott, der mich zu einem Überwinder macht

Wer überwindet, dem werde ich zu essen geben von dem Baum des Lebens.

OFFENBARUNG 2,7 (ELB)

Wer überwindet, dem werde ich von den verborgenen Manna geben und ... einen neuen Namen.

OFFENBARUNG 2,17 (ELB)

Wer überwindet ..., dem werde ich Macht über die Nationen geben, ... und ich werde ihm den Morgenstern geben.

OFFENBARUNG 2,26-28 (ELB)

Wer überwindet, der wird mit weißen Kleidern bekleidet werden, und ich werde seinen Namen aus dem Buch des Lebens nicht auslöschen und seinen Namen bekennen vor meinem Vater und vor seinen Engeln.

OFFENBARUNG 3,5 (ELB)

Wer überwindet, dem werde ich geben, mit mir auf meinem Thron zu sitzen.

OFFENBARUNG 3,21 (ELB)

Ich glaube, dass Jesus sich in unseren Tagen eine »Elitegruppe« zusammenstellt, die man als »Überwinder« bezeichnen kann.

Wir Christen sind in der heutigen Zeit, in der unsere Gesellschaft immer mehr der Gesetzlosigkeit verfällt, dazu herausgefordert, den geraden Weg mit Jesus zu gehen und uns nicht von den Verlockungen der Welt einfangen zu lassen. Nicht nur wir sollten den Weg gerade gehen, sondern wir sollten auch andere auffordern, sich auf diesen Weg einzulassen und ihn mitzugehen.

Die Welt kann nur von Menschen verändert werden, die die

Wer ein Leben führen möchte, das sich am Reich Gottes orientiert, braucht eine »Überwindermentalität«.

203

Welt nicht verändern kann. Wer ein Leben führen möchte, das sich am Reich Gottes orientiert, und wer zielgerichtet leben will, braucht eine bestimmte geistliche Mentalität, eine »Überwindermentalität«. Was bedeutet es, eine solche Denkweise zu besitzen? In Philipper 4,13 (L) heißt es dazu: *Ich vermag alles durch den, der mich mächtig macht,* und in Hebräer 13,5b–6 lesen wir: *Gott hat gesagt: »Ich werde dich nie verlassen und dich nicht im Stich lassen.« Deshalb können wir zuversichtlich sagen: »Der Herr steht zu mir, deshalb fürchte ich mich nicht. Was können mir Menschen anhaben?«*

Wenn wir uns dazu entscheiden, ein Jünger von Jesus zu werden, können wir nicht mehr nach unserem eigenen Gutdünken leben, sondern wir sind dazu aufgefordert, so zu leben, wie er gelebt hat.

Wenn wir in den Evangelien des Neuen Testaments lesen, dann sehen wir, wie Jesus und seine Jünger uns immer wieder ermutigen, zu einem Leben als »Überwinder« aufzubrechen. Wenn wir uns dazu entscheiden, ein Jünger von Jesus zu werden, können wir nicht mehr nach unserem eigenen Gutdünken leben, sondern wir sind dazu aufgefordert, Jesus nachzufolgen, also so zu leben, wie er gelebt hat. Wir sind dazu berufen, »Überwinder« zu werden.

Als ich das erste Mal bewusst den Vers aus Offenbarung 21,21, der eingebettet ist in den Bericht über das neue Jerusalem, las: *Die zwölf Tore bestanden aus zwölf Perlen – jedes Tor aus einer einzigen Perle!,* habe ich mich gefragt: »Warum hatte Gott da so wenig Fantasie an diesem Tag?« Gleichzeitig wurde mir bewusst, dass Gott uns eine besondere Botschaft mit diesem Vers vermitteln möchte:

Wie entstehen Perlen? Sie entstehen durch Irritationen. In das weiche Muschelfleisch kommt ein Sandkorn oder ein anderer Fremdkörper und die Muschel ist sehr irritiert. Aber sie besitzt eine »Überwindernatur«: Sie setzt sich mit der Irritation auseinander und nimmt sie an, sodass letztendlich aus dieser Irritation eine wertvolle Perle wird.

Wir leben in einer spannenden und zugleich sehr unruhigen Zeit, und es sieht nicht danach aus, als wenn die Dinge sich in nächster

Zeit beruhigen würden. Sind wir für diese Zeiten (geistlich) gerüstet? Werden wir in diesen Zeiten als Überwinder leben? Wenn etwas für uns schwierig ist, dann gibt Gott die Verheißung großer Segnungen, die einer Belohnung gleich ist. Die Verse aus Offenbarung 2 und 3 (siehe oben) machen dies deutlich, zum Beispiel: *Wer überwindet, der wird mit weißen Kleidern bekleidet werden, und ich werde seinen Namen aus dem Buch des Lebens nicht auslöschen und seinen Namen bekennen vor meinem Vater und vor seinen Engeln* (Offenbarung 3,5; ELB) oder *Wer überwindet, dem werde ich geben, mit mir auf meinem Thron zu sitzen* (Offenbarung 3,21; ELB).

Aber wie kommen wir dahin, ein Überwinder zu werden? Was bedeutet es, zu überwinden? Und was sollen wir überwinden? Was ist der Preis, den wir dafür bezahlen müssen?

Aus uns selbst heraus können wir uns nicht verändern. Wir können aus uns selbst heraus auch nicht zu Überwindern werden.

Auf jeden Fall heißt es nicht, dass wir jetzt noch mehr arbeiten und versuchen müssten, aus eigener Kraft ein gutes, geistliches Leben zu führen. Aus uns selbst heraus können wir uns nicht verändern. Wir können aus uns selbst heraus auch nicht zu Überwindern werden. Die Hauptbetonung liegt nicht auf unserem Tun, sondern auf Gottes Wirken in uns. Im Kolosserbrief 1,27 heißt es: *Christus lebt in euch; und darin liegt eure Hoffnung: Ihr werdet an seiner Herrlichkeit teilhaben.* Gottes Gnade wird es in uns tun, aber er braucht dazu unser »Ja«.

Schritte zu einem Leben als »Überwinder«:

1. Wir müssen zuerst erkennen, *dass* wir Veränderung brauchen und *wo* wir Veränderung brauchen.
2. Wir sollten Gott um Vergebung für unser falsches Verhalten und verkehrte Verhaltensmuster bitten.
3. Wir sollten uns bewusst machen, dass Jesus in uns lebt und dass er derjenige ist, der in uns Veränderung schafft.

4. In Philipper 1,6 heißt es: *Ich bin ganz sicher, dass Gott, der sein gutes Werk in euch angefangen hat, damit weitermachen und es vollenden wird bis zu dem Tag, an dem Christus Jesus wiederkommt.* Weil diese Zusage für uns gilt, können wir Jesus immer wieder unsere Schwächen hinhalten und ihn bitten, diese sterben zu lassen und in uns Veränderung zu bewirken.

5. Wir beginnen, in dem Bewusstsein zu leben, dass wir in Jesus eine neue Kreatur sind und nicht mehr in den alten Verhaltensmustern gefangen bleiben müssen. Wir entscheiden uns dafür, als neuer Mensch in Christus zu leben, denn: *Wer mit Christus lebt, wird ein neuer Mensch. Er ist nicht mehr derselbe, denn sein altes Leben ist vorbei. Ein neues Leben hat begonnen!* (2. Korinther 5,17).

6. Wenn wir doch wieder einmal fallen und versagen, bleiben wir nicht mehr in Frustration und Selbstmitleid stecken, sondern stehen auf und gehen die oben genannten Schritte erneut.

Es lohnt sich, sich auf ein Leben als Überwinder einzulassen. Gott möchte uns mit gewaltigen Segnungen beschenken, aber dazu braucht er in unseren Herzen das Verhalten eines Überwinders. Es ist wichtig, dass wir zu unserer ersten Liebe, die wir für Gott empfunden haben, zurückkehren, dass wir wie der verlorene Sohn heimkehren zur Liebe des Vaters (vgl. Lukas 15). Denn in der Nähe des himmlischen Vaters, in seiner Liebe, bekommen wir alles, was zu unserer inneren Zufriedenstellung notwendig ist. Durch seine göttliche Vaterliebe bekommen wir Sicherheit und einen inneren Wert, unser Liebesdefizit wird gefüllt. Wir können nur wahre Überwinder sein, wenn wir es gelernt haben, uns in die Liebesarme des himmlischen Vaters fallen zu lassen. Dadurch wird auch unsere geistliche Orientierungslosigkeit geheilt. Es ist nur die Liebe des Vaters und die Liebe Jesu in uns, die unsere geistliche Armut, Blindheit und Blöße überwinden und uns selbst zu Überwindern macht. Jesus selbst lebte aus dieser tiefen Liebe und Beziehung zum Vater und er wirbt darum, dass wir uns auch zum Herzen des Vaters führen lassen. Der liebende Vater läuft uns entgegen wie seinem heimkehrenden Sohn, weil er uns heilen möchte.

Wenn wir lernen, diese Vaterliebe immer wieder anzunehmen, dann verstehen wir die Bedeutung der Verse immer besser, in denen es heißt, dass wir

Wir müssen zu unserer ersten Liebe, die wir für Gott empfunden haben, zurückkehren!

der Tempel des Heiligen Geistes sind und dass Gott in uns wohnt (1. Korinther 3,16), dass wir mit jedem geistlichen Segen beschenkt werden (Epheser 1,3) und dass wir mit aller Autorität in Jesus Christus ausgestattet sind (Lukas 10,17). Dieses Leben in Christus lässt uns innerlich immer stabiler werden. Und wir werden erleben, dass unsere Probleme und Nöte bei Jesus gelöst werden.

Dieses Leben im »Wir«, wenn wir die Stimme Jesu kennen, ist spannend, aufregend und begeisternd. Das hat nichts mit einem langweiligen Glaubensleben zu tun. David war zum Beispiel jemand, der diese Begeisterung für Gott hatte. Er tanzte mit freiem Oberkörper vor der Bundeslade (vgl. 2. Samuel 6,14). Wir müssen uns davor hüten, kritisch und mit eingeschränktem Blick wie seine Frau Michal zu urteilen. Sie war der Meinung: »Jetzt übertreibt er aber.« Stattdessen sollten wir uns selbst fragen, wie es mit unserer Begeisterung für Gott aussieht und woran es liegen kann, dass wir vielleicht gerade nicht sehr begeistert sind.

Zurückzukehren zur ersten Liebe bedeutet, Jesus zu erlauben, uns entsprechend seiner Vorstellung zu verändern. Er darf alles in unserem Leben zu seiner Zeit und auf seine Art und Weise umkrempeln. Es ist wichtig, ihm dies zu erlauben und ihn täglich darum zu bitten. Wir können uns nämlich nicht selbst verändern. Wir können uns fromm und hilfsbereit geben, aber unser Herz können wir nicht verändern. Das braucht Reinigung und Erneuerung durch unseren Schöpfer, aber dazu benötigt er unsere volle Bereitschaft, uns mehr und mehr in sein Bild verändern zu lassen.

Und wir werden das erst von Herzen zulassen, wenn wir absolut davon überzeugt sind, dass Gott uns liebt und seine Pläne

Zurückzukehren zur ersten Liebe bedeutet, Jesus zu erlauben, uns entsprechend seiner Vorstellung zu verändern.

und Absichten für uns gut sind. Wenn uns dann wieder einmal Probleme und Sorgen erdrücken wollen, können wir sagen: »Jesus, ich verstehe es nicht, ich mag es auch nicht, ich habe Angst und weiß nicht weiter, aber ich lasse mich in deine Hände fallen!« Wir dürfen ehrlich vor Gott sein, wir müssen ihm nichts vorspielen. Wir müssen auch nicht so tun, als ob wir geistlich weiter wären, als wir es tatsächlich sind. Gott kann Probleme in unserem Leben benutzen, um uns in sein Bild umzugestalten und uns zu trainieren, ein Überwinderleben zu führen. Bleiben wir inmitten unserer Nöte ganz auf Jesus ausgerichtet und verhalten wir uns so, wie er es uns sagt, so werden wir inmitten unserer Probleme zum Segen für andere, indem wir auf Gott hören und uns nicht zu einem falschen Verhalten verführen lassen. Wenn wir auf Jesus schauen, drehen wir uns weniger um uns selbst bzw. um unsere Nöte, Probleme und Wehwehchen. Wenn wir unsere Augen auf Jesus gerichtet halten, dreht sich alles um ihn.

Überwinder sind solche, die in allem nach dem Willen Gottes fragen und zuerst nach dem Reich Gottes trachten (Matthäus 6,33). Sie brennen für Jesus und sein Reich. Sie versuchen, ständig in Kontakt mit Jesus zu bleiben und auf seine Impulse zu achten, sei es auf der Arbeit, in der Familie, in der Gemeinde, bei Gesprächen und Begegnungen usw.

Überwinder fragen in allem nach dem Willen Gottes und brennen für Jesus und sein Reich.

Ein biblisches Beispiel für einen großen Überwinder ist Josef. Er war zunächst ein eher stolzer und verwöhnter Sohn. Deshalb verachteten ihn seine Brüder und verkauften ihn als Sklaven nach Ägypten. Dort lernte Josef, sich zu demütigen und zu dienen. Wir lesen in 1. Mose 39,2-5: *Der Herr half Josef und ließ ihm alles gelingen, während er im Haus seines ägyptischen Herrn arbeitete. Potifar bemerkte, dass der Herr mit Josef war und ihm in allem, was er unternahm, Erfolg schenkte. Deshalb fand er seine Gunst und wurde Potifars persönlicher Diener. Schon bald übertrug Potifar Josef die Aufsicht über sein Haus und die Verwaltung seines gesamten Besitzes. Von jenem Tag an segnete der Herr Potifar um Josefs willen. Alle Arbeiten im Haus gelangen, die Ernte fiel gut aus und sein Viehbestand vergrößerte sich ständig.* Weil Josef »ein gut aussehender junger Mann« war, versuchte ihn Potifars Frau zu verführen. In 1. Mose 39,9 lesen wir von Josefs Reaktion auf diesen Verführungsversuch: *Wie könnte ich so etwas tun? Es wäre eine große Sünde gegen Gott.*

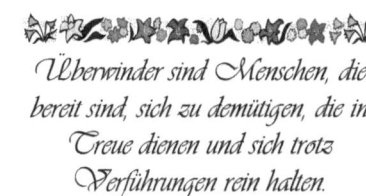

Überwinder sind Menschen, die bereit sind, sich zu demütigen, die in Treue dienen und sich trotz Verführungen rein halten.

Überwinder sind Menschen, die bereit sind, sich zu demütigen, die in Treue dienen und sich trotz Verführungen rein halten. Und solche Menschen wird Gott – wie Josef – in hohem Maße ehren. Ein wesentlicher Aspekt im Umgang mit Leiden durch andere Menschen ist die Vergebung – auch das können wir von Josef lernen, denn er vergab seinen Brüdern und half ihnen, als sie an einer großen Hungersnot litten. Ein Überwinder wird immer wieder bereit sein, in jeder Situation zu vergeben und um Vergebung zu bitten. Dazu gehört, Ärger und Bitterkeit abzulegen, Vergebung auszusprechen und um Vergebung zu bitten, wenn man etwas falsch gemacht hat. Ebenso ist es wichtig, den anderen anzunehmen, selbst wenn er sich nicht ändert und sich nicht so verhält, wie wir es gerne hätten. Er darf so sein und bleiben wie er ist. Ob es zu Veränderungen kommt, überlassen wir dem Herrn. Das heißt, wir richten nicht mehr über andere, damit wir nicht gerichtet werden.

Eines ist sicher: Während wir lernen, als Überwinder zu leben, werden sich Widerstände gegen uns formieren. Das können wir bei allen Überwindern sehen, besonders bei Jesus und bei Paulus. Es waren immer wieder die Scheinfrommen, die religiösen Menschen, die sie angegriffen, angeklagt, verleumdet und verspottet haben.

Wenn wir als Überwinder leben wollen, müssen wir uns auch entschließen, die Sünde in unserem Leben nicht mehr so einfach zu akzeptieren, nicht nach unserem Gutdünken zu leben, uns nicht zu Ungutem verführen zu lassen und keine Vorgaben der Welt zu übernehmen, wenn sie im Widerspruch zum Willen Gottes stehen. Bei großen Problemen sollten wir uns die Frage »Warum, Herr?« abgewöhnen und vielmehr die Frage »Wozu, Herr?« stellen. Die Veränderung geschieht, indem wir in unserem Fehlverhalten immer wieder zu Jesus kommen, ihn um Vergebung bitten, die falschen Verhaltensmuster bei Jesus am Kreuz ablegen und ihn bitten, uns von innen heraus zu erneuern. Wenn wir uns für Gottes Veränderung öffnen, dann überwindet Gott in uns die Sünde und das Fehlverhalten und hilft uns dabei, echte Überwinder zu werden.

Wenn wir uns für Gottes Veränderung öffnen, dann überwindet Gott in uns die Sünde und das Fehlverhalten und hilft uns dabei, echte Überwinder zu werden.

Dafür müssen wir aber die Gnade annehmen, denn echte Überwinder können wir nur deshalb werden, weil Jesus zuerst überwunden hat und in uns als Überwinder lebt.

Ich habe es einmal selbst erlebt, wie heilsam es ist, wenn man mit einem Fehlverhalten zu Jesus geht, die Sünde im eigenen Leben nicht weiter zulässt und Jesus um Veränderung bittet:

Mein Mann Herbert war vor seiner Bekehrung ein richtiger Lebemann und hat das Leben in vollen Zügen genossen. Als wir uns kennenlernten, war er ein bekehrter Mann. Er erzählte mir aber von seinem Vorleben und fragte mich, ob ich damit Probleme habe. Ich sagte nur: »Herbert, du bist jetzt eine neue Schöpfung, das Alte ist vergangen, siehe Neues ist geworden. Ich habe keine Probleme damit.«

Kurz vor unserer Hochzeit, als ich noch in den USA lebte, bekehrte sich eine Frau bei mir. Sie wollte gern ein Jahr bei mir leben, damit ich sie in ihrem jungen Glauben unterstützen könnte. Da Herbert und ich aber heiraten wollten und ich die USA deshalb verlassen wollte, fragte ich meinen zukünftigen Mann, ob es für ihn ein Problem sei, wenn diese Frau eine Zeit lang mit uns leben würde. Er antwortete: »Nein, auf keinen Fall. Wir haben eine große Wohnung. Sie soll auf der einen Seite leben, wir leben auf der anderen.« Und so schien alles in bester Ordnung zu sein.

Einige Monate nach unserer Eheschließung bekannte mir diese Frau, dass sie jahrelang ein Verhältnis mit einem verheirateten Mann hatte, den sie immer im Bett tröstete, wenn er Probleme mit seiner Frau hatte. Sie hatte dabei jedoch keinerlei Sündenerkenntnis, im Gegenteil: Sie sah sich mit ihrem Einsatz als Retterin dieser Ehe. Bei mir leuchteten sämtliche Warnlampen. Mein erster Gedanke war: »Bei dem ersten Krach, den ich mit meinem Herbert haben werde, wird sie ihn im Bett trösten und glauben, mir damit einen Gefallen zu tun.« Mit dieser Angst zog Eifersucht in mein Leben ein. Ich fing an, sie zu beobachten, und es dauerte nicht lange, bis Herbert einmal mit ihr allein in der Küche saß und beide herzhaft lachten. Wieder leuchteten alle Warnlampen auf: Da läuft ja schon was! Misstrauen zog in mein Herz ein. Herbert merkte das natürlich und war entsetzt, dass ich so reagierte. Er meinte nur: »Schließlich hast ja du diese Frau mit in die Ehe gebracht. Das ist doch nicht mein Problem. Und du behandelst mich, als wäre ich ein ›Hallodri‹!« Ich tat eine Buße nach der anderen, aber immer wieder fing ich an, die beiden zu beobachten und misstrauisch zu werden. Ich versuchte es mit allen möglichen Hilfsmitteln, um meine Eifersucht zu bekämpfen: Ich lernte Bibelstellen auswendig und ich las Bücher zum Thema Eifersucht, aber mein Problem wurde nicht gelöst. Es war ein Teufelskreis in unserer Ehe. Schließlich nahm Herbert meine Entschuldigungen und Bitten um Vergebung schon gar nicht mehr an, weil er meinte: »Morgen ist es ja wieder dasselbe Problem.«

Einmal musste er zwei Tage auf eine Geschäftsreise gehen und ich hatte andere Verpflichtungen, sodass ich ihn nicht begleiten konnte. Kurz vor seiner Abreise kam es wieder zu solch einer spannungsvollen Situation. Ich war verzweifelt, denn ich sah mich gefangen in einer Herzenshaltung, der ich nicht Herr wurde. Ich fiel auf meine Knie und schrie zu Gott: »Herr, ich bin eifersüchtig!« Und der Herr sagte nur: »Ja, du bist eifersüchtig und wirst es immer bleiben in *deiner* Kraft, in deinem Fleisch.« Ich war entsetzt über diese Offenbarung. Aber gleich wurde mir klar: »Wer lebt in mir? Der Heilige Geist, und der ist nicht eifersüchtig.« Ich wusste nun, dass das die

Lösung war: Christus in mir ist nicht eifersüchtig. Ich konnte es kaum erwarten, bis Herbert am Abend anrief (er rief mich immer abends an, wenn er auswärts war; damals hatten wir noch keine Handys). Mit erleichtertem Herzen sagte ich: »Herbert, Gott hat gesprochen.« Er meinte nur: »Zu mir auch.« Ich wollte natürlich wissen, was Gott ihm mitgeteilt hatte. Daraufhin erklärte mein Mann: »Ich habe mich wieder einmal beklagt bei ihm, dass du mich wie einen Hallodri behandelst, und der Herr sagte mir nur: ›Du bist einer und bleibst einer – in deiner eigenen Kraft, in deinem Fleisch! Aber wer lebt in dir? Jesus! Und der ist kein Hallodri! Der ist ein treuer, liebender Ehemann.‹« Als ich ihm dann meine Erkenntnis mitteilte, mussten wir herzhaft lachen.

In unserer gesamten Ehe ist nie mehr ein Streit oder ein Misstrauen diesbezüglich entstanden. Jedes Mal, wenn nur der geringste Anflug von Eifersucht in mir war, meinte Herbert zu mir: »Maria, Jesus in dir ist nicht eifersüchtig«, und ich antwortete ihm: »Jesus in dir ist kein Hallodri.« Wir haben dieses Problem, dieses Fehlverhalten meinerseits überwunden, indem wir an unsere Grenzen kamen und erkannten, dass wir es nicht schaffen, aber dass Christus in uns es schafft und er die Lösung ist.

Wenn wir Überwinder werden, brauchen wir nicht mehr anderen die Schuld zuzuweisen und sie anklagen, wenn Dinge nicht so laufen, wie wir es uns wünschen. Wir erkennen, wie kindisch so ein Verhalten ist, und wollen so nicht mehr leben. Um dahin zu kommen, müssen wir unseren eigenen Bankrott erklären und erkennen, dass wir es selbst nicht können und dass dieser »alte« Mensch mit Christus am Kreuz gestorben ist und der neue Mensch in uns lebt.

Als Überwinder kann man kein halbherziger Christ mehr sein. Es ist Zeit, aus dem geistlichen Schlaf aufzuwachen und aus der geistlichen Passivität herauszutreten. Wir sind herausgefordert, unser Leben ganz und gar Jesus hinzugeben; das ist he-

Es ist Zeit für uns, aus dem geistlichen Schlaf aufzuwachen und aus der geistlichen Passivität herauszutreten.

rausfordernd, radikal, manchmal sogar ermüdend. So war es auch für Jesus, sonst hätte er nicht bei heftigem Sturm im Boot geschlafen.

Wenn wir konsequent mit Jesus leben, kommt viel Stabilität, Leichtigkeit und Gelingen in unser Leben. Wir tun die von Gott vorbereiteten Werke und empfinden es als Erfüllung. Wir werden in unsere Berufung hineinwachsen.

Überwinder wissen, dass denen, die Gott lieben, alle Dinge zum Besten dienen müssen. Überwinder haben innerlich umgeschaltet. Bisher sagten sie bei Problemen vielleicht: »Zurzeit geht alles schief, mir geht es so schlecht.« Als Überwinder sagen wir: »Jesus ist größer als meine Probleme und auch diese Situation wird Gott zum Guten wenden!« Wir sehen weg von uns und unseren Problemen und Begrenzungen und schauen auf Jesus, dem alles verfügbar ist, was wir brauchen. In 2. Korinther 12,9 lesen wir: *Jedes Mal sagte Gott: »Meine Gnade ist alles, was du brauchst. Meine Kraft zeigt sich in deiner Schwäche.«*

Und nun bin ich zufrieden mit meiner Schwäche, damit die Kraft von Christus durch mich wirken kann. Die Frage ist, ob wir aus unserer Schwäche herauskommen *wollen* oder ob wir sie als Entschuldigung für unsere Passivität be-

Wenn wir Überwinder sind, geht es nicht mehr um uns und unsere Wünsche, sondern um Jesus und seine Wünsche.

nutzen. Sind wir bereit, unsere Schwächen vor anderen zuzugeben und uns in unseren Schwächen von anderen korrigieren zu lassen?

Es ist absolut empfehlenswert, sich dafür zu entscheiden, auf die Hinweise anderer Menschen bezüglich unserer Schwächen nicht mit Empfindlichkeit, Rückzug und Verteidigung zu reagieren, sondern sie dankend anzunehmen. Wenn wir so reagieren, bewegen wir uns auf dem Weg der Überwinder. Wir müssen unsere Anerkennung und Ehre von Menschen nicht mehr durch Leistung erwerben, sondern unser Bedarf an Liebe und Anerkennung ist vom Vater im Himmel gedeckt. Dann werden wir in allem das Verlangen haben, Jesus zu gehorchen und so zu leben, dass es den Vater verherrlicht.

Es geht nicht mehr um uns und unsere Wünsche, sondern um ihn und seine Wünsche.

Wenn wir als Überwinder leben, geht es uns zuerst um Gott und seine Gegenwart. Wenn wir als Überwinder leben, wird Gottes Gegenwart zu uns kommen und auch bei uns bleiben. Wir und unsere Umgebung werden dann verändert werden.

Als Überwinder leben wir aus Jesus heraus, der selbst das wahre und erfüllte Leben, der Weg und die Wahrheit ist.

Lola Gola – Was musst du loslassen?

Auf welchem Gebiet möchtest du zum Überwinder werden?

Welche Schritte musst du noch gehen, um ein Überwinder zu werden?

Was musst du bei dir ändern, um zu der ersten Liebe zurückzukehren, die du Gott gegenüber empfunden hast?

Was macht dir immer wieder Probleme? Welches Fehlverhalten musst du mit Gottes Hilfe ändern?

Was hält dich davon ab, dein Leben ganz und gar Jesus hinzugeben? Was hält dich in deiner geistlichen Passivität fest?

Gebet

Lieber Vater, ich möchte mein Herz mit Worten wie »Ich vermag alles durch den, der mich kräftigt« und »Ich will dich nicht aufgeben und dich nicht verlassen« füllen, sodass ich zuversichtlich sagen kann, dass du, Herr, mein Helfer bist. Ich will mich nicht fürchten, denn was soll ein Mensch mir antun? Nichts kann mich von deiner Liebe trennen, dafür danke ich dir. Ich werfe meine Anliegen auf dich, Herr, denn du wirst mich versorgen. Konkret möchte ich diese Dinge an dich abgeben: _____. Ich kann zum Berg meiner Probleme sprechen und er wird sich hinwegheben. Jesus, du bist mein

Hirte, mir wird nichts mangeln. In dir wohnt die ganze Fülle der Gottheit leibhaftig und an dieser Fülle habe ich Teil. Dafür danke ich dir. Danke, Herr, dass du alle meine Bedürfnisse befriedigen wirst gemäß deinem Reichtum in Herrlichkeit.

Maria Luise Prean-Bruni

**Gott spielt in meinem Leben keine Rolle –
er ist der Regisseur**

Nach bewegten Lebensjahren gründete Maria Prean ein
Missionswerk – zu einem Zeitpunkt, an dem andere in
Rente gehen – und erlebte unzählige Wunder.

Die Neuauflage ihrer Biografie enthält sechs neue Kapitel
darüber, was seit dem Jahr 2006 geschah, sowie einen
16-seitigen Bildteil.

Gebunden, 13,5 x 21,5 cm, 256 S.,
inkl. 16-seitigem farbigem Bildteil und vielen s/w-Bildern
Nr. 226.864, ISBN 978-3-417-26864-5

Maria Luise Prean-Bruni

Komm in deine Bestimmung

Gott hat dich als Original erschaffen, stirb nicht als Kopie

„Gott hat dich als Original erschaffen, stirb nicht als Kopie!" Kraftvoll, pointiert und immer auch mit einer Prise Humor fordert Maria Luise Prean-Bruni Sie heraus, zu dem Menschen zu werden, den Gott sich gedacht hat. Kommen Sie in Ihre Bestimmung!

Gebunden, 14 x 21,5 cm, 208 S.
ISBN 978-3-417-26572-9

SCM

R.Brockhaus

Maria Luise Prean-Bruni

Gott hatte einen superguten Tag, als er dich erschuf

Ermutigungen für ein ganzes Jahr

Maria Prean lädt Sie dazu ein, jeden Tag neu Ihre Identität in Christus zu ergreifen und mutig für Gott zu leben. In den 365 Andachten für jeden Tag des Jahres behandelt sie Themen wie: Gottes große Liebe, Berufung und Bestimmung, Gebet, falsche Sicherheiten, Dankbarkeit oder Jesu Herrlichkeit und Macht. Dabei schöpft sie aus dem Reichtum des Wortes Gottes genauso wie aus ihrem Erfahrungsschatz. Ermutigung und Inspiration pur!

Gebunden, 14 x 21,5 cm, 496 S.
ISBN 978-3-417-26786-0

SCM
R.Brockhaus

Maria Luise Prean-Bruni
Mit Gottes Flügeln kannst du fliegen
Ermutigungen

In diesem erfrischenden Bildband finden Sie kurze Texte der beliebten Predigerin Maria Prean, die Ihnen neuen Mut zusprechen, Sie in Ihrem Glauben stärken und Ihnen Kraft geben für anstehende Herausforderungen. Pointiert und mit viel Humor zeigt sie, welche Identität wir in Christus haben und aus welchen Reserven im Himmel wir schöpfen dürfen. Denn mit Gottes Flügeln können wir tatsächlich fliegen!

Ein ideales Geschenk für alle, die ein wenig Zuspruch nötig haben.

**Gebunden, 21x 21 cm, 72 farbige Seiten,
ISBN 978-3-7893-9446-1**